教育部哲学社会科学研究重大课题攻关项目"中国共产党经济理论创新的百年道路与经验总结研究"（21JZD008）阶段性成果

中国政治经济学学术影响力评价报告

2023

ERLINGERSAN

主编／王立胜 程恩富

执行主编／周绍东

山东城市出版传媒集团·济南出版社

图书在版编目（CIP）数据

中国政治经济学学术影响力评价报告. 2023 ／ 王立胜，程恩富，周绍东主编. —济南：济南出版社，2023.11

　ISBN 978 - 7 - 5488 - 5931 - 4

Ⅰ. ①中… Ⅱ. ①王… ②程… ③周… Ⅲ. ①中国特色社会主义 — 社会主义政治经济学 — 学术评议 — 研究报告 — 2023 Ⅳ. ①F120.2

中国国家版本馆 CIP 数据核字（2023）第 199429 号

中国政治经济学学术影响力评价报告. 2023

ZHONGGUO ZHENGZHI JINGJIXUE XUESHU YINGXIANGLI PINGJIA BAOGAO. 2023

出 版 人 田俊林

责任编辑 郑　敏　侯建辉

装帧设计 侯文英　谭　正

出版发行 济南出版社

地　　址 山东省济南市二环南路 1 号（250002）

总 编 室 （0531）86131715

印　　刷 济南鲁艺彩印有限公司

版　　次 2023 年 11 月第 1 版

印　　次 2023 年 11 月第 1 次印刷

成品尺寸 170mm × 240mm　16 开

印　　张 16.25

字　　数 300 千

定　　价 89.00 元

（如有印装质量问题，请与出版社出版部联系调换，联系电话：0531 - 86131716）

编　委　会

主　　编　王立胜　程恩富

执行主编　周绍东

成　　员　(按姓氏笔画排序)

　　　　　　刘　阳　刘　健　张涵之　张毓颖

　　　　　　郑　敏　黄鑫艺　盛　丹

目　录

第一部分　中国政治经济学最具影响力的学术论文（2020—2022）　/ 1

一、开展中国政治经济学学术影响力评价工作的意义　/ 1

二、中国政治经济学学术影响力评价的基本思路　/ 2

三、中国政治经济学最具影响力的 200 篇学术论文（2020—2022）　/ 4

四、中国政治经济学最具影响力的 200 篇学术论文摘要　/ 24

第二部分　中国政治经济学最具影响力的学术载体（2020—2022）　/ 138

一、学术机构影响力评价　/ 138

二、学术刊物影响力评价　/ 140

第三部分　中国政治经济学研究进展（2020—2022）　/ 143

一、党的历史决议和党的二十大报告精神研究　/ 143

二、习近平新时代中国特色社会主义经济思想研究　/ 148

三、中国化时代化的马克思主义政治经济学　/ 152

四、社会主义市场经济理论研究　/ 156

五、政治经济学视野下的“生产力”研究　/ 160

六、政治经济学视野下的“生产方式”研究　/ 163

七、政治经济学视野下的“生产关系”研究　/ 165

八、政治经济学方法论研究　/ 168

九、政治经济学思想史研究　/ 172

十、《资本论》及其手稿研究 / 173

十一、劳动价值论相关问题研究 / 177

十二、构建政治经济学自主知识体系研究 / 182

十三、经济高质量发展的政治经济学研究 / 185

十四、所有制理论研究 / 189

十五、国有企业改革的政治经济学研究 / 192

十六、新发展理念的政治经济学研究 / 196

十七、现代化经济体系的政治经济学研究 / 200

十八、"以人民为中心"发展思想的研究 / 204

十九、收入分配和共同富裕的政治经济学研究 / 206

二十、供给侧结构性改革和扩大内需战略的政治经济学研究 / 210

二十一、乡村振兴的政治经济学研究 / 215

二十二、区域协调发展的政治经济学研究 / 217

二十三、实体经济与虚拟经济的政治经济学研究 / 220

二十四、新发展格局和全国统一大市场的政治经济学研究 / 222

二十五、全面建成小康社会的政治经济学研究 / 227

二十六、中国特色宏观经济治理的政治经济学研究 / 231

二十七、数字经济的政治经济学研究 / 234

二十八、开放型经济和"一带一路"建设的政治经济学研究 / 243

二十九、中国式现代化和人类文明新形态的政治经济学研究 / 247

三十、当代资本主义的政治经济学研究 / 251

第一部分　中国政治经济学最具影响力的学术论文（2020—2022）

一、 开展中国政治经济学学术影响力评价工作的意义

中国政治经济学是对新中国成立以来特别是改革开放以来社会主义经济建设的经验总结和理论升华，也是对新时代中国特色社会主义重大经济现实问题的理论回应。党的十八大以来，以习近平同志为核心的党中央将马克思主义政治经济学基本原理同中国特色社会主义建设实践紧密结合，提出了一系列新思想新论断新战略，推动了中国化时代化马克思主义政治经济学的发展。2017 年 5 月，中共中央印发《关于加快构建中国特色哲学社会科学的意见》，明确提出：要发展中国特色社会主义政治经济学，丰富发展马克思主义哲学、政治经济学、科学社会主义。2020 年第 16 期《求是》杂志刊载了习近平总书记在十八届中共中央政治局第二十八次集体学习上的重要讲话全文，题为《不断开拓当代中国马克思主义政治经济学新境界》。

近年来，学界围绕"建设和发展中国特色社会主义政治经济学"这一重大命题，开展了持续而深入的研究，促成了广泛而热烈的讨论，形成了大量学术成果，政治经济学迎来了新中国成立以来第三次研究高潮。目前，"中国特色社会主义政治经济学"已形成一系列相对固定的研究主题、学者

群体、研究机构和传播载体，呈现出良好的发展势头，为中国特色哲学社会科学体系建设提供了重要标杆。2017 年，本课题组首次开展了中国特色社会主义政治经济学的学术影响力评价工作，取得了良好的社会反响。2019年以来，为进一步扩大学术评价范围，拓宽学科视野，评价报告更名为《中国政治经济学学术影响力评价报告》。

本年度评价报告研究样本为发表在 2020 年 1 月 1 日至 2022 年 12 月 31日之间的学术论文，主要反映近三年中国政治经济学的新动态。

二、 中国政治经济学学术影响力评价的基本思路

从独立的学科范畴来看，开展中国政治经济学学术评价，呈现出以下几个方面的特点。

第一，中国政治经济学学术评价的文献覆盖面较广。根据研究对象的历史阶段差异，马克思主义政治经济学自然地分为资本主义政治经济学和社会主义政治经济学两个部分。中国政治经济学是社会主义政治经济学的"中国版本"，是马克思主义政治经济学的中国化。因此，在理论体系和学科内容上，中国政治经济学与马克思主义政治经济学、社会主义政治经济学既相互联系又存在差别，体现了一般性与特殊性的结合。因此，在对中国政治经济学进行影响力评价时，文献收集范围就不能仅仅局限于"中国政治经济学"这个名词，还要涵盖"马克思主义政治经济学""社会主义政治经济学""社会主义经济理论""资本论""习近平新时代中国特色社会主义经济思想"等多个学术范畴。当然，需要对以上这些主题的文献进行甄别和梳理。需要明确指出的是，"中国政治经济学"的文献谱系是以坚持辩证唯物主义和历史唯物主义等马克思主义分析方法作为基本特点的，超出这个范围的文献，本报告就不再将其归于"中国政治经济学"的学术体系。

第二，中国政治经济学学术评价以期刊论文作为主要文献基础。学术影响力评价的标准是多样的，不同学科的影响力评价标准具有很大差异。对于人文社会科学特别是理论性较强的学科而言，学术论著的影响力是学术影响力评价的重要标准。学术论著主要包括期刊刊载的学术论文、公开出版的专著（包括教材或其他形式的书籍）。从影响力评价的角度而言，这两类论著的重要性都是不言而喻的。但是，专著被引用的数据难以收集且不宜进行标准化处理，因此也是难以作为学术影响力评价标准的。因此，本报告的学术影响力评价是以学者在期刊上发表的学术论文作为评价基础的，即以期刊论文作为评价的数据源头。在此基础上，测算了中国政治经济学研究机构、学术刊物以及研究主题的学术影响力。

第三，给予理论性研究和应用性研究同等重视。在学科归属上，政治经济学属于理论经济学范畴，但是，政治经济学对于分析和研究现实经济问题具有重要意义，特别是在中国经济发展和改革的进程中，政治经济学理论创新发挥着重要的指导作用。为此，在学术影响力评价中，本报告不仅关注了那些纯理论研究，同时也注意收集和整理那些运用政治经济学理论方法研究中国现实问题和政策问题的文献，将"经济高质量发展""国有企业改革""收入分配""现代化经济体系""供给侧结构性改革""乡村振兴和精准扶贫""全面建成小康社会""'一带一路'倡议""新发展格局""中国式现代化道路""共同富裕""数字经济"等主题词纳入学术影响力评价范围。

第四，文献范围涵盖中国学者对当代资本主义经济的相关研究。中国学者运用政治经济学方法，对当代资本主义经济新变化的研究，也应被涵盖在中国政治经济学的范围里。因此，这里的"中国"，并不是研究对象意义上的中国，而主要是指"中国"学者。此外，在选择"当代资本主义经济"的研究文献时，我们重点关注了那些联系中国经济问题和社会主义经济建设的研究，特别是把那些进行当代资本主义与社会主义经济运行方式比较研究的文献纳入了评价范围。

第五，对部分主题的研究文献进行了适当拓展。本年度评价报告选择了三十个政治经济学研究主题进行影响力评价，需要说明的是，部分主题并不完全局限于政治经济学范畴，典型的如"唯物史观""社会主义主要矛盾""以人民为中心的发展思想"等。在选取这些主题的文献时，本报告采取的原则和程序是：在根据主题词搜索得到的文献中，首先选择那些从政治经济学视野出发进行的研究；其次选择那些运用马克思主义方法论而开展的交叉研究文献、多学科研究文献、整体性研究文献；最后，剔除那些单纯局限于哲学、法学、政治学和历史学等单一学科的文献。

三、 中国政治经济学最具影响力的 200 篇学术论文 （2020—2022）

本报告通过定量定性相结合的方式评选最具影响力论文。本报告选取的文献来自中国知网（中国知识基础设施工程，China National Knowledge Infrastructure，CNKI）下属的中国期刊全文数据库（CJFD）。在文献搜索方面，本报告采取了"单主题"和"双主题"两种不同的搜索方式，单主题搜索方式是在中国期刊全文数据库中采用文献检索方式，在检索"主题"项中选用"中国政治经济学""当代中国马克思主义政治经济学""中国社会主义政治经济学""社会主义经济理论""习近平新时代中国特色社会主义经济思想"等关键词。双主题搜索方式是在中国期刊全文数据库中采用高级检索方式，在检索"主题"项中选用"公有制""按劳分配""新发展理念""资本论""生产力－生产关系""以人民为中心""供给侧结构性改革""现代化经济体系""高质量发展""乡村振兴战略""'一带一路'倡议""当代资本主义经济""新发展格局""数字经济和平台经济""全面建成小康社会""共同富裕""中国式现代化道路""遏制资本无序扩张"等关键词，并加入"政治经济学"这一关键词进行搜索。文献覆盖时间段为

2020 年 1 月 1 日至 2022 年 12 月 31 日。根据以上方法，剔除短讯、会议综述、书评、广告等信息含量较小的篇目，最终得到 1859 篇文献。这些文献构成了本年度学术评价的文本基础。

本报告选取下载量、引用量以及期刊影响因子等指标，定量计算了所有文献的影响力，构建了评价样本库。在此基础上，邀请本学科知名专家对样本库中的文献进行定性评价。在综合考虑文献的选题意义、学术水平、理论深度、资政作用等各方面因素的基础上，评选出 2020—2022 年政治经济学学科最具学术影响力的 200 篇论文（见表 1）。考虑到最具影响力论文的覆盖面和代表性，每位作者作品入选篇数不超过三篇（合著除外）。

表 1　中国政治经济学最具影响力的 200 篇学术论文（2020—2022）

序号	题目	作者	刊物	年份
1	政府与市场关系的演变和突破——兼论中国特色社会主义政治经济学的国家主体性	包炜杰 周文	《学术研究》	2020
2	混合所有制改革能有效化解国有企业产能过剩吗	白雪洁 张哲	《经济理论与经济管理》	2022
3	《资本论》理论定向的阐释维度	卜祥记	《中国社会科学》	2020
4	论数字平台的兴起与数据商品的生成——基于马克思主义流通理论的考察	蔡超	《消费经济》	2020
5	有关社会主义市场经济理论学科属性的几个基本问题	常荆莎 易又群	《经济纵横》	2022
6	从"现实的人"到"以人民为中心"——马克思主义政治经济学根本立场探析	常庆欣 张旭	《经济学家》	2020

序号	题目	作者	刊物	年份
7	有效市场和有为政府更好结合推进构建高水平社会主义市场经济体制	常庆欣	《山东社会科学》	2021
8	马克思主义区域协调发展思想：从经典理论到中国发展	陈健 郭冠清	《经济纵横》	2020
9	金融化、虚拟经济与实体经济的发展——兼论"脱实向虚"问题	陈享光 黄泽清	《中国人民大学学报》	2020
10	论数学方法在研究和发展马克思主义政治经济学中的作用	陈宗胜 李瑞芳	《西安交通大学学报（社会科学版)》	2022
11	中国特色社会主义政治经济学研究十大要义	程恩富	《理论月刊》	2021
12	改革开放以来新马克思经济学综合学派的十大政策创新	程恩富	《河北经贸大学学报》	2021
13	中国经济学的探索：一个历史考察	程霖 张申 陈旭东	《经济研究》	2020
14	发展新型集体经济：全面推进乡村振兴的路径选择	崔超	《马克思主义研究》	2021
15	《资本论》版本考究	崔友平 胡毅 冯瑾 许萌	《国外理论动态》	2022
16	百年中国共产党经济思想创新研究	崔友平 刘承礼 赵超 王潇锐 屈婷	《经济与管理评论》	2021

续表

序号	题目	作者	刊物	年份
17	数据要素：主要特征、推动效应及发展路径	戴双兴	《马克思主义与现实》	2020
18	社会主义市场经济下的资本特性与税收对策	邓力平	《税务研究》	2022
19	社会主义市场经济体制下的"必过之坎"与"必破之题"	邓力平	《中国经济问题》	2022
20	中国共产党全面建成小康社会战略思想研究	丁任重 徐志向	《经济学家》	2021
21	"做强做优做大"：国有企业改革理论与实践的逻辑统一——我国国有企业发展历程与展望	丁晓钦	《当代经济研究》	2021
22	数字资本主义的兴起及其引发的社会变革——兼论社会主义中国如何发展数字经济	丁晓钦 柴巧燕	《毛泽东邓小平理论研究》	2020
23	国内国际双循环新发展格局：历史溯源、逻辑阐释与政策导向	董志勇 李成明	《中共中央党校（国家行政学院）学报》	2020
24	基本经济制度是所有制关系、分配关系、交换关系的有机统一	方敏	《政治经济学评论》	2020
25	以人民为中心和以资本为中心：两种发展道路的比较——基于劳动价值论的若干思考	冯金华	《学术研究》	2020

续表

序号	题目	作者	刊物	年份
26	马克思主义政治经济学在中国：一项历史性考察（1921—2021）	付文军	《经济学家》	2022
27	论宏观经济调控向宏观经济治理的战略转换	付一婷 刘金全 刘子玉	《经济学家》	2021
28	所有制、涓滴效应与共享发展：一个政治经济学分析	盖凯程 周永昇	《政治经济学评论》	2020
29	论高质量发展阶段的政治经济学基础：基于生产方式的二维视角	高桂爱 刘刚 杜曙光	《经济纵横》	2021
30	社会主义基本经济制度的重大理论问题研究	葛扬	《经济学家》	2020
31	论新发展阶段下经济的高质量发展	龚刚 杨兰 刘铭	《中国经济问题》	2022
32	数字经济发展的理论逻辑与现实路径研究	龚晓莺 杨柔	《当代经济研究》	2021
33	马克思对资本特性和过程的政治经济学分析及当代意义——马克思《1857—1858 年经济学手稿》再研究	顾海良	《经济学家》	2022

续表

序号	题目	作者	刊物	年份
34	马克思主义政治经济学中国化的百年辉煌与思想精粹	顾海良	《社会科学战线》	2021
35	基本经济制度新概括与中国特色社会主义政治经济学新发展	顾海良	《毛泽东邓小平理论研究》	2020
36	回到马克思：对生产力—生产方式—生产关系原理再解读	郭冠清	《当代经济研究》	2020
37	企业数字资产的形成与构建逻辑研究——基于马克思主义政治经济学的视角	郭王玥蕊	《经济学家》	2021
38	《资本论》在中国的翻译、出版与传播——兼论中国共产党经济思想的演进	韩保江 李娜	《经济纵横》	2022
39	数字劳动过程及其四种表现形式	韩文龙 刘璐	《财经科学》	2020
40	中国式现代化道路的世界意蕴	韩喜平 郝婧智	《马克思主义理论学科研究》	2022
41	巩固拓展脱贫攻坚成果同乡村振兴有效衔接的政治经济学研究	贺立龙 刘丸源	《政治经济学评论》	2022
42	土地制度改革、农业生产方式创新与农村集体经济发展	何自力 顾惠民	《上海经济研究》	2022
43	"国民共进"的政治经济学分析	何召鹏	《政治经济学评论》	2022

序号	题目	作者	刊物	年份
44	构建新发展格局的路径研究	洪银兴 杨玉珍	《经济学家》	2021
45	进入新时代的中国特色社会主义政治经济学	洪银兴	《管理世界》	2020
46	中国特色社会主义政治经济学财富理论的探讨——基于马克思的财富理论的延展性思考	洪银兴	《经济研究》	2020
47	论马克思劳动价值论及其理论意义和实践意义	侯风云	《河北经贸大学学报》	2022
48	百年视野下中国式现代化的溯源与思考	侯为民	《上海经济研究》	2022
49	社会主义市场经济条件下的资本要素：特性、作用和行为规律	胡怀国	《经济学动态》	2022
50	论数字经济时代资本主义劳动过程中的劳资关系	胡莹	《马克思主义研究》	2020
51	马克思超越古典政治经济学探赜——基于经济危机的视角	胡岳岷 胡慧欣 吴薇	《西北大学学报（哲学社会科学版)》	2020
52	马克思恩格斯自由贸易思想及当代启示	黄瑾 王敢	《经济学家》	2020
53	高质量发展阶段的中国经济发展道路论	黄志亮	《中国经济问题》	2021
54	社区治理"内卷化"的特征及突破	纪志耿	《人民论坛》	2021
55	贸易平衡、财政赤字与国内大循环经济发展战略	贾根良	《财经问题研究》	2020

续表

序号	题目	作者	刊物	年份
56	数字技术助力中国技术赶超：理论逻辑与政策取向	贾利军 陈恒烜	《政治经济学评论》	2021
57	中国高质量发展的测度：1978—2018	简新华 聂长飞	《经济学家》	2020
58	建立解决相对贫困的长效机制	蒋永穆	《政治经济学评论》	2020
59	构建新发展格局：生成逻辑与主要路径	蒋永穆 祝林林	《兰州大学学报 （社会科学版）》	2021
60	从分离到融合：中国共产党百年正确处理城乡关系的重大成就与历史经验	蒋永穆 胡筠怡	《政治经济学评论》	2022
61	推动新时代农业合作化，需要发扬高举旗帜敢于担当的精神——烟台实践的启示	江宇 李玲 徐俊忠	《世界社会主义研究》	2021
62	防止资本无序扩张引导各类资本健康发展	江宇	《中国党政干部论坛》	2021
63	价值循环、经济结构与新发展格局：一个政治经济学的理论框架与国际比较	李帮喜 赵弈菡 冯志轩 赵峰	《经济研究》	2021
64	失地农民的"制度性损失"：困境与对策	李家瑞 李黎力	《兰州学刊》	2020
65	中国居民收入分配格局的演变与原因——基于马克思主义政治经济学的考察	李军林 许艺煊	《南开经济研究》	2021
66	虚拟经济背离与回归实体经济的政治经济学分析	李连波	《马克思主义研究》	2020

续表

序号	题目	作者	刊物	年份
67	马克思主义基本原理和经典著作研究	李琼 余清霜	《政治经济学评论》	2021
68	中国式现代化道路的成就与经验——基于域观经济学的阐释	李曦辉 弋生辉 黄基鑫	《山东大学学报（哲学社会科学版)》	2022
69	建设全国统一大市场中的社会政策：何以可能与何以可为	李迎生	《社会科学》	2022
70	智能化生产方式对产业结构变迁的作用机理——基于马克思主义政治经济学视角	李越	《财经科学》	2021
71	双循环相互促进：理论逻辑、战略重点与政策取向	李震 昌忠泽 戴伟	《上海经济研究》	2021
72	数据作为生产要素参与分配的政治经济学分析	李政 周希祯	《学习与探索》	2020
73	建党百年以人民为中心发展思想的历史演进与经验启示	梁伟军 刘书婷	《华中农业大学学报（社会科学版)》	2021
74	混合所有制改革程度对国有企业资产保值增值的影响研究	廖志超 王建新	《湖南科技大学学报（社会科学版)》	2021
75	中长期规划是中国共产党治国理政的重要方式	林木西	《经济学动态》	2021
76	美国金融霸权基础虚化的逻辑演进及其危机指向	刘爱文	《当代经济研究》	2020
77	论社会主义市场经济中政府和市场的关系	刘凤义	《马克思主义研究》	2020

续表

序号	题目	作者	刊物	年份
78	论社会主义市场经济中资本的特性和行为规律	刘凤义	《马克思主义研究》	2022
79	政治经济学视域下"需要"与"需求"的关系研究	刘凤义 刘子嘉	《南开经济研究》	2021
80	从"社会矿场"到"社会工厂"——论数字资本主义时代的"中心—散点"结构	刘皓琰	《经济学家》	2020
81	中国国资改革：困惑、误区与创新模式	刘纪鹏 刘彪 胡历芳	《管理世界》	2020
82	中国共产党民营经济政策演变及其理论创新：1921—2021	刘凝霜 程霖	《改革》	2021
83	中国特色社会主义基本经济制度是解放和发展生产力的历史要求	刘伟	《政治经济学评论》	2020
84	中国特色社会主义政治经济学	刘伟 邱海平	《经济研究》	2022
85	建设中国经济学的科学生态体系——以教材体系为突破 以知识体系为基础 构建中国经济学学科、学术和话语体系	刘伟 陈彦斌	《管理世界》	2022
86	《资本论》中的虚拟资本范畴及其中国语境	刘新刚	《马克思主义与现实》	2020
87	虚拟经济与实体经济的关联性——主要资本主义国家比较研究	刘晓欣 田恒	《中国社会科学》	2021
88	中国式现代化的特点、优势及进路	刘勇 章钊铭	《新疆师范大学学报（哲学社会科学版）》	2022

续表

序号	题目	作者	刊物	年份
89	政治经济学视角下互联网平台经济的金融化	刘震 蔡之骥	《政治经济学评论》	2020
90	国企混合所有制改革对劳动收入份额的影响研究	刘震 刘溪	《财经问题研究》	2022
91	加快建设全国统一大市场的基本思路与重点举措	刘志成	《改革》	2022
92	畅通国民经济循环：基于政治经济学的分析	鲁保林 王朝科	《经济学家》	2021
93	数字经济视阈下零工劳动与资本弹性积累研究	卢江 刘慧慧	《天津社会科学》	2020
94	"供给侧结构性改革"在思想和实践上的新贡献	鲁品越	《马克思主义研究》	2020
95	次贷危机后美国经济金融化趋势是否逆转？	马慎萧 兰楠	《政治经济学评论》	2021
96	加快建设全国统一大市场的理论逻辑与现实意义	马文武	《经济学家》	2022
97	中国共产党关于新发展理念的现实逻辑与理论创新	马艳 李皎	《税务与经济》	2021
98	中国特色社会主义政治经济学的国家理论：源流、对象和体系	孟捷	《清华大学学报（哲学社会科学版)》	2020
99	中国共产党带领人民为共同富裕百年奋斗的理论与实践	逄锦聚	《经济学动态》	2021
100	健全宏观调控制度体系的双重逻辑及实现路径	庞明川 宁赋宪	《中国经济问题》	2022
101	中国开放型经济学的马克思主义政治经济学逻辑	裴长洪	《经济研究》	2022

续表

序号	题目	作者	刊物	年份
102	中国特色社会主义政治经济学：理论定位与研究对象	亓为康	《当代经济管理》	2022
103	平台经济金融化的政治经济学分析	齐昊 李钟瑾	《经济学家》	2021
104	防止资本无序扩张的政治经济学分析	乔晓楠 何自力 王奕	《南开经济研究》	2022
105	马克思需要理论视域中"美好生活需要"探析	秦维红 张玉杰	《马克思主义理论学科研究》	2020
106	《资本论》的创新性研究对于构建中国特色社会主义政治经济学的重大意义	邱海平	《马克思主义研究》	2020
107	共同富裕：收入分配研究范式演进及其理论创新	权衡	《上海交通大学学报（哲学社会科学版）》	2022
108	我国新经济高质量发展的困境及其路径选择	任保平 何苗	《西北大学学报（哲学社会科学版）》	2020
109	财政赤字货币化与美国金融危机的政治经济学分析	任传普 程恩富	《上海经济研究》	2021
110	坚持科技创新推动经济高质量发展	任晓刚 刘菲	《人民论坛·学术前沿》	2022
111	社会主义基本经济制度新概括的学理逻辑研究	荣兆梓	《经济学家》	2020
112	工业化阶段的生产力特征和社会主义市场经济体制	荣兆梓	《经济纵横》	2021

序号	题目	作者	刊物	年份
113	数字经济下政治经济学理论创新研究	师博	《政治经济学评论》	2022
114	互联网平台企业垄断形成机理：从数据竞争到数据租金	石先梅	《管理学刊》	2021
115	新帝国主义的危机与新社会主义的使命——兼论21世纪马克思主义的核心问题与应对	宋朝龙	《探索》	2020
116	数据成为现代生产要素的政治经济学分析	宋冬林 孙尚斌 范欣	《经济学家》	2021
117	中国特色社会主义政治经济学逻辑思想的演化线、问题源及创新性	宋树理 魏晨曦 钱凤娟	《改革与战略》	2021
118	论中国经济学现代化的马克思主义发展道路——质疑洪永淼西方经济学中国化观点	孙立冰	《马克思主义研究》	2020
119	全面建成小康社会的历史进程、价值准则和方法论	孙立冰 王朝科	《管理学刊》	2021
120	21世纪日本马克思主义的理论新发现与实践新探索——以日本新版《资本论》的修订为例	谭晓军	《马克思主义研究》	2022
121	习近平新时代中国特色社会主义思想中的贫困治理观：理论渊源、逻辑意蕴和当代价值	唐任伍 孟娜 李楚翘	《经济与管理研究》	2020

续表

序号	题目	作者	刊物	年份
122	马克思恩格斯共同富裕思想及其当代价值	田超伟	《马克思主义研究》	2022
123	民资介入下企业混合所有制改革效果研究——以山西汾酒为例	汪蕾 贾颖	《财会通讯》	2022
124	分配制度上升为基本经济制度的理论必然和实践必然	王朝科	《上海经济研究》	2020
125	收入分配理论创新：缘由·方法·突破点	王朝科 王宝珠 冒佩华	《上海经济研究》	2021
126	中国特色社会主义政治经济学"以人民为中心"价值范畴的初构——兼论"剩余价值"范畴的适用范围	王丰	《改革与战略》	2020
127	马克思主义政治经济学中国传播的内生性逻辑研究——以新民主主义革命时期为考察范围	王换 刘儒 杨颖萱	《经济问题》	2022
128	社会生产方式的本体论	王今朝 余红阳	《经济纵横》	2022
129	平台经济生产过程的政治经济学分析	王璐 李晨阳	《经济学家》	2021
130	党的十八届三中全会以来国有企业混合所有制改革研究进展与述评	王婷 李政	《政治经济学评论》	2020
131	以更加"成熟定型"的社会主义基本经济制度增强社会主义现代化的动力和活力	王廷惠	《南方经济》	2022

续表

序号	题目	作者	刊物	年份
132	数字资本拜物教的生成机理与治理路径	王维平 汪钊	《上海经济研究》	2022
133	马克思的服务劳动理论及其当代启示	王晓东 黎莎	《财贸经济》	2020
134	社会再生产中的流通职能与劳动价值论	王晓东 谢莉娟	《中国社会科学》	2020
135	关于《资本论》第1卷最终版问题的百年争论	王旭东	《国外理论动态》	2022
136	要素错配的马克思主义政治经济学分析	王怡颖	《当代经济管理》	2022
137	混合所有制改革对国有企业劳动生产率的影响研究	王艺明 赵焱	《财政研究》	2021
138	政府社会资本与实体经济高质量发展	王竹泉 孙文君	《财会月刊》	2022
139	以共享发展促共同富裕:理念、挑战与路径	王立胜	《当代世界与社会主义》	2021
140	整县推进:农业农村现代化的"潍坊模式"	王立胜 刘岳	《文化纵横》	2021
141	数字资本主义下的价值生产、度量与分配——对"价值规律失效论"的批判	魏旭	《马克思主义研究》	2021
142	《资本论》与资本主义发展史的货币权力批判	温权	《南京大学学报（哲学·人文科学·社会科学)》	2022

续表

序号	题目	作者	刊物	年份
143	中国金融业利润过高了吗——基于马克思生息资本理论的分析与实证证据	文书洋 牟爽 刘锡良	《经济学家》	2020
144	中国共产党百年目标：全面建成小康社会的世界坐标	吴庆军 王振中	《财经科学》	2021
145	公有制主体地位应体现在"控制力""相对规模""目的性"三方面	吴文	《毛泽东邓小平理论研究》	2021
146	新时代的共同富裕：实现的前提与四维逻辑	吴文新 程恩富	《上海经济研究》	2021
147	新发展格局及对构建中国特色社会主义政治经济学体系的启示	吴宣恭	《经济纵横》	2021
148	我国相对贫困的内涵特点、现状研判与治理重点	吴振磊 王莉	《西北大学学报（哲学社会科学版）》	2020
149	中国特色共同富裕理论的新境界	武建奇	《河北经贸大学学报》	2021
150	行政体制改革、要素市场化与建设全国统一大市场	夏杰长 刘诚	《经济与管理研究》	2022
151	主体性过剩：当代新资本形态的结构性特征	夏莹 牛子牛	《探索与争鸣》	2021
152	劳动形态对工资形态的影响及其对零工经济剥削研究的价值——基于王亚南《中国经济原论》文本的分析	肖斌 李旭娇	《当代经济研究》	2020

续表

序号	题目	作者	刊物	年份
153	中国共产党百年历程中对马克思主义政治经济学的理论创造	谢富胜 匡晓璐 赵敏	《经济研究》	2021
154	平台竞争、三重垄断与金融融合	谢富胜 吴越	《经济学动态》	2021
155	正确认识社会主义市场经济条件下的新型举国体制	谢富胜 潘忆眉	《马克思主义与现实》	2020
156	中国共产党的领导与中国式现代化	辛向阳	《马克思主义研究》	2022
157	马克思的流通经济理论及其中国化启示	谢莉娟 王晓东	《经济研究》	2021
158	中国区域经济增长的动态关联与时空分异——马克思主义政治经济学视角	徐春华 龚维进	《经济问题探索》	2022
159	扩大内需、供给侧结构性改革与创新发展能力	徐鹏杰 张文康 曹圣洁	《财经科学》	2022
160	论当代资本主义经济危机的演变逻辑	徐志向	《当代经济研究》	2021
161	论习近平新时代中国特色社会主义经济思想的方法论基础	严金强	《马克思主义研究》	2021
162	习近平乡村振兴重要论述的丰富内涵与理论贡献探析	燕连福 李晓利	《北京工业大学学报（社会科学版）》	2022
163	新时代农村集体经济发展和乡村振兴研究：理论机制、现实困境与突破路径	杨博文 牟欣欣	《农业经济与管理》	2020

续表

序号	题目	作者	刊物	年份
164	习近平经济思想对马克思主义政治经济学方法的运用和贡献	杨长福 谭欢	《重庆社会科学》	2022
165	内循环为主双循环互动的理论创新——中国特色社会主义政治经济学的时代课题	杨承训	《上海经济研究》	2020
166	新时代共同富裕的政治经济学研究	杨静 魏依庆 任振宇 胡文涛	《政治经济学评论》	2022
167	中国数字消费的区域普惠性及政治经济学解释	杨巨 彭浩	《消费经济》	2022
168	中国多中心城市群协调发展的政治经济学分析	姚常成 阮嘉馨 朱宝清	《财经科学》	2022
169	新时代工资制度改革如何推进共同富裕？	姚宇 刘振华 苗静云	《上海经济研究》	2022
170	新时代中国流域经济高质量发展研究——基于马克思主义流域经济思想的分析	易淼	《当代经济研究》	2021
171	"流量社会"的崛起及其政治经济学探析	余伟如	《理论与改革》	2020
172	人力资本理论批判与劳动者主体性的当代反思——从马克思政治经济学批判的视角看	袁立国	《内蒙古社会科学》	2022

序号	题目	作者	刊物	年份
173	以供给侧结构性改革为主线促进现代化经济体系建设	曾宪奎	《当代经济管理》	2020
174	市场化导向下中国国有企业混合所有制改革研究	翟绪权 刘仲仪	《福建师范大学学报（哲学社会科学版）》	2020
175	双循环中的金融资本空间化：叙述逻辑、历史考察与理性回归	张方波	《财贸经济》	2022
176	方法论的格式化与社会主义政治经济学的发展境遇——基于新中国成立以来政治经济学的发展历程的讨论	张晖明 任瑞敏	《复旦学报（社会科学版）》	2020
177	宅基地"三权分置"改革与农民收入增长	张广辉 张建	《改革》	2021
178	畅通国内国际双循环繁荣我国经济的路径研究	张建刚	《毛泽东邓小平理论研究》	2020
179	新时代中国经济发展的理论创新——学习习近平关于经济高质量发展的重要论述	张雷声	《理论与改革》	2020
180	马克思分配理论及其中国化的创新成果	张雷声	《政治经济学评论》	2022
181	开拓政治经济学中国话语新境界——中国民营经济理论的创新发展	张菀洺 刘迎秋	《中国社会科学》	2021
182	论习近平新时代住房发展观	张协奎 樊光义	《财经科学》	2020
183	有效市场和有为政府有机结合——破解"市场失灵"的中国方案	张新宁	《上海经济研究》	2021

续表

序号	题目	作者	刊物	年份
184	习近平关于新发展阶段、新发展理念、新发展格局的重要论述及其原创性贡献	张兴祥 洪永淼	《经济社会体制比较》	2022
185	当代中国马克思主义政治经济学的哲学智慧	张雄	《中国社会科学》	2021
186	全面推进习近平新时代中国特色社会主义经济思想研究	张旭	《当代经济研究》	2022
187	经济高质量发展	张占斌 毕照卿	《经济研究》	2022
188	中国式现代化的共同富裕：内涵、理论与路径	张占斌	《当代世界与社会主义》	2021
189	收入分配、政府支出结构和增长体制的政治经济学分析	赵峰 谭璇	《经济学动态》	2021
190	马克思主义政治经济学何以"实证"	赵磊	《政治经济学评论》	2020
191	资本主义智能化生产的马克思主义政治经济学分析	赵敏 王金秋	《马克思主义研究》	2020
192	数字技术与当代生产方式新变化问题研究	赵敏 王金秋	《政治经济学评论》	2022
193	"双循环"新发展格局的马克思主义政治经济学分析	郑尚植 常晶	《当代经济管理》	2021
194	所有者缺位与国企混合所有制改革的突破方向	郑志刚 刘兰欣	《经济管理》	2022
195	个体自由与集体禁锢：网约车平台的劳资关系研究	周绍东 武天森	《河北经贸大学学报》	2021

续表

序号	题目	作者	刊物	年份
196	中国特色社会主义政治经济学研究对象探析——基于马克思生产方式理论的当代借鉴	周文 代红豆	《河北经贸大学学报》	2020
197	平台经济发展再审视：垄断与数字税新挑战	周文 韩文龙	《中国社会科学》	2021
198	我国国有企业在现代化经济体系建设中的作用	朱安东 孙洁民 王天翼	《经济纵横》	2020
199	建党百年论国有企业的发展路向——混合所有制改革的学理性拷问	朱富强	《财经问题研究》	2021
200	党领导建立完善社会主义市场经济体制的历程与经验	庄尚文 王庚	《审计与经济研究》	2022

四、 中国政治经济学最具影响力的 200 篇学术论文摘要

1.《政府与市场关系的演变和突破——兼论中国特色社会主义政治经济学的国家主体性》

作者：包炜杰、周文

期刊：《学术研究》

刊期：2020 年第 11 期

改革开放 40 多年来，中国 GDP 年均增长率接近 10%，被外界誉为"中国奇迹"，这成为国内外学界的一个热点议题。作为我国经济体制改革的核心命题，政府与市场关系是解读"中国奇迹"的关键。一方面，在西方主流经济学的理论嬗变过程中，始终存在着政府与市场二元对立的倾向，

企图割裂政治与经济的内在联系，这导致其无法有效解释现代混合经济；另一方面，改革开放以来我国政府与市场关系经历了"政府放开市场"—"政府调控市场"—"市场约束政府"—"市场起决定性作用，更好发挥政府作用"的阶段变迁，实现了从"替代论"到"辩证法"的演进和突破。在对西方传统和中国经验的比较分析中发现，政府与市场关系的"辩证法"恰恰是中国特色社会主义政治经济学国家主体性的体现。立足于"中国特色社会主义最本质的特征是中国共产党领导"，我们可以形成中国特色社会主义政治经济学国家主体性的"三维系谱"，提升对"中国奇迹"的解释力。

2. 《混合所有制改革能有效化解国有企业产能过剩吗》

作者：白雪洁、张哲

期刊：《经济理论与经济管理》

刊期：2022 年第 9 期

在深化国有企业混合所有制改革的政策背景下，相比于采用正向逻辑来研究国有企业与其他所有制企业产能过剩的成因与化解机制异同，本文通过逆向逻辑构造反事实因果推断，即国有企业经过混合所有制改革身份属性发生变更后产能过剩能否得到化解，来探究国有企业产能过剩的制度性成因。在实证分析中，本文通过 PSM – 多期 DID 方法识别了国有企业混合所有制改革对于其产能利用率的政策影响，分析了不同市场结构下国有企业规模对产能利用率影响的非线性关系，明晰了国有企业混合所有制改革化解产能过剩的作用途径，探究了产能过剩的制度性根源与衍生因素之间的传递效应。

3. 《〈资本论〉理论定向的阐释维度》

作者：卜祥记

期刊：《中国社会科学》

刊期：2020 年第 8 期

《资本论》具有多样化的理论定向，并在后世解读中呈现出经济学、哲学、政治哲学等多样化的阐释维度。作为两种最具有影响力的阐释方式，对《资本论》的经济学理论定向和哲学理论定向的阐释，不仅各具理论合理性，而且具有很强的互补性。当基于经济学理论及其技术层面的《资本论》研究致力于完善与推进马克思政治经济学理论体系时，哲学理论定向的阐释维度将有助于更为全面地呈现《资本论》的当代价值。但是，由于对马克思哲学基本性质认知的差异性，因而在《资本论》的哲学理论定向的阐释维度上形成了多样化的解释方案。只有立足于唯物史观，才能真正呈现马克思哲学与《资本论》的内在性关联，并实质性地彰显《资本论》的当代价值；而要立足于唯物史观以确立马克思哲学与《资本论》的内在性关联，则必须首先明确唯物史观的《资本论》指向，即唯物史观是从黑格尔哲学体系中挣脱出来的伟大成果，是服务并从属于《资本论》研究课题的理论创立，真正的唯物史观就存在于《资本论》中。这是《资本论》的唯物史观理论定向。就此而言，《资本论》既是一部伟大的经济学著作，又是一部唯物史观的理论巨著。

4.《论数字平台的兴起与数据商品的生成——基于马克思主义流通理论的考察》

作者：蔡超

期刊：《消费经济》

刊期：2020 年第 6 期

马克思主义的流通理论是其总体经济理论体系中的关键一环，也是我们考察经济循环的重要理论工具。从"大流通"视角来看，当今数字经济的发展具有内在的必然逻辑。"加速主义"的技术发展要求，使得能够降低流通费用和缩短流通时间的数字平台逐步兴起，并成为主导性的流通渠道，实现了一次"流通革命"。数字平台的普遍推广和应用，使得大量数据得以沉淀，为数据抓取和数据分析提供了基础条件。在大数据的辅助作用下，企业经营管理模式发生转变，流通开始优先于生产，实现了对"生产中心论"的颠覆。数据信息日益成为驱动市场进行高效资源配置的核心要素，成为诸多公司竞相获取的资源和进行交易的商品，这要求政府必须加强数据技术利用和数据治理，完善社会主义的数据驱动型市场体系。

5.《有关社会主义市场经济理论学科属性的几个基本问题》

作者：常荆莎、易又群

期刊：《经济纵横》

刊期：2022 年第 9 期

社会主义市场经济理论是世界范围内处于领先地位的中国经济理论，诞生 30 年来日益成熟。党的这一创新理论转化为学术体系时，必须对研究对象、研究任务、方法论和基本内容等表征学科属性的问题加以明确。深刻把握中国共产党遵循唯物史观抉择新中国经济体制的根本经验、坚持贯彻社会主义市场经济体制的初衷、总结在社会主义经济建设中运用市场方式的探索和成就，可以凝练如下结论：社会主义市场经济理论是以市场手段与社会主义基本制度相结合及与之相应的经济关系为研究对象，以唯物史观和唯物辩证法为世界观、方法论，把揭示社会主义市场经济发生发展规律作为研究任务的理论体系；社会主义市场经济理论通过回答市场方式与社会主义制度能否结合、如何结合，如何衡量实际结合成效和促进预期成效，社会主义市场经济的历史地位等问题，廓出其基本内容。

6.《从"现实的人"到"以人民为中心"——马克思主义政治经济学根本立场探析》

作者：常庆欣、张旭

期刊：《经济学家》

刊期：2020 年第 5 期

中国特色社会主义政治经济学的根本要义，就是以马克思主义为指导，贯彻以人民为中心这一根本立场。"以人民为中心"的发展思想，是在避免马克思指出的"经济人"的缺陷的基础上，在遵循他关于"人的一般本性"

的基本规定的前提下，在对马克思考察的"变化的人的本性"的变化趋势的深刻把握中，结合中国特色社会主义经济建设和改革实践，对"发展为了谁、发展依靠谁、发展成果由谁享有"这个根本问题作出了回答。从马克思关于"现实的人"的思想到"以人民为中心"的发展思想之间，存在着运用、发展与创新关系。证明"以人民为中心"这一"马克思主义政治经济学的根本立场"，坚持"以人民为中心"的发展思想，是马克思主义理论尤其是中国特色社会主义政治经济学创新的重要成果和我国经济社会建设的基本指南。

7.《有效市场和有为政府更好结合推进构建高水平社会主义市场经济体制》

作者：常庆欣

期刊：《山东社会科学》

刊期：2021 年第 2 期

进入新发展阶段的中国经济，对市场经济体制改革提出了新的要求。应对新发展阶段的变化，建成高水平社会主义市场经济体制，关键在于调整政府与市场的关系。党的十九届五中全会提出的"推动有效市场和有为政府更好结合"，超越了对政府和市场关系的传统认识，为构建更加系统完备、更加成熟定型的高水平社会主义市场经济体制提供了基本遵循。政府和市场在动态调整中形成的相互促进、相辅相成的格局，是高水平社会主义市场经济体制的基本特征之一。在这种高水平社会主义市场体制中，政府通过在市场体制引导、营商环境塑造和主体活力激发上"有为"，推动市场在方向把握、运行公平和创新突破上"有效"，从而进一步推动经济高质量发展，增进人民福祉、实现共同富裕。

8.《马克思主义区域协调发展思想：从经典理论到中国发展》

作者：陈健、郭冠清

期刊：《经济纵横》

刊期：2020 年第 6 期

马克思主义区域发展目标是尽可能缩小区域发展差距，实现区域协调发展。总体生产力的发展是实现区域协调发展的基础，在生产力合理布局基础上促进生产力平衡布局，构成了马克思主义区域协调发展思想的核心。社会主义制度为总体生产力发展与区域协调发展的辩证统一提供了根本保障。新中国成立以来，在区域发展指导思想上逐步形成了改革开放前的区域均衡发展战略，改革开放后一段时期的区域非均衡发展战略、促进地区协调发展的西部大开发战略和统筹区域发展观，以及新时代区域协调发展战略，这些都是结合中国实际在不同发展形势下对马克思主义区域协调发展思想的深化与发展。新时代区域协调发展战略为中国历史性实现区域协调发展和马克思主义区域发展目标提供了根本保障。

9.《金融化、虚拟经济与实体经济的发展——兼论"脱实向虚"问题》

作者：陈享光、黄泽清

期刊：《中国人民大学学报》

刊期：2020 年第 5 期

建立在货币化、货币资本化和资本虚拟化基础上的金融化催生了脱离实体经济的虚拟经济的发展，从而使"脱实向虚"问题突显。伴随金融化的发展，金融化资本不断积累，并逐渐突破产业资本循环的约束，在金融领域、投机性非生产领域以及全球资源配置领域中循环和扩张，使得纯粹虚拟经济得以形成和发展，这必然会抑制产业资本积累和实体经济发展，弱化资源流动和配置中金融杠杆的作用，同时，金融化资本的高流动性、投机性和虚拟性将加剧金融的脆弱性和不稳定性。因此，只有抑制经济金融化，构建服务于实体经济的产业资本主导的金融机制，才能从根本上解决"脱实向虚"问题，强化金融对实体经济的支持，促进金融和经济的健康发展。

10.《论数学方法在研究和发展马克思主义政治经济学中的作用》

作者：陈宗胜、李瑞芳

期刊:《西安交通大学学报（社会科学版)》

刊期: 2022 年第 2 期

坚持和发展马克思主义的任务之一，就是运用马克思主义政治经济学解释中国特色社会主义的实践。在这一过程中，一个非常重要的问题是如何充分借鉴和运用各种数学方法。政治经济学与数学方法从古典时期就有着密切的渊源及联系，马克思更是运用数学方法研究政治经济学的光辉典范。一个多世纪以来，国内外学者使用数学工具研究马克思主义政治经济学取得了大量成果，极大地深化了对马克思主义政治经济学的理解。中国在特色社会主义实践中坚持和发展了马克思主义政治经济学理论，如关于公有制为主体、多种所有制共同发展的"混合经济"，社会主义市场经济体制市场化进展与现状，以及中国公有经济收入分配体制改革与收入差别变动趋势理论等，均是运用数学、计量方法对马克思主义经济学中国化的总结。未来，马克思主义经济学者应积极在研究方法上推陈出新、兼收并蓄，以历史唯物主义为指导，结合中国特色社会主义的实际经验，正确科学地运用各种数学方法，创新和发展马克思主义政治经济学理论体系。

11.《中国特色社会主义政治经济学研究十大要义》

作者: 程恩富

期刊:《理论月刊》

刊期: 2021 年第 1 期

参照马克思《资本论》的理论逻辑，中国特色社会主义政治经济学研究须把握十大要义：一是以马列主义及其中国化经济理论为研究导引；二是以初级社会主义物质和文化领域的经济关系或经济制度为研究对象；三是以唯物史观和唯物辩证法为研究要法；四是以揭示初级社会主义社会不同的经济规律为研究任务；五是以公私商品及其内部矛盾运动为研究起点；六是以劳动为研究元概念、以公有剩余价值理论为研究主线；七是以主体性公有资本与自由联合劳动的关系为研究轴心；八是以维护工人阶级和劳动人民利益为研究立场；九是以不断满足全体人民日益增长的美好生活需要为研究目的；十是以完善初级社会主义经济关系促进生产力和上层建筑现代化发展为研究方针。

12. 《改革开放以来新马克思经济学综合学派的十大政策创新》

作者：程恩富

期刊：《河北经贸大学学报》

刊期：2021 年第 3 期

马克思主义学者应把对马克思主义的学术研究、理论宣传和政策探讨三者有机结合起来，而不宜只进行现有马克思主义理论的宣传教育，相对忽视马克思主义的学术研究创新，尤其是相对忽视探讨和创新与马克思主义理论密切相关的良策。改革开放以来新马克思经济学综合学派进行了十大政策创新：一是幸福指数政策，以人民为中心的经济社会全面发展是最佳目标；二是立新核算政策，用"国内生产福利总值"替代"国内生产总值"指标；三是为民财税政策，协调全面建设与民生共享的关系；四是金融实化政策，实施从脱实向虚转向脱虚向实的举措；五是知识产权政策，自主创新关键核心科技和世界名牌；六是公主私辅政策，公有制主体的多种所有制共同发展；七是改善分配政策，按劳分配为主体的缩差共富；八是提高福利政策，较快增加免费公共福利的项目和比重；九是抑制通胀政策，有利于国计民生的宏观调控重要任务；十是对等开放政策，积极反制外国遏制和追求高质量开放。

13. 《中国经济学的探索：一个历史考察》

作者：程霖、张申、陈旭东

期刊：《经济研究》

刊期：2020 年第 9 期

中国经济学探索延续百年，历经近代在传播与转型中孕育、20 世纪 90 年代在选择与实践中争鸣、党的十八大以来在积累与创新中厘清这三次学术讨论高潮。本文对百年来中国经济学概念的提出过程、表述方式、具体界定、理论逻辑及特征演变等进行了全面回顾，对其间涌现的各种提法加以梳理统计，揭示了概念的演变趋势与基本要素，并给出关于中国经济学概念界定的标准与建议。研究发现：第一，中国经济学概念界定发展于马克思主义经济学中国化、西方经济学中国化、中国传统经济思想现代化和中国经济改革发展实践理论化这四条线索的相互交织；第二，学界对经济学二元学科特质的认知虽持续存在差异，但对中国经济学研究的目的、主体、对象和方法等特有属性的共识逐步加强，促使其概念轮廓不断清晰，并在新时代以中国特色社会主义政治经济学为落脚点；第三，中国经济学应至少满足以下标准：中国经济学人以马克思主义为指导，批判吸收各种已有经济思想并实现创新，致力揭示中国经济规律，解释中国经济问题，指导中国经济发展，并寻求更具一般性和广泛解释力的理论提炼，最终形成一套内在逻辑自洽的理论体系。

14.《发展新型集体经济：全面推进乡村振兴的路径选择》

作者：崔超

期刊：《马克思主义研究》

刊期：2021 年第 2 期

马克思恩格斯对如何跨越贫困进行了系统的思考和阐释。跨越贫困、实现共同富裕的必由之路，是建立集体所有制下的"合作生产"。我国在跨越贫困的路径选择上，继承了马克思恩格斯这一思想，并逐渐发展形成农村集体经济这一经济形态。2020 年后我国迎来由脱贫向振兴的历史性重大转变，农村减贫工作将统筹纳入乡村振兴战略，巩固拓展脱贫攻坚成果，逐步实现农业现代化与共同富裕将成为全面推进乡村振兴的主攻方向。农村集体经济亟须在形式、管理、模式、领导、制度上实现创新，从而在乡村振兴中充分发挥自身作用。

15.《〈资本论〉版本考究》

作者：崔友平、胡毅、冯瑾、许萌

期刊：《国外理论动态》

刊期：2022 年第 6 期

自 1867 年问世以来，《资本论》在世界范围广泛传播，先后被译为俄文、法文、意大利文、英文、日文、中文等多种文字。至 1967 年《资本论》第 1 卷出版 100 周年时，这部著作已经以 43 种语言文字出版了 220 多种版本，显示出强大的生命力。为纪念《资本论》第 1 卷出版 155 周年，本文梳理了《资本论》在世界广泛传播过程中产生的主要版本及其特点，回顾了《资本论》在世界传播的光辉历程。

16. 《百年中国共产党经济思想创新研究》

作者：崔友平、刘承礼、赵超、王潇锐、屈婷

期刊：《经济与管理评论》

刊期：2021 年第 4 期

自 1921 年成立以来，中国共产党始终把马克思主义基本原理同中国具体实际相结合，在革命、建设和改革各个历史时期创造性地提出一系列重要的经济思想，实现了马克思主义政治经济学的中国化。在新民主主义革命时期，党自觉接受马克思主义的指导，形成了新民主主义经济思想。新中国成立后，党坚持独立自主、自力更生原则，建立社会主义经济制度，形成中国社会主义政治经济学。十一届三中全会后，党完成指导思想上的拨乱反正，把工作的着重点转移到以经济建设为中心的社会主义现代化建设上来，形成了中国特色社会主义政治经济学。党的十八大以来，以习近平同志为核心的党中央坚持以马克思主义政治经济学为指导，科学认识和深刻把握经济发展规律，创立习近平新时代中国特色社会主义经济思想。

17. 《数据要素：主要特征、推动效应及发展路径》

作者：戴双兴

期刊：《马克思主义与现实》

刊期：2020 年第 6 期

伴随着人类生产方式的演变和信息技术的发展，数据已经成为经济数字化生产方式的关键生产要素。与传统生产要素相比，数据要素具有非排他性、规模经济性、可再生性、强渗透性等新特征，这些特征推动了经济发展的质量变革、效率变革及动力变革，对企业生产、产业转型升级以及宏观经济调控产生了革命性影响。我国构建以数据为关键要素的数字经济，要以党的十九届四中全会精神为指导，完善数据要素产权界定，着力打破"数据孤岛"困境，健全数据要素参与分配机制，提升数据要素市场治理效能，推进产业数字化和数字产业化。

18. 《社会主义市场经济下的资本特性与税收对策》

作者：邓力平

期刊：《税务研究》

刊期：2022 年第 5 期

在中国特色社会主义市场经济体制发展进程中，既要看到不断积累的资本为我国经济社会发展作出的积极贡献，也要看到在某些领域中资本无序扩张带来的消极影响。2021 年中央经济工作会议提出了"要正确认识和把握资本的特性和行为规律"的要求，相对应地，就要在把握社会主义市场经济发展的伟大经验和时代要求的前提下，探讨在税制改革、政策运用、税收征管等制度性安排中所体现的税收定位，并将其作为制定引导资本有序发展之税收对策的重要依据，为新时代中国特色社会主义税收现代化发展提供进一步的理论支撑。

19. 《社会主义市场经济体制下的"必过之坎"与"必破之题"》

作者：邓力平

期刊：《中国经济问题》

刊期：2022 年第 4 期

进入新时代以来，我国社会主义市场经济体制在"既有共性、更有个性"的结合中取得了突破性发展，彰显了社会主义制度的显著优势。当前，实现共同富裕目标和把握资本特性规律成为我国面临的重大理论和实践问题，需要在社会主义市场经济体制下深入研究。本文以习近平经济思想为指导，在把握社会主义市场经济体制特征的基础上，围绕实现共同富裕之"必过之坎"和把握资本特性规律之"必破之题"展开，为加快完善社会主义市场经济体制提供理论支撑。

20.《中国共产党全面建成小康社会战略思想研究》

作者：丁任重、徐志向

期刊：《经济学家》

刊期：2021 年第 4 期

马克思和恩格斯设想的社会主义社会，是生产资料公有制社会，发展生产力是首要任务。社会主义生产的目的是不断满足人民群众的物质和精神生活需求，不断提高人民群众生活水平。新中国成立以后，我们党一直着力发展社会生产力。改革开放 40 多年来，我们党不仅提出了全面建成小康社会的战略构想，也在不断充实全面建成小康社会战略的内容、目标和实现路径等。2021 年既是实现第一个百年奋斗目标的收官之年，也为建设社会主义现代化强国奠定了坚实基础。

21.《"做强做优做大"：国有企业改革理论与实践的逻辑统——我国国有企业发展历程与展望》

作者：丁晓钦

期刊：《当代经济研究》

刊期：2021 年第 9 期

新中国成立 70 多年来国有企业的发展历程可以分为：1949—1978 年，为新中国建设提供物质保障，为工业化进程打下坚实基础，保证人民当家做主的全面国有化阶段；1978—2012 年，以丰富人民物质文化生活为目的，国有企业提质增效阶段；2012 年至今，满足人民美好生活需要，国有企业全面"做强做优做大"阶段。国有企业改革本质上是对"以人民为中心"

发展思想在不同时期应对不同发展要求的诠释和践行，是应对每个时期中国发展的主要矛盾，关切人民的主要需求，在"强""优"和"大"之间各有侧重，不断探索、不断成长的过程，这正是新中国成立 70 多年来国有企业改革理论和实践的内在逻辑。

22.《数字资本主义的兴起及其引发的社会变革——兼论社会主义中国如何发展数字经济》

作者：丁晓钦、柴巧燕

期刊：《毛泽东邓小平理论研究》

刊期：2020 年第 6 期

20 世纪末兴起的数字资本主义深刻改变了资本主义世界的消费方式、就业方式、生产组织方式和投资方式。数字资本主义似乎异军突起，但早在 20 世纪 90 年代初，以互联网为依托的信息技术革命就带来了"新经济"的迷思。而 2000 年的互联网泡沫和 2008 年的世界金融危机，又证明了数字资本主义仍然无法使资本主义摆脱危机。资本主义只是以一种更加深入、广泛和隐蔽的方式进行剥削和积累。进入新时代，社会主义中国的经济建设要善于利用数字经济平台，坚持以人民为中心，发展由全体人民共建、共享、共治的数字经济，用更现代化的数字治理能力、更高质量的数字经济发展，不断满足全体人民日益增长的美好生活需要。当前，世界面临百年未有之大变局，需要我们站在新的历史高度，认清数字资本主义给人们的生活生产方式带来的变化，科学合理地加强数字治理，高质高效地发展数字经济，以推动我国社会主义经济建设迈上一个新的台阶。

23.《国内国际双循环新发展格局：历史溯源、逻辑阐释与政策导向》

作者：董志勇、李成明

期刊：《中共中央党校（国家行政学院）学报》

刊期：2020 年第 5 期

面对国内社会主要矛盾的变化和国际不确定性增加，我国适时提出了构建国内国际双循环新发展格局。双循环虽然是一个新概念，但并不是一个临时创造的概念。中国发展格局的确定是国内经济条件和国际经济环境共同决定的，是中国寻求实现工业化过程中基于国内发展需要和国际形势变化作出的战略选择。在双循环中，国内大循环与国际大循环是辩证统一的，畅通国内大循环是双循环的前提，而畅通国际大循环则是双循环的支撑和保障。我国正处在全面深化改革和全方位对外开放关键期，要以长期全局视角认识双循环的自主性和必然性，加快推进形成新发展格局。一方面，重点畅通国内大循环，以供给侧结构性改革为重点推进国内经济充分平衡发展；另一方面，稳步推进国际大循环，以规则制度型开放为重点推动构建更高层次的开放型经济。从长远看，我国应积极推进构建人类命运共同体，以新的基于规则的国际治理为重点建设开放型世界经济。

24.《基本经济制度是所有制关系、分配关系、交换关系的有机统一》

作者：方敏

期刊：《政治经济学评论》

刊期：2020 年第 2 期

《中共中央关于坚持和完善中国特色社会主义制度推进国家治理体系和治理能力现代化若干重大问题的决定》明确提出，公有制为主体、多种所有制经济共同发展，按劳分配为主体、多种分配方式并存，社会主义市场经济体制等社会主义基本经济制度，既体现了社会主义制度的优越性，又同我国社会主义初级阶段的社会生产力发展水平相适应，是党和人民的伟大创造。这一重要论断是马克思主义政治经济学在当代中国改革与发展实践中的具体运用，是中国特色社会主义政治经济学的一个重大理论命题。经济制度，不论其层次高低和涉及范围如何，都是关于人们的经济行为和经济利益的规定，属于生产关系的范畴。基本经济制度规定了社会中最核心的生产关系，包括最基本的所有制关系、分配关系和交换关系等。由所有制关系、分配关系、交换关系构成的基本经济制度，与我国社会主义初级阶段的社会生产力水平相适应，鲜明地体现了中国特色社会主义生产方式的基本特征。

25.《以人民为中心和以资本为中心：两种发展道路的比较——基于劳动价值论的若干思考》

作者：冯金华

期刊：《学术研究》

刊期：2020 年第 12 期

无论是当代资本主义，还是现阶段中国特色社会主义，实行的都是市场经济或商品经济，都要受到商品经济的基本规律——价值规律的支配和制约。但在不同的社会制度特别是不同的生产资料所有制下，同样的价值规律却会导致完全不同的结果。资本主义市场经济以资本为中心，生产目的是尽可能多地榨取剩余价值，具体表现为剩余价值的增长率总是大于而劳动力价值的增长率总是小于名义国内生产总值的增长率。社会主义市场经济以人民为中心，生产目的是"共同富裕"。在社会主义市场经济中，由于劳动者的个人利益和整体利益、当前利益和长远利益在根本上是一致的，故劳动力价值和剩余价值的增长率通常总是等于名义国内生产总值的增长率。本文首先根据价值规律的两个基本内容（即劳动决定价值和等价交换），讨论如何从商品价格出发，探索隐藏在其中的价值，然后根据价值与价格的关系，进一步确定资本主义经济中的剩余价值和剩余价值增长率，以及社会主义经济中的劳动力价值、劳动力价值增长率和劳动者收入增长率，从而说明以人民为中心和以资本为中心这两种发展道路的客观基础和根本区别。

26.《马克思主义政治经济学在中国：一项历史性考察（1921—2021）》

作者：付文军

期刊：《经济学家》

刊期：2022 年第 2 期

"马克思主义政治经济学在中国"既是一个重要的历史事件，又是一项重要的学术议题。近代以来，马克思主义政治经济学在中国得以广泛传播。按照时间线索，马克思主义政治经济学在中国的传播大致可以分为自发传播阶段、全面运用阶段、创造发挥阶段和深入探讨阶段。在马克思主义政治经济学百年传播历程中，一代代学者先后围绕文本、学科、问题和人物等议题展开了对马克思主义政治经济学的百年研究和应用，并形成了"译介—研究—应用"的一体性传播阵型、"历史—现实—未来"的科学性研究视阈、"文本—思想—实践"的总体性阐释进路和"宏观—中观—微观"的综合性叙事模式。同时，在马克思主义政治经济学的百年译介、传播、研究和应用的过程中，我们始终有坚强的领导核心、正确的发展方向、强烈的问题意识和合理的研究原则。在新时代，我们建立政治经济学"中国学派"的时机已成熟，21 世纪马克思主义政治经济学也将大有作为。

27.《论宏观经济调控向宏观经济治理的战略转换》

作者：付一婷、刘金全、刘子玉

期刊：《经济学家》

刊期：2021 年第 7 期

党的十九届五中全会创造性地提出了宏观治理的新理念与新方式。本文对宏观经济治理体系转变与升华的必然性进行论证，并探究这种转变的时机把握、能力跃升和体系创新，为我国顺利完成"十四五"规划和二〇三五年远景目标提供对策建议。新体系优化了政策目标：长期目标由速度目标转向质量目标、调控范围由点目标放大至区间目标、调控方式从总量调控精细化到结构调控、调控力度由"大水漫灌"式优化至精准调控；明确了各项政策的任务分工：强调了六项子类政策间的交互作用与下一阶段产业政策的核心地位；提升了政策间的协同作用：确保政策间的协调配合与时间一致性，并进一步保证总量调控与结构调控的协调平衡能力。

28.《所有制、涓滴效应与共享发展：一个政治经济学分析》

作者：盖凯程、周永昇

期刊：《政治经济学评论》

刊期：2020年第6期

传统涓滴理论作为西方主流发展经济学的重要组成部分，源自西方社会报酬结构演进中对利益冲突的行为选择与思潮迭代。这一理论逻辑的根本缺陷在于其遮蔽了社会制度的内在蕴涵和社会结构的本质特征。将经济增长、收入分配和贫困三者关系置于社会生产关系的视域下考察：生产关系性质决定分配关系性质继而决定涓滴发展的实质，所有制是涓滴效应实现的核心机制。涓滴效应在不同经济体中阻滞或畅通实质上受所有制关系规定的"发展为了谁"的增长逻辑支配。"发展为了资本"和"发展为了人民"是两种截然不同的发展道路：前者从私有制出发，沿着自下而上的负向涓滴路径，必然导向两极分化；后者从公有制出发，沿着自上而下的正向涓滴路径，必将导向共同富裕。

29.《论高质量发展阶段的政治经济学基础：基于生产方式的二维视角》

作者：高桂爱、刘刚、杜曙光

期刊：《经济纵横》

刊期：2021年第6期

高质量发展阶段的政治经济学基础在于生产方式的历史演进。通过梳理学界关于生产方式的各种定义，可以得出狭义和广义生产方式的二维视角，前者聚焦不同工业化发展阶段的劳动方式，后者关注"生产为谁服务"的生产目的。就狭义生产方式而言，高质量发展是新一轮工业革命在规模化生产之外追求质量效益的必然要求；就广义生产方式而言，是坚持以人民为中心，以满足人民日益增长的美好生活需要为目的的发展。因此，高质量发展阶段的政治经济学基础可以归结为新科技革命所要求的劳动方式，以及符合新时代社会主义生产目的的生产社会形式。

30.《社会主义基本经济制度的重大理论问题研究》

作者：葛扬

期刊：《经济学家》

刊期：2020 年第 10 期

新中国建立社会主义制度之后，我国经济学理论研究在马克思主义政治经济学指导下逐步展开，政治经济学成为我国主流经济学。1978 年 12 月党的十一届三中全会后，我国政治经济学理论研究伴随着改革开放不断深入取得了长足发展。党的十八大以来，我们党提出了中国特色社会主义政治经济学，标志着中国特色经济学的基本形成。中国特色社会主义政治经济学是我们党和人民集体智慧的结晶，我们在改革开放实践中开拓创新、与时俱进，创造性地发展了马克思主义政治经济学，尤其在社会主义所有制、分配制度和市场经济体制等基本理论问题上取得了重大突破：从单一公有制到公有制为主体、多种所有制经济共同发展的所有制；从平均主义分配制度到按劳分配为主体、多种分配方式并存的分配制度；从计划经济体制到市场经济体制。政治经济学这些基本理论问题的重大突破，有力地推动了我国改革开放不断深入和国民经济快速发展，是我国改革开放实践经验的总结提炼，是中国特色社会主义政治经济学的重要理论成果。

31.《论新发展阶段下经济的高质量发展》

作者：龚刚、杨兰、刘铭

期刊：《中国经济问题》

刊期：2022 年第 6 期

在经济学中，存在着各种按所有制、先进性程度、产业结构和要素禀赋结构所区分的发展阶段论，同时也存在着各种不同类型的陷阱理论。本文从资源禀赋结构的演变并结合陷阱理论来研究经济的发展阶段，并由此总结出两阶段理论。以此为基础，文章分析了新中国成立以来的经济发展过程，通过与之前的经济发展阶段（第一阶段）的比较，揭示了新发展阶段（第二阶段）下中国经济的特征，探讨了新发展阶段下经济的高质量发展。

32. 《数字经济发展的理论逻辑与现实路径研究》

作者：龚晓莺、杨柔

期刊：《当代经济研究》

刊期：2021 年第 1 期

生产力与生产关系的矛盾运动是人类社会不断发展的根本动力。生产力的变化首先表现在技术进步上，生产力的发展带来生产关系的变革，从而形成新的经济形态。数字经济作为继原始经济、农业经济、工业经济后的新经济形态，其产生与发展必然符合这一理论逻辑。基于这一数字经济发展的理论逻辑，从数字生产（环节）关系、数字交换关系、数字分配关系、数字消费关系对我国数字经济发展的现实路径展开分析更符合马克思的理论逻辑。数字生产力与数字生产关系的不协调发展是当前制约我国数字经济发展的根源，数字生产（环节）关系、数字交换关系、数字分配关系和数字消费关系中存在的突出矛盾构成了制约我国数字经济进一步发展的瓶颈。为此，应采取以下措施破除制约我国数字经济发展的瓶颈：加速数字技术自主创新，加快传统产业数字化转型，完善数字劳动相关法律法规；促进数字分配更为公平，缩小我国数字鸿沟；破除数字交换的数据孤岛与数据烟囱现象；拓展居民数字消费空间，引导正确数字消费观。

33. 《马克思对资本特性和过程的政治经济学分析及当代意义——马克思〈1857—1858 年经济学手稿〉再研究》

作者：顾海良

期刊：《经济学家》

刊期：2022 年第 8 期

深化《手稿》中资本理论的再研究，对习近平提出的"要加强新的时代条件下资本理论研究""深化社会主义市场经济条件下资本理论研究"有着重要指导意义。《手稿》先后提出的资本的"六分结构"和"三分结构"，阐明资本运动既以社会化大生产发展为条件，又受社会化大生产发展要求制约的特征；资本是生产资本在价值增殖过程中与劳动相对立的生产要素，也是生产资本在价值转移过程中的生产要素。社会主义公有制作为社会主义经济关系总体的"普照的光"，决定了非公有制经济形态在总体中的"色彩"和"比重"。《手稿》以劳动过程的新的结合方式为基础，对资本推动和促进社会生产力发展的历史作用展开论述；从资本本质及其运动过程中，揭示资本主义生产方式的历史命运，由此因势而新提升资本治理本领、因时而进规范和引导资本健康发展，创新中国特色的资本发展的理论和实践。

34. 《马克思主义政治经济学中国化的百年辉煌与思想精粹》

作者：顾海良

期刊：《社会科学战线》

刊期：2021 年第 3 期

马克思主义政治经济学中国化，是"化中国"和"中国化"两个方面的结合，呈现为螺旋式上升的思想过程。从五四运动到中国共产党成立，是马克思主义政治经济学中国化思想历程的起点；之后，政治经济学"化中国"的特征逐渐呈现，深化了中国社会性质和道路的理论探索。同马克思主义中国化第一次历史性飞跃中毛泽东思想形成相随齐进，马克思主义政治经济学中国化实现了从分散的到系统的"化中国"过程、再到"中国化"的思想飞跃。新中国成立后，中国化马克思主义政治经济学续写了过渡时期政治经济学的新篇章；以"第二次结合"为指导，中国社会主义政治经济学得到开创性发展。在马克思主义中国化第二次历史性飞跃中，新时期中国特色社会主义政治经济学取得辉煌成就，新时代中国特色"系统化的经济学说"不断拓新，呈现出中国共产党百年辉煌中马克思主义政治经济学中国化的思想精粹。

35. 《基本经济制度新概括与中国特色社会主义政治经济学新发展》

作者：顾海良

期刊：《毛泽东邓小平理论研究》

刊期：2020 年第 1 期

马克思主义认为，从总体上看，社会基本经济制度具有显著的历史规定性，在内涵上具有生产关系、分配关系以及与之相适应的经济运行体制规定性。党的十九届四中全会对社会基本经济制度的新概括，是以中国社会主义初级阶段社会经济关系为基本事实，以改革开放以来特别是党的十八大以来中国特色社会主义经济关系发展为实践过程，以马克思主义政治经济学基本理论的当代发展为思想指导的。习近平新时代中国特色社会主义经济思想对中国特色社会主义基本经济制度规定性的探索，已呈现思想先觉，已开创理论先河。党的十九届四中全会对基本经济制度的新概括，对于中国特色社会主义政治经济学来说，无论在"系统化的经济学说"还是在"理性概括"上都具有重要意义。

36.《回到马克思：对生产力——生产方式——生产关系原理再解读》

作者：郭冠清

期刊：《当代经济研究》

刊期：2020 年第 3 期

对于社会发展究竟是否存在"生产力——生产方式——生产关系"原理，学术界分歧依然严重。除了对"生产力——生产关系"原理的认知根深蒂固外，分歧的主要原因之一是对马克思的手稿、书信和著作寻章摘句的论述方法，不足以征服反对者，因为反对者同样可以找到反证，这些反证不仅在马克思 1846 年 12 月 28 日致安年科夫的信中存在，在《哲学的贫困》中存在，而且在《政治经济学批判》（1861—1863 年手稿）、《资本论》中同样存在。《马克思恩格斯全集》历史考证版（MEGA2）的"全面性、完整性、客观性、过程性"特征为重新解读"生产力——生产方式——生产关系"原理创造了条件。抛弃先入为主的错误观念，通过考证不难发现，唯物史观核心命题"生产力——生产方式——生产关系"贯串于从《德意志意识形态》手稿到《资本论》的始终。正确理解关键范畴"生产方式"不仅可以消除"反证"问题，而且也助于从"生产力决定论"中走出。重新解读的"生产力——生产方式——生产关系"原理为新时代中国特色社会主义市场经济建设提供了方法论指导。

37.《企业数字资产的形成与构建逻辑研究——基于马克思主义政治经济学的视角》

作者：郭王玥蕊

期刊：《经济学家》

刊期：2021 年第 8 期

数字经济时代下，数字化转型是企业充分发挥数据要素效能的必然选择，而构建数字资产正是企业数字化转型的具体操作。通过对数字资产进行系统性论述，提出数字资产是数据生产要素的具体表现形式这一观点，并基于此分析数字资产的特征与构建过程。随后，具体探讨了数字资产如何作用于生产、分配、交换和消费四个相互联系的环节，进而揭示了数字资产构建是助力企业高质量发展的应然之策，也是实现经济循环畅通的实然之举。

38.《〈资本论〉在中国的翻译、出版与传播——兼论中国共产党经济思想的演进》

作者：韩保江、李娜

期刊：《经济纵横》

刊期：2022 年第 1 期

《资本论》作为马克思主义政治经济学经典著作和工人阶级的"圣经"，伴随着中国共产党从幼年走向成熟，启迪着中国共产党带领人民进行新民主主义革命、社会主义建设、改革开放及实现中华民族伟大复兴。《资本论》在中国的传播由浅入深、由局部到整体，中国共产党人对它的理解认识也不断深化。回顾中国共产党成立以来经济思想的演进，《资本论》在不同时代所折射出的理论光辉不同,与实践相结合产生的理论成果也深深地打上了时代烙印。这一过程既见证了中国共产党经济思想的演进,也见证了党始终不变的人民情怀。我们将继续沿着《资本论》所照亮的前进道路,运用马克思主义政治经济学的基本原理和方法论,回答好我国经济发展过程中的重大理论和实践问题,不断开拓当代中国马克思主义政治经济学新境界。

39.《数字劳动过程及其四种表现形式》

作者:韩文龙、刘璐

期刊:《财经科学》

刊期:2020 年第 1 期

数字劳动是在数字经济背景下,以数字化的知识和信息作为关键生产资料的生产性劳动和非生产性劳动。在数字生产方式下,传统的劳动过程正在向数字劳动过程转变。这种转变将会深刻影响雇佣关系、劳动的控制过程和劳动报酬的支付形式等。根据劳动过程特征差异性的大小,本文将数字劳动过程划分为传统雇佣经济领域下的数字劳动过程、互联网平台零工经济中的数字劳动过程、数字资本公司技术工人的数字劳动过程和非雇佣形式的产销者的数字劳动过程四种类型,并从马克思主义的角度批判地分析四种数字劳动过程中的价值形成,以及其背后所隐藏的资本与劳动之间的内在矛盾及其对生产方式的影响。

40.《中国式现代化道路的世界意蕴》

作者:韩喜平、郝婧智

期刊:《马克思主义理论学科研究》

刊期:2022 年第 2 期

中国式现代化道路,作为中国共产党领导中国人民百年奋斗历史的主线,在生发背景、指导理念、方法途径、价值立场等方面凝结出了独特的理论思想与实践经验,以更加完善的社会主义现代化模式优化了世界现代化进程，发展了社会主义文明形态，向世界证明了科学社会主义理论的强大生命力。中国式现代化道路对人类与各国发展展示出的中国示范、中国担当，影响了世界历史的进程，具有深刻的世界意蕴，具体表现为突破西方现代化模式的唯一性、为发展中国家提供新的参考、促进了世界的和平与发展、改变了世界分化的格局、发展创造了人类文明新形态。

41.《巩固拓展脱贫攻坚成果同乡村振兴有效衔接的政治经济学研究》

作者：贺立龙、刘丸源

期刊：《政治经济学评论》

刊期：2022 年第 2 期

2021 年政治经济学界从脱贫成果巩固与拓展、脱贫地区乡村全面振兴与农业农村现代化、巩固拓展脱贫攻坚成果同乡村振兴有效衔接的理论与实践、新时代迈向共同富裕的贫困治理与乡村振兴之路等几个方面，对巩固脱贫与乡村振兴如何更好地实现有效衔接展开全面、系统研究，形成了一系列重要成果。

42.《土地制度改革、农业生产方式创新与农村集体经济发展》

作者：何自力、顾惠民

期刊：《上海经济研究》

刊期：2022 年第 1 期

习近平总书记要求发展新型集体经济，走共同富裕道路。这不仅是消除绝对贫困与乡村振兴对接过程中亟待破解的难题，也是对邓小平"两个飞跃"理论在新时代的传承。根据马克思主义政治经济学的相关理论，尤其是"生产力——生产方式——生产关系"分析范式，探索系统性整体性协同性的演进路径，有助于从其内在关联及相互作用机制中更好地把握核心要义与生成逻辑。理论上的可能性，不意味着就必然自发转化为现实，从生产关系出发构建中国特色新型社会主义生产方式才是应有之义。这就要调整生产关系，在土地"三权分置"制度改革基础上，通过生产方式创新促进生产力发展，其中关键是农业生产托管，以其再组织化等优势引导传统农业生产方式的变革，为新时代创新公有制实现形式、发展壮大农村集体经济打开关键突破口。

43.《"国民共进"的政治经济学分析》

作者：何召鹏

期刊：《政治经济学评论》

刊期：2022 年第 2 期

"国民共进"，是社会主义初级阶段以公有制为主体、多种所有制经济共同发展基本经济制度的实践表现。对社会主义初级阶段"国民共进"问题的理论分析应包括两个层次的内容："国民共存"和"国民共进"。共存是共进的基础与前提，共进是共存的结果与保障。对"国民共存"问题的分析应坚持唯物史观的基本原理，依据社会主义初级阶段生产力的发展水平和特点理解我国当前以公有制为主体、多种所有制经济并存的所有制结构。对"国民共进"问题的分析应建立在准确把握社会主义公有制二重属性的基础上。社会主义初级阶段公有制所表现出来的公共性和商品性，是国有经济与民营经济相互促进、共同发展的根源。准确理解和把握"国民共进"，是坚持社会主义初级阶段基本经济制度的关键，是促进经济高质量发展的重要抓手。

44.《构建新发展格局的路径研究》

作者：洪银兴、杨玉珍

期刊：《经济学家》

刊期：2021 年第 3 期

新发展格局是习近平新时代中国特色社会主义思想和中国特色社会主义政治经济学的最新成果。新发展格局的理念已经形成，但实践中新发展格局的构建需要一个转变的过程。国民经济转向内循环为主需要需求侧和供给侧同时发力，本文基于马克思社会再生产和分工理论，提出转向新发展格局的三大路径：一是需求侧的推动，培育完整的内需体系，在突出消费环节基础性作用的同时指出分配和流通环节对消费需求具有支撑和市场实现作用，从而构成内需体系；二是供给侧的推动，产业链和创新链要深度融合，建立自主可控的现代产业体系，围绕产业链部署创新链，推动科技创新和产业创新的融合；三是外循环转向，实施创新导向的开放发展战略，重组产业链国际布局。

45.《进入新时代的中国特色社会主义政治经济学》

作者：洪银兴

期刊：《管理世界》

刊期：2020年第9期

中国特色社会主义政治经济学反映了进入新时代的时代特征，研究对象转向生产力。解放和发展生产力、达到共同富裕成为主线。财富代替价值成为经济分析的基本范畴。中国特色社会主义政治经济学的理论体系不能从先验的理论出发，只能是问题导向。作为导向问题涉及发展阶段问题和研究层面问题。相应的政治经济学不能只研究制度，还需要研究经济运行和经济发展的问题，由此政治经济学的理论体系就会形成经济制度、经济运行和经济发展（其中包括对外经济）三大部分。基本经济制度分析需要从共存论去认识公有制和非公有制、按劳分配和要素报酬、社会主义和市场经济，从而将制度优势转化为治理优势。经济运行分析服从于资源最优配置的目标，微观分析关注效率，宏观分析则关注经济增长和宏观经济的稳定，也就是经济安全。经济发展分析遵循生产力自身的规律研究发展的规律和相应的发展理念。创新、协调、绿色、开放、共享的新发展理念，推动了政治经济学的发展理论的创新。

46.《中国特色社会主义政治经济学财富理论的探讨——基于马克思的财富理论的延展性思考》

作者：洪银兴

期刊：《经济研究》

刊期：2020 年第 5 期

中国特色社会主义政治经济学是解放、发展和保护生产力的系统性经济学说，与此相应，需要把财富作为基本经济范畴，并且把财富分析贯串于中国特色社会主义政治经济学的始终，系统研究财富的生产、交换、分配和消费。马克思的经济学理论中既有价值论分析又有财富论分析，中国特色社会主义政治经济学中的财富理论可以从马克思的财富理论得到滋养，并且财富概念不只具有马克思的一般规定，还能反映新时代社会主义的本质特征。生产力水平的财富评价的重要意义是寻求发展生产力的动力，尤其是资本和科技对提高生产力水平的决定性作用。劳动是创造价值的唯一源泉，但不能孤立地创造财富，需要同其他要素结合起来创造财富，由此产生全要素生产率思想。财富创造是劳动、土地、资本、技术、管理等要素集合的过程。财富分配是在参与财富创造的要素所有者按照各自对财富创造的贡献进行分配，使各个要素所有者各尽其能，各得其所，实现各种创造财富的要素充分涌流。财富及财富分析既要系统揭示马克思主义政治经济学中包含的丰富的财富理论，又要反映习近平新时代中国特色社会主义经济思想，由此构建当代中国马克思主义政治经济学的理论体系。

47. 《论马克思劳动价值论及其理论意义和实践意义》

作者：侯风云

期刊：《河北经贸大学学报》

刊期：2022 年第 3 期

马克思劳动价值论是一种科学的世界观，认为商品世界的价值都是由劳动创造出来的。相比于要素价值论的世界观，劳动价值论科学地揭示了价值的真正来源。尽管马克思主义政治经济学在中国已经传播多年，但人们对于劳动价值论的完整内容和理论与实践意义理解得并不十分清晰、准确、到位。劳动价值论的理论意义不仅是马克思主义政治经济学的理论基础，而且为科学社会主义理论和马克思主义哲学提供了基本理论依据和观点证明。劳动价值论的实践意义体现在两个方面：一是革命意义，二是建设意义。前者证明了资本主义生产资料私有制下无产阶级革命的合理性；后者则说明了中国特色社会主义制度必须以按劳分配为主体，并需有与其相应的基本制度基础做保障。

48.《百年视野下中国式现代化的溯源与思考》

作者：侯为民

期刊：《上海经济研究》

刊期：2022 年第 1 期

中国式现代化包含着一系列特殊的规定性，是中国共产党百年奋斗历史成果的具体呈现，是马克思主义科学理论与中国社会主义发展道路的统一。中国式现代化的历史前提是社会主义制度的建立和工业化积累，基本实现条件是经济增长和政治稳定。中华民族伟大复兴的不可逆转性，来自制度竞争中体现出的中国特色社会主义制度优势，这是中国式现代化成功的关键。始终坚持以马克思主义为指导，以坚持和完善社会主义经济制度促进生产力发展，是中国式现代化区别于西方现代化的重要特征。摆脱狭隘的资本主义文明局限，开创社会主义的中华文明新形态是中国式现代化对人类进步的重大贡献。科学处理社会主义条件下政治和经济相互制约、相互促进的辩证关系，是中国式现代化的独特内涵。

49.《社会主义市场经济条件下的资本要素：特性、作用和行为规律》

作者：胡怀国

期刊：《经济学动态》

刊期：2022 年第 9 期

资本是社会主义市场经济的重要生产要素，是促进社会生产力发展的重要力量。如何正确认识和把握社会主义市场经济条件下资本要素的特性、作用和行为规律，既是一个重大的实践问题，也是一个重大的理论问题。

资本要素在市场经济条件下的逐利性、流动性和扩张性赋予其优化资源配置、推动经济发展的重要作用，但同时也使之成为经济发展中的扰动因素和宏观不稳定的重要根源，其在经济领域之外的扩张更有可能造成社会不公并损及市场经济的逻辑前提和制度基础。社会主义市场经济条件下的资本要素同样具有逐利性、流动性和扩张性，但人民当家作主的根本政治制度、代表最广大人民根本利益的党的领导制度、以公有制为主体的所有制结构等社会主义生产关系和上层建筑，为充分发挥资本的积极作用并有效控制其消极作用提供了根本的政治前提和制度基础。

50.《论数字经济时代资本主义劳动过程中的劳资关系》

作者：胡莹

期刊：《马克思主义研究》

刊期：2020 年第 6 期

数字经济时代资本主义劳动过程的新特点主要体现在：社会总体劳动资料的作用强化和单个劳动者活劳动的作用弱化并存，远程式、散点式、移动式的数字劳动使得劳动和闲暇的边界越来越模糊，劳动资料的数字化使劳动力相对过剩和资本有机构成提高的趋势进一步加强。资本主义劳动过程的本质体现在劳资关系上，它呈现出以下新特点：数字经济时代劳动的一切力量从外观上都表现为资本的力量，网络数字平台使传统的雇佣关系转向纯粹的市场交易关系，数字经济时代的劳动组织形式在一定程度上缓和了劳资冲突，劳动过程的数字化使劳动收入与资本收入的差距扩大。新的资本主义劳动过程历史样态之所以出现，必定是因为它具有更强的资本增殖能力。

51.《马克思超越古典政治经济学探赜——基于经济危机的视角》

作者：胡岳岷、胡慧欣、吴薇

期刊：《西北大学学报（哲学社会科学版）》

刊期：2020 年第 5 期

为创建无产阶级政治经济学，马克思对萨伊、西斯蒙第和李嘉图等人的资产阶级古典政治经济学进行了认真的研究和深刻的批判，并在批判中扬弃，在扬弃中超越，从而创立了超越古典经济学的马克思经济危机理论。科学区分经济危机的可能性与现实性，是马克思危机理论的逻辑起点；明确指认危机的周期性与必然性，是对资本主义经济危机事实本身的确认；经济危机的实质及根源，乃资本主义经济危机制度基因所致。经济危机产生的根源在于资本主义制度本身，要消灭经济危机就必须消灭资本主义制度。马克思几乎通读了大英博物馆所有馆藏的古典经济学著作，对古典经济学做了相当细致的梳理和比较全面的分析批判。在此基础上，创立了马克思主义政治经济学。马克思对资产阶级古典政治经济学的扬弃与超越是全面的。限于篇幅，本文仅从经济危机的视角，讨论马克思对资产阶级古典经济学的超越问题。

52.《马克思恩格斯自由贸易思想及当代启示》

作者：黄瑾、王敢

期刊：《经济学家》

刊期：2020 年第 3 期

自由贸易和关税保护是一国通常采用的两种对外贸易政策。2008 年国际金融危机爆发后，全球贸易和投资增速低迷，一些国家保护主义抬头，逆全球化潮流不断涌现。在深刻揭穿自由贸易论者所散播的贸易自由可以提高工人工资、消除资本主义经济危机谬论的同时，马克思恩格斯辛辣讽刺了自由贸易论者以"自由"之名掩盖剥削雇佣工人和殖民地人民之实。他们还揭示了自由贸易与现代资本主义制度的关系，以及自由贸易背后的工业垄断优势。针对有人提出中国主张自由贸易、反对逆全球化是一种"错位"的质疑，既要坚持马克思恩格斯的自由贸易思想，又要联系中国经济发展已经发生变化了的历史与现实条件。本文基于马克思恩格斯的自由贸易思想，指出自由贸易是中国经济发展的有利条件，也是构建人类命运共同体的重要内容。只有把中国自己的事办好，增强中国的综合国力，自由贸易乃至对外开放才能行稳致远。

53.《高质量发展阶段的中国经济发展道路论》

作者：黄志亮

期刊：《中国经济问题》

刊期：2021 年第 1 期

中国经济发展道路及模式，在近 10 余年成为全世界关注的焦点，但从价值维度研究中国经济发展道路，是当今学术界的一大薄弱环节。本文以两个百年的纵深，从价值维度切入，重点论证并原创性提出了：以全体中国人民的根本利益为价值立场；以全体中国人民的共同富裕和自由全面发展为根本价值目的；确立三个为主（公有主体，按劳分配主体，国家宏观调控主导）和三个共存（多种经济成分，多元要素参与分配，市场决定微观资源配置）的基本经济制度，建设以高质量的实体经济国内循环为主体、国内国际双循环相互促进的现代绿色生产生活体系，建设以国家内生创新为主导、企业自主创新为主体、多元协同创新为补充的关键核心技术进步体系，建设以高质量发展的城乡融合经济体系和区域协调发展的生产力空间布局体系等，以此四点为价值原则；以人民通过生产劳动创造幸福生活为根本价值实践主题，其核心要义是国民幸福可持续、国办公业建和平、党揽全局谋长远、民本路线通民心。创建具备上述价值总体的目标路径同向认知体系与实践行动体系有机统一的经济发展系统，就是高质量发展阶段中国社会主义经济发展道路，亦是本文的学术创新。

54.《社区治理"内卷化"的特征及突破》

作者：纪志耿

期刊：《人民论坛》

刊期：2021 年第 12 期

从公共管理的角度看，"内卷化"是指国家政权扩张以及现代化过程中基层机构增设和运行效益下降的现象。由于条块分割、权责失衡、管理中心下移等因素影响，当前社区治理中也出现了"改而不变""忙而无用""假象繁荣""空壳悬浮"等内卷化的困境和危机。为了突破社区治理内卷化，必须放权赋能、重建"善治型"社区文化网络，必须减负提质、重构"在地化"社区工作队伍，必须增效联动、重塑"信息化"社区治理新格局。

55. 《贸易平衡、财政赤字与国内大循环经济发展战略》

作者：贾根良

期刊：《财经问题研究》

刊期：2020 年第 8 期

贸易平衡是认识"国内大循环为主体、国内国际双循环相互促进的新发展格局"的基本出发点。与人们的直觉相反，贸易平衡或略有逆差的发展模式不仅比贸易顺差能够创造更多的就业机会、增加更多的国民收入，而且也可以解决中国贸易顺差时代的国内通货膨胀问题。在从国际大循环向国内大循环的战略大转型中，财政赤字发挥着关键性作用，它不仅可以使过剩产品的价值在国内得到实现，而且还会将其转变为强大的生产力，实现充分就业与物价稳定的双重政策目标，极大促进国内经济的繁荣并持续提高人民的生活水平。为了确保主权政府赤字开支的财政能力、解放财政生产力、发挥其作为国内大循环新引擎的巨大作用，中国必须保障财政主权即基础货币发行垄断权的完整性，建立起人民币基础货币发行的新机制。

56. 《数字技术助力中国技术赶超：理论逻辑与政策取向》

作者：贾利军、陈恒烜

期刊：《政治经济学评论》

刊期：2021 年第 6 期

历史上的每一次重大科技创新和产业变革都为后进国家实现赶超提供

了机会窗口。而一个完备的机会窗口存在两个不可分割的维度，即与技术动态性相关的技术窗口，以及与政策动态性相关的政策窗口，两者协同发力促成新技术与新政策范式的正反馈是国家实现跨越式发展的关键。从历史上看，19 世纪的美国正是抓住了当时完备的机会窗口实现了技术赶超和跨越式发展。当前以数字技术为基础的数字经济在为中国经济增长提供了新动能的同时，更为国家实现技术赶超提供了重要的机会窗口。而要放大这个机会窗口推动效应的关键是要实现技术体系与政策体系的协同演变，这就要求我们必须在新发展理念的指导下，将数字技术与产业政策视为一个整体纳入构建新发展格局的路径之中加以考量，通过数字经济的发展为助力构建新发展格局从而最终实现技术赶超提供切实可行的政策手段。

57.《中国高质量发展的测度：1978—2018》

作者：简新华、聂长飞

期刊：《经济学家》

刊期：2020 年第 6 期

改革开放以来，中国在经济增长数量方面创造了举世公认的"经济奇迹"。然而，在经济数量快速扩张的同时，也伴随着一系列的经济发展问题和矛盾，如资源利用率较低、环境污染严重，一般产能过剩、高端产能不足，城乡差距扩大、地区发展不平衡、财产和收入差距扩大等，经济发展质量问题得到了越来越多的关注和思考。习近平同志在党的十九大报告中做出"我国经济已由高速增长阶段转向高质量发展阶段"的重要判断，并在此后多次对高质量发展的含义、战略目标、动力机制、着力点、突破口、外部条件、制度保障等展开论述。高质量发展是新时代中国经济发展的基本要求，要切实有效地推动高质量发展，必须准确衡量中国高质量发展的实际状况。本文从产品和服务质量、经济效益、社会效益、生态效益和经济运行状态 5 个方面构建高质量发展指标体系，运用熵权 TOPSIS 法测度并深入分析了中国 1978—2018 年的高质量发展状况。研究结果显示：（1）改革开放以来中国高质量发展指数稳步提升，年均增长率为 2.51%。（2）中国高质量发展 5 个子系统之间的耦合协调度不断提高，由 1978 年的 0.489 上升至 2018 年的 0.836。（3）中国高质量发展的扩张速度明显滞后于经济增长数量的扩张速度。

58.《建立解决相对贫困的长效机制》

作者：蒋永穆

期刊：《政治经济学评论》

刊期：2020 年第 2 期

消除贫困，消除两极分化，实现全体人民共同富裕，是中国共产党人持之以恒的价值追求。新中国成立 70 多年来，党和国家带领全国人民艰辛探索，持续破解贫困难题，走出了中国特色的减贫道路。改革开放 40 多年来，8 亿多人口实现脱贫；全球范围内每 100 人脱贫，就有 70 多人来自中国；党的十八大以来，贫困人口由 9899 万人减少到 600 多万人，连续 7 年每年减贫规模都在 1000 万人以上，相当于欧洲一个中等国家的人口规模。2020 年，我们即将消除绝对贫困，实现全面小康。在这样的关键节点，党的十九届四中全会的《公报》强调，"坚决打赢脱贫攻坚战，巩固脱贫攻坚成果，建立解决相对贫困的长效机制"。明确提出并着力建立解决相对贫困的长效机制，既是马克思主义贫困理论中国化的科学应用，又是对人类社会减贫规律的基本遵循，还是构建中国特色社会主义制度体系的重要制度安排。

59.《构建新发展格局：生成逻辑与主要路径》

作者：蒋永穆、祝林林

期刊：《兰州大学学报（社会科学版）》

刊期：2021 年第 1 期

构建新发展格局是与时俱进提升我国经济发展水平的战略选择，也是塑造我国国际经济合作和竞争新优势的战略抉择。其生成逻辑可以从理论逻辑、历史逻辑以及实践逻辑三方面着手：马克思主义政治经济学、中国优秀传统文化，以及西方经济学的有益成果构成其理论逻辑；新中国成立以来经济实践中的艰辛探索和不懈努力构成其历史逻辑；新时代的国情和世情构成其实践逻辑。构建新发展格局，应坚持扩大内需这个战略基点，深化供给侧结构性改革，建设现代流通体系，坚持和完善分配制度，健全促进消费体制机制，建设更高水平的开放型经济，形成国民经济良性循环。

60.《从分离到融合：中国共产党百年正确处理城乡关系的重大成就与历史经验》

作者：蒋永穆、胡筠怡

期刊：《政治经济学评论》

刊期：2022 年第 2 期

党的十九届六中全会指出，全党要坚持唯物史观和正确党史观，从党的百年奋斗中看清楚过去我们为什么能够成功、弄明白未来我们怎样才能继续成功。正确处理好城乡关系，是中国共产党践行初心使命，团结带领全国人民绘就的人类发展史上的一幅壮美画卷。一百年来，党推动城乡关系从分离走向融合，创造了伟大的成就，开辟了建立独立工业体系和中国特色城镇化的正确道路，开辟了推进中国农业农村现代化的正确道路，开创了历史性解决绝对贫困问题的人类奇迹，展示了马克思主义的强大生命力。坚持党的领导、坚持人民至上、坚持理论创新、坚持中国道路、坚持开拓创新是中国共产党长期在城乡关系探索实践中积累的宝贵经验。

61.《推动新时代农业合作化，需要发扬高举旗帜敢于担当的精神——烟台实践的启示》

作者：江宇、李玲、徐俊忠

期刊：《世界社会主义研究》

刊期：2021 年第 10 期

2017 年以来，烟台市在全市农村开展"党支部领办合作社"的创造性实践，走出了一条依靠党的领导推动农业合作化、实现乡村振兴的道路，在全国率先把发展壮大集体经济由"星星之火"引向燎原之势。为什么烟台能率先走出一条特色农业合作化道路并在全国产生一定影响？根本原因在于有一批牢固树立"四个意识"、坚定"四个自信"、做到"两个维护"、传承红色基因、敢举旗帜、担当作为的优秀干部。烟台的许多具体做法，包括市委组织部门主动作为、充分进行思想动员、广泛发动群众、巩固基层阵地、传承红色基因、注重干部队伍建设等，完整地体现了习近平总书记关于加强党的建设和乡村振兴的重要指示，是落实习近平新时代中国特色社会主义思想的重要地方样板。烟台的实践表明，党管农村工作是新时代农业合作化道路必须坚持的一条根本原则，党的领导是实现乡村振兴的根本保证。

62.《防止资本无序扩张引导各类资本健康发展》

作者：江宇

期刊：《中国党政干部论坛》

刊期：2021 年第 11 期

马克思主义政治经济学认为，资本不仅仅是一种生产资料，而且是一种社会关系，是一部分人依靠占有生产资料而无偿占有劳动者的剩余价值。不断追求增殖扩张是资本的天性，否则就会被淘汰，这同资本家主观意愿没有关系。2008 年以来的国际金融危机，其根源就是资本无序扩张。我国改革开放以来，非公有制经济迅速发展，对促进经济增长和改善人民生活发挥了不可或缺的作用。但由于种种原因，在一些领域也出现了资本无序扩张的现象，导致一些负面后果。2020 年 12 月中央政治局会议首次提出要反垄断和防止资本无序扩张，随后召开的中央经济工作会议又将其明确为2021 年经济工作 8 项重点任务之一。资本无序扩张有什么危害？如何防止资本无序扩张？2021 年以来，以习近平同志为核心的党中央多次对防止资本无序扩张作出部署。既发挥资本在促进生产力方面的积极作用，又防止资本无序扩张，限制其消极作用，是我国社会主义制度的重要优势，也是关系坚持和发展中国特色社会主义的一个重大问题。

63. 《价值循环、经济结构与新发展格局：一个政治经济学的理论框架与国际比较》

作者：李帮喜、赵弈菡、冯志轩、赵峰

期刊：《经济研究》

刊期：2021 年第 5 期

本文利用政治经济学的价值循环和社会总资本再生产理论，构建了一个理解新发展格局的理论框架，阐述了不同的经济循环模式依赖于技术结构、分配结构、需求结构和生产结构的相互配合，进而通过一个包含固定资本的三大部类再生产模型明确了各种结构的不同组合关系，构成了不同类型的发展模式和发展格局。在此基础上，本文利用 1957—2017 年投入产出表，构建了中国经济的三大部类表，分析了中国经济结构的变化逻辑和由此带来的发展模式变迁路径。本文还用同样的方法讨论了二战之后美国和日本的结构性特征，以此考察工业化后期可能的发展模式及其变迁规律，为中国未来的经济循环和新发展格局提供必要的启示。

64. 《失地农民的"制度性损失"：困境与对策》

作者：李家瑞、李黎力

期刊：《兰州学刊》

刊期：2020 年第 2 期

土地征收作为我国农村土地向城市用地变更的方式，因征地程序失范与补偿标准过低，造成了失地农民的"制度性损失"。由于我国农地的非财产性、产权不明和监管缺位，征地补偿不能直接套用以发达产权制度为前提的市场化定价方法。为了实现乡村振兴的目标，切实保护失地农民权益，可以采用一种内嵌农地社会保障价值的新征收补偿标准作为过渡，起到既能补偿农业生产损失，又能确保失地农民社保权益的作用。

65. 《中国居民收入分配格局的演变与原因——基于马克思主义政治经济学的考察》

作者：李军林、许艺煊

期刊：《南开经济研究》

刊期：2021 年第 1 期

改革开放 40 余年来，我国经济发展取得了巨大成就，人民收入水平明显提高，收入分配格局也发生了较大变化。本文立足于改革开放以来我国居民收入分配格局演变的基本事实，运用马克思主义政治经济学的分析方法，在已有相关研究成果的基础上，主要依据劳动价值论和剩余价值论，研究和探讨了我国居民收入差距及其变化是否正义以及收入差距拉大的根源和主要原因是什么等问题。本文强调决定分配的是生产而非正义；多种所有制并存是我国居民收入差距拉大的根源；在多种所有制并存的基础上，"资强劳弱"的劳资不同地位和多种分配方式并存的潜在冲突使得劳动收入份额下降，拉大了居民收入差距；资本积累蕴含技术进步又扩大了我国技能工资差距。坚守公有制主体地位，提高劳动收入份额，注重再分配，防止财富集聚与阶层固化，是持续增加我国居民收入，逐步实现共同富裕的必要举措。

66. 《虚拟经济背离与回归实体经济的政治经济学分析》

作者：李连波

期刊：《马克思主义研究》

刊期：2020 年第 3 期

金融化是虚拟经济脱离实体经济而过度发展的结果，传统的解释往往将之归因于实体经济利润率下降后过剩资本在金融领域寻找出路。这种解释主要从周期性而非长期性的视角来理解金融化，忽视了资本主义信用制度和金融创新的长期发展。资本主义虚拟资本积累本身就具有脱离实际资本积累的内在冲动。在资本主义信用制度中，虚拟积累独立于现实积累的可能性已经具有了现实性。同时，资本主义信用制度的发展催生了一个新的阶级，即食利者阶级，它们在特定条件下能够占据统治地位。从资本的概念本身来看，资本具有摆脱一切物质束缚而实现自由逐利的欲望，即通过自主化运动逐渐远离价值增殖的物质基础。然而，虚拟资本的过度积累最终会回归其货币基础与价值基础。

67. 《马克思主义基本原理和经典著作研究》

作者：李琼、余清霜

期刊：《政治经济学评论》

刊期：2021年第3期

在中国特色社会主义进入新时代这一新的历史方位上，要构建中国特色社会主义政治经济学理论体系，必须坚持以马克思主义为指导，通过学习马克思主义经典著作，领悟马克思主义基本原理，掌握马克思主义学说体系，无疑具有十分重要的作用。再加上2020年是恩格斯200周年诞辰和列宁150周年诞辰，为了深刻缅怀恩格斯和列宁的历史功绩，深化对马克思主义基本理论和发展历程的认识，推动中国特色社会主义政治经济学研究，本年度学术界在马克思主义基本原理和经典著作学习研究方面，特别是恩格斯和列宁的政治经济学思想研究方面发表了大量研究成果。2020年理论界的研究依旧是围绕《资本论》中的基本原理与方法及其当代应用与价值、手稿文本等方面展开，虽然研究成果在数量方面比上年有所减少，但也取得了较好的研究进展。我国政治经济学学界深入探讨并全面总结了恩格斯对发展和捍卫马克思主义政治经济学所作出的重大贡献，论述了列宁对马克思主义的主要贡献，系统梳理了恩格斯的论述和思想，阐释了马克思列宁主义对于中国革命、建设和改革事业的指导意义。

68. 《中国式现代化道路的成就与经验——基于域观经济学的阐释》

作者：李曦辉、弋生辉、黄基鑫

期刊：《山东大学学报（哲学社会科学版）》

刊期：2022 年第 5 期

党的十九届六中全会通过的《中共中央关于党的百年奋斗重大成就和历史经验的决议》指出，"党领导人民成功走出中国式现代化道路，创造了人类文明新形态"。正是中国共产党百年的赓续探索，向世界昭示了人类文明模式并非只有西方一种模式，中国式现代化道路为人类提供了现代化的新路径，向世界贡献了中国智慧。以域观经济学为研究范式，基于中华民族伟大复兴的物质文明视角，对中国共产党带领人民从站起来、富起来到强起来，探索人类文明新形态的历史进程进行阐释。中国共产党带领人民推翻三座大山，建立了独立的比较完整的工业体系和国民经济体系，体现了"制度形态"；领导中国经济融入世界经济潮流，开启了中华民族伟大复兴新征程，彰显了"经济理性"；进入新时代，推动马克思主义同中华优秀传统文化相结合，凸显了"价值文化"。研究表明，中国共产党的坚强领导，是中国式现代化道路和人类文明新形态的本质特征；党的历代领导人一脉相承的思想观念，是中国式现代化持续进步的关键因素；以域观经济学为代表的经济学中国学派理论，是中国特色社会主义经济发展的重要产物。

69.《建设全国统一大市场中的社会政策：何以可能与何以可为》

作者：李迎生

期刊：《社会科学》

刊期：2022 年第 11 期

当前，我国的社会政策尚未实现全覆盖，还存在着制度"碎片化"、区域发展不平衡、制度之间转移衔接不通畅等问题，对建设全国统一大市场，尤其是统一的劳动力市场形成约束。有利于推进全国统一大市场建设的社会政策改革创新要做好顶层设计；加快户籍、身份等制度的改革，消除对人口流动设置的各种有形无形障碍；要注重实现区域、城乡等社会政策的统筹整合，以及各个具体制度的转移接续；要健全常住地提供基本公共服务制度，加快推进农业转移人口市民化；要补齐关于跨国（境）人员流动规范缺乏的短板，解决双向流动的制度准备不足问题。

70.《智能化生产方式对产业结构变迁的作用机理——基于马克思主义政治经济学视角》

作者：李越

期刊：《财经科学》

刊期：2021年第1期

本文从马克思主义政治经济学视角提出，把"智能＋"作为智能化生产方式，对智能化生产方式下所形成的新的生产力和生产关系特征进行了深入分析，并在此基础上，构建了智能化生产方式对产业结构变迁的作用机理。在生产力方面，智能化生产资料参与生产能够直接提升产业效率，以及由此引起的劳动力和资本的跨部门流动加快了传统产业改造升级和新产业部门的出现；在生产关系方面，借助智能化生产资料实现的组织内部平台化，能够实现对非生产性时间的节约，以及生产组织之间、生产组织和消费者之间的高效协作，对整个社会必要劳动时间的部门分配起到了推进和优化作用，从而构成了对产业结构变迁的作用路径。最后，本文从人机协调发展、智能化生产资料部门优先发展和区域智能化平衡发展三个方面提出了建议。

71.《双循环相互促进：理论逻辑、战略重点与政策取向》

作者：李震、昌忠泽、戴伟

期刊：《上海经济研究》

刊期：2021年第4期

构建新发展格局将贯串于未来中国中长期国民经济发展的谋篇布局之中，最终实现国内国际双循环的畅通和相互促进。本文系统梳理了双循环相互促进的理论基础，以改革开放以来双循环互动的历史进程为脉络，基于重大历史节点分三个时段从实践上总结了双循环从联动发展到非均衡非协调发展的演变，提出创新是联通内外良性循环的途径，改变国际大循环发展战略主导下，中国作为世界生产和组装中心，发达国家作为研发设计、金融中心的传统双循环格局的"金钥匙"，是双循环相互促进的战略重点。进一步探析了双循环相互促进的内在深层演进逻辑，并据此提出数点政策取向，具体包括：以扩大内需为战略基点、落实创新驱动发展战略、培育国内跨国公司、推进"一带一路"建设等。

72.《数据作为生产要素参与分配的政治经济学分析》

作者：李政、周希祯

期刊：《学习与探索》

刊期：2020 年第 1 期

党的十九届四中全会首次明确提出"数据"作为生产要素参与分配，是马克思主义政治经济学的重大理论创新，对我国经济实现创新驱动与高质量发展，特别是加快数字经济、智能经济发展具有十分重要的意义。随着科技进步和生产力发展，"数据"已成为日益重要的经济资源和生产资料，数据的生产和开放利用、数据相关技术及产业创新成为包括我国在内的全球经济发展的重要驱动力。我国数字经济及大数据相关产业发展正在由并跑变为领跑，未来发展空间巨大，因而数据作为生产要素参与分配具有必然性和必要性。数据作为一种特殊生产要素和国家基础性战略资源参与分配要遵循马克思主义政治经济学原理和"以按劳分配为主体，多种分配方式并存"的分配原则，市场在数据资源配置中起决定性作用的同时，政府要更好地发挥调控与监管作用。为此，要进一步完善和健全由数据要素市场决定的数据所有者和开发者报酬机制。当前，在数据作为生产要素参与分配的实践中，要尤其注意数据的权属、数据的利用和保护、数据的科学分类以及数据交易机制等问题，在建立好相应的法律法规基础上，使数据要素在未来中国经济创新驱动和高质量发展中发挥最大功用和价值。

73.《建党百年以人民为中心发展思想的历史演进与经验启示》

作者：梁伟军、刘书婷

期刊：《华中农业大学学报（社会科学版）》

刊期：2021 年第 4 期

中国共产党的百年历史是始终坚持以人民为中心、团结带领人民不断实现对美好生活向往的奋斗史。建党百年来以人民为中心发展思想的历史演进先后经历了新民主主义革命时期（1921—1949 年）、社会主义革命和建设时期（1949—1978 年）、改革开放时期（1978—2012 年）、中国特色社会主义新时代（2012 年至今）四个阶段。贯彻群众路线，调动人民促生产谋发展的积极性；践行根本宗旨，促进人民群众的自由全面发展；牢记初心使命，站稳以人民为中心的政治立场是党坚持以人民为中心的历史经验。坚持以人民为中心的发展思想为实现第二个百年奋斗目标提供了重要启示：坚持党的领导，发挥中国特色社会主义制度优势；改善民生福祉，增强人民群众获得感幸福感安全感；胸怀"两个大局"，推动人类命运共同体构建等。

74.《混合所有制改革程度对国有企业资产保值增值的影响研究》

作者：廖志超、王建新

期刊：《湖南科技大学学报（社会科学版）》

刊期：2021 年第 1 期

混合所有制改革与国有企业资产保值增值水平呈显著正相关。从制度环境方面进行对比分析，结果表明，混改的深入性、股权多样性、股权制衡度和非国有资本控制权对国有企业资产保值增值的正相关效应在市场化程度较高地区更加显著。进一步研究发现，混改通过提升国有企业资本配置效率从而能实现国有资产保值增值的目标。

75.《中长期规划是中国共产党治国理政的重要方式》

作者：林木西

期刊：《经济学动态》

刊期：2021 年第 5 期

中长期规划是中国共产党治国理政的重要方式。中长期规划作为最具中国特色的宏观经济治理制度安排，是党和国家领导人治国理政总体思路和发展理念的充分体现，是对国民经济治理能力和治理水平的最好考验和检验。在70年的规划实践中，逐渐形成了中国特色的规划观，建立健全了中国特色的中长期发展规划制度。发展战略、发展规划、年度计划"三者互动"，中长期规划的科学化、规范化、民主化和法治化，是这一制度的显著特征。加强党中央集中统一领导、建立贯彻新发展理念的目标治理机制、健全统一规划体系，是以国家发展规划为导向、完善宏观经济治理"中国经验"的核心要义，并成为破解"两大奇迹"的钥匙。

76.《美国金融霸权基础虚化的逻辑演进及其危机指向》

作者：刘爱文

期刊：《当代经济研究》

刊期：2020年第8期

美国金融霸权实现过程与其国家垄断资本主义发展密切相关，政治精英规制的美国国家垄断资本主义以高利贷者的眼光看待其国际债权，延缓了美国金融霸权的实现。随着商业寡头的崛起，美国政府开始顺应资本开放性要求，标志着美国国家垄断资本主义趋于成熟；在此背景下，美国建构了以"美元—黄金"双本位为内核的布雷顿森林体系，以确保国际债权基础上美国金融霸权的实现。然而，金融霸权生成了美国军事国家垄断资本主义，战后频繁的军事干预引起美元大规模外流，35美元兑换1盎司黄金的固定兑换比率日益不可信，布雷顿森林体系最终崩溃。继起的牙买加体系切断了美元与黄金之间的联系，美元债务货币化极大地扩张了美国政府权能，美国金融霸权转置债务新基。通过帝国权力的政治/领土逻辑与资本逻辑的矛盾运动，美国资本账户操控性增强，最终引起金融危机的空间与形态的系列转向。

77.《论社会主义市场经济中政府和市场的关系》

作者：刘凤义

期刊：《马克思主义研究》

刊期：2020 年第 2 期

政府和市场的关系是市场经济体制中的重要关系，认识政府和市场的关系不能停留在"大政府小市场"或者"小政府大市场"这种表面现象，而是要深入政府和市场关系背后的深层关系中去理解。依据马克思主义政治经济学基本原理和方法，政府和市场的关系的实质是国家和市场的关系，国家性质、所有制性质决定了政府和市场关系的本质特征。我国社会主义市场经济是在中国共产党的领导下，坚持以人民为中心的发展思想，通过不断发展壮大公有制经济，做强做优做大国有企业和国有资本，制定经济计划、中长期规划、重大发展战略等，探索社会主义制度和市场经济两方面优势有机结合，构成了社会主义市场经济中政府和市场关系的显著特征。

78.《论社会主义市场经济中资本的特性和行为规律》

作者：刘凤义

期刊：《马克思主义研究》

刊期：2022 年第 9 期

新时代马克思主义政治经济学要深入研究社会主义市场经济中资本的特性和行为规律。从资本的特性上看，资本不是物，而是一种生产关系，是追求价值增殖的价值。在社会主义市场经济中，既有公有资本，也有私有资本，要深刻认识不同性质资本的不同行为规律。从资本的形态上看，资本在生产领域、流通领域和分配领域具有不同形态。在社会主义市场经济中，要针对不同领域去认识和利用资本在不同形态下的运动规律，发挥社会主义市场经济的制度优势，利用好和驾驭好资本行为。

79.《政治经济学视域下"需要"与"需求"的关系研究》

作者：刘凤义、刘子嘉

期刊：《南开经济研究》

刊期：2021 年第 1 期

社会主义生产的根本目的是不断满足人民日益增长的美好生活需要，然而在构建中国特色社会主义政治经济学理论体系中，"需要"还没有成为一个核心范畴。本文运用政治经济学的原理和方法，从人类社会发展一般、资本主义社会、共产主义社会三个方面，分析了"需要"的基本内涵。以此为基础，进一步从市场经济运行一般原理和资本主义市场经济两个层面，探究了"需要"与"需求"这两个范畴的区别和联系，为进一步研究中国特色社会主义政治经济学中的"需要"范畴寻找理论基础。

80. 《从"社会矿场"到"社会工厂"——论数字资本主义时代的"中心—散点"结构》

作者：刘皓琰

期刊：《经济学家》

刊期：2020 年第 5 期

"中心—散点"结构是数字资本主义时代的典型生产结构，它通常由一个技术型、研发型的核心企业和大量零散分布的边缘经济体共同组成。"中心—散点"结构有两种形态，一种是核心企业与边缘企业共同组成的外包模式，另一种则是基于互联网技术的"平台—个人"模式。"中心—散点"结构的存在依赖于数字技术打造的"社会矿场"，劳工可以利用数字工具在社会范围内获取海量资源。"中心—散点"结构的生产方式则是"社会工厂"，劳工可以突破时空限制，将整个社会变为产品的制作和加工场所。由于"社会矿场"和"社会工厂"的存在，数字资本主义时代企业的资源利用率和劳动生产率都得到了提高，但剥削性的生产关系并没有发生变化。在数字技术的资本主义应用下，"中心—散点"结构中的剥削程度出现了进一步的深化，一种基于"中心—散点"结构的跨国数字资本主义积累体系也开始出现。

81. 《中国国资改革：困惑、误区与创新模式》

作者：刘纪鹏、刘彪、胡历芳

期刊:《管理世界》

刊期:2020 年第 1 期

2020 年是实现国企与国资改革"三年行动方案"的开局之年,关键是要解决当前国资改革中的困惑,走出误区并探索创新模式。传统中国国有资产管理主要是为了解决国有资产保值、增值的微观问题。进入中国特色社会主义新时代,国资改革应从中国道路、中国模式的角度,全面、系统地进行管理方案设计,这既是构建竞争中性营商环境的客观需要,也是"三年行动方案"目标指引下国资改革引向深入的必然选择。总结国资改革 30 年来的困惑和误区,中国国资改革关键在于把宏观运行机制和微观运行载体实现创新性结合,构建三层次国资管理体系,让国资委作为营利性国资的统一监管者,让国有资本投资运营公司作为企业的直接出资人,将国家战略运用于国有企业中,实现做强做优做大国有资本的重大变革。

82.《中国共产党民营经济政策演变及其理论创新:1921—2021》

作者:刘凝霜、程霖

期刊:《改革》

刊期:2021 年第 1 期

中国共产党自成立以来,就十分重视探索扎根中国实践且有助于推动经济发展和民族复兴的民营经济政策。中国共产党民营经济政策的形成、发展与演变历经新民主主义革命时期(1921—1949 年)、社会主义革命和建设时期(1949—1978 年)、改革开放和社会主义现代化建设新时期(1978 年至今)三个阶段。在系统勾勒其历史变迁路径的基础上,进一步探讨了中国共产党民营经济政策的现实基础和理论来源,同时提炼并总结了民营经济政策中蕴含的理论创新元素,充分展现了中国共产党民营经济政策在突破苏联模式关于社会主义经济建设的理论约束、发展马克思主义经典作家关于社会所有制的设想、探寻国有经济与民营经济协调发展的新模式、实现理论与实践紧密结合以推动中国民营经济发展等方面所作出的重要贡献。

83.《中国特色社会主义基本经济制度是解放和发展生产力的历史要求》

作者：刘伟

期刊：《政治经济学评论》

刊期：2020 年第 2 期

基本经济制度即生产关系的制度体现，生产关系的确立及其变革取决于生产力的性质和发展要求，一定国家一定历史时期基本经济制度的选择取决于解放和发展生产力的历史要求。第一，封建经济解体后中国为何没有走向资本主义经济社会？基于近代封建社会的发展历程，认为中国的资本主义萌芽不可能成长为资本主义制度：一是帝国主义不允许，中国资本主义的成长只能在适应帝国主义要求范围之内；二是社会主要矛盾并非无产阶级与资产阶级之间的矛盾，矛盾运动的结果也不可能是资本主义生产方式的确立；三是民族资产阶级本身的软弱性使其根本难以战胜帝国主义和封建主义，不可能承担领导中国人民完成反帝反封建的民族和民主革命的历史使命。第二，社会主义社会为什么要建立公有制为主体的所有制结构和与之相适应的按劳分配为主体的分配方式？从理论上来说，根据马克思主义哲学、政治经济学和科学社会主义的基本原理，资本主义生产方式的内在制度性矛盾是生产资料私有制与社会化大生产之间的根本对立，要从根本上克服这种矛盾、适应生产力发展的历史要求，从根本上来说只能是彻底消灭私有制，实行社会共同占有的制度，相应地在分配制度上否定一切剥削。这是公有制社会取代资本主义私有制的最为深刻的制度逻辑。第三，中国特色社会主义基本经济制度是改革开放的实践创造的。

84.《中国特色社会主义政治经济学》

作者：刘伟、邱海平

期刊：《经济研究》

刊期：2022 年第 1 期

中国特色社会主义政治经济学是马克思主义基本原理与改革开放以来

中国特色社会主义经济发展实践相结合而形成的理论成果，是反映社会主义经济运动规律的科学理论，是中国特色社会主义理论体系的重要组成部分。习近平新时代中国特色社会主义经济思想是新时代中国特色社会主义政治经济学，是当代中国马克思主义政治经济学、21 世纪马克思主义政治经济学，是指导新时代中国特色社会主义经济建设和经济发展实践的理论基础和根本遵循。

85.《建设中国经济学的科学生态体系——以教材体系为突破 以知识体系为基础 构建中国经济学学科、学术和话语体系》

作者：刘伟、陈彦斌

期刊：《管理世界》

刊期：2022 年第 6 期

新中国成立以来，中国共产党带领中国人民实现了从站起来、富起来到强起来的历史性飞跃，取得了西方经济学和传统社会主义政治经济学无法解释的伟大成就。中国经济学的创立已经具备了必要的历史基础和思想基础。要加快中国经济学的构建，需要进一步对中国经济学的构建原则、主体内容与实现途径等关键问题进行回答。就构建原则而言，中国经济学应遵循以马克思主义为指导的科学性、以问题为导向的实践性和以人民为中心的价值性三大原则。就主体内容而言，中国经济学要深入和系统地研究中国特色社会主义市场经济运行的基本规律、中国特色宏观调控理论和中国特色发展战略体系。就实现途径而言，中国经济学的构建要以中国经济学教材建设为核心抓手，并以《中国经济学研究手册》作为配套建设工程，以知识体系和教材体系作为突破口，打造由教材体系系统呈现的知识体系、学科体系、学术体系、话语体系构成的完整学术生态体系。近年来教育部教材局和国家经济学教材建设重点研究基地以中国经济学教材为核心抓手，对中国经济学建设进行了多方面的有益探索，取得了一些重要的阶段性成果。未来要进一步汇聚力量，围绕中国经济发展相关的重大理论和实践问题展开集中攻关，以中国为观照、以时代为观照，加快自主知识体系和教材体系建设，更好地用中国理论解释中国实践，用中国实践丰富中国理论，用中国话语阐述中国发展，用中国发展强化中国话语，推动中国经济学理论体系的构建和完善。

86. 《〈资本论〉中的虚拟资本范畴及其中国语境》

作者：刘新刚

期刊：《马克思主义与现实》

刊期：2020 年第 2 期

金融问题已经极大地改变甚至在某种程度上决定着人类当前的生存状态，这使金融虚拟化问题的研究受到越来越多的关注。全方位梳理金融虚拟化问题的研究能够发现，马克思在《资本论》中对虚拟资本问题的考察仍然雄踞金融问题认识的高峰。但是，马克思之后，人们越发关注金融的垄断属性，而对金融的虚拟属性的考察显得薄弱和不足。要合理利用金融工具达到其服务人类而非敌视人类的目的，亟须从"范畴发现史"和"范畴本质规定"两个层面深刻把握《资本论》中的虚拟资本范畴，以得出深刻的、整体的和全面的认识。当前，我国正致力于探索金融发展的中国方案，我们应该站在马克思的高度去解决马克思所处的时代尚未出现的金融极度虚拟化问题，并从人类生存与发展的角度探讨具有实践性的金融发展道路，这是当代马克思主义学者应有的担当。

87. 《虚拟经济与实体经济的关联性——主要资本主义国家比较研究》

作者：刘晓欣、田恒

期刊：《中国社会科学》

刊期：2021 年第 10 期

虚拟经济脱离实体经济独立运行，已致当今全球经济频发金融危机。马克思虚拟资本理论揭示了这种现象背后的资本主义经济规律。构建"虚拟经济—实体经济"投入产出模型，测度虚拟经济对实体经济前向与后向关联度，解析虚拟经济自我循环对 GDP 构成的影响，实证分析总体表明，2001—2016 年主要资本主义国家虚拟经济自我循环的规模仍在扩张，须对国际金融风险保持高度警惕。

88.《中国式现代化的特点、优势及进路》

作者：刘勇、章钊铭

期刊：《新疆师范大学学报（哲学社会科学版）》

刊期：2022 年第 6 期

中国式现代化是中国共产党带领中国人民经过长期探索形成和推进的社会主义现代化，以中国式现代化全面推进中华民族伟大复兴是党和国家的中心任务。分析中国式现代化的特点、优势及进路，对于理解和把握中国式现代化具有重要意义。相较世界其他现代化模式，中国式现代化具有五大鲜明特征：经历了长期探索和实践，实现覆盖规模巨大的现代化发展，始终坚持社会主义道路，坚持独立自主的和平发展道路，扎实推进共同富裕。中国式现代化具有西方式现代化不具备的四大优势：科学理论的指导、先进政党的领导、人民至上的逻辑和顺应发展规律。立足新发展阶段，中国式现代化面临解决主要矛盾与跨越陷阱、体系建构与完善、中国方案的话语权与适用性、世界之变与文明冲突、全球治理体系重构和治理效能有待提升等难题。中国式现代化将在全面建设社会主义现代化强国的征程中不断发展，在推动实现世界历史进程中完善现代化体系，在文明形态创造中实现人类文明发展进步。

89.《政治经济学视角下互联网平台经济的金融化》

作者：刘震、蔡之骥

期刊：《政治经济学评论》

刊期：2020 年第 4 期

经济的金融化表现之一即为金融资本从服务于产业资本的系统转化成一套为自身服务的独立系统。由于自身的特殊性，互联网平台经济的金融化不仅在于其脱离了生产过程，且金融资本以一种新的形式融入资本循环中，并伴随着资本积累不断参与互联网平台经济的重构。在实际的发展中，互联网平台企业受到了金融资本的过度追捧，直接表现为各行业互联网平台企业的融资规模越来越大、产业集中越来越迅速，但与其相矛盾的是互联网平台企业利润实现危机的深化。本文从政治经济学的角度出发进行分析。首先，从互联网平台企业的相关数据入手，指出互联网平台企业长期无法实现利润的客观事实与不同组织形式平台之间的固有矛盾；其次，分析互联网平台企业中具体头部企业的相关数据，揭示在金融资本与互联网平台经济发展的无法分离的关系中，存在着资本间的竞争和新的估值模式；最后，从资本融入资本循环的新形式的视角，指出互联网平台成为资本增殖的工具，论证互联网平台经济的金融化是一种必然结果。

90. 《国企混合所有制改革对劳动收入份额的影响研究》

作者：刘震、刘溪

期刊：《财经问题研究》

刊期：网络首发时间（2022 - 04 - 22）

本文以 2007—2019 年 A 股上市公司数据为样本，采用双重差分法，考察混合所有制改革对国有企业劳动收入份额的影响及其作用机制。生产资料所有制对分配具有决定作用，不同所有制之间交叉持股和相互融合的混合所有制改革，在分配层面必然强调按生产要素分配。其结果是，资本在初次分配中始终处于支配地位，劳动要素和资本要素的贡献与所得并不匹配，资本相对劳动取得更多收入，国有企业内部劳动收入份额降低。实证结果表明，国有企业混合所有制改革会显著降低企业劳动收入份额，以国有企业内部非国有股东参与程度衡量改革程度，非国有股东参与程度的提高进一步增强了改革对劳动收入份额的负面影响。异质性分析发现，竞争性行业和垄断性行业的国有企业进行混合所有制改革后劳动收入份额均显著下降，但处于竞争性行业的国有企业劳动收入份额下降更为明显。

91.《加快建设全国统一大市场的基本思路与重点举措》

作者：刘志成

期刊：《改革》

刊期：2022 年第 9 期

全国统一大市场是市场发展到一定程度后出现的一种高级形态，涉及时间、空间等不同维度，关系到制度规则、市场监管、商贸流通、城乡区域、基础设施等不同领域。当前，我国统一市场建设在基础制度、经济政策、要素市场、流通体系、市场监管等方面仍存在一定障碍。相关问题的产生源于央地财政关系未理顺、政绩考核制度不合理、法律法规体系不健全、重点领域改革进程慢等。加快推进全国统一大市场建设，要做好统一和统筹、协同和共享、培育和畅通、清理和破除、规范和整顿五方面的重点工作，确立公平竞争审查、现代市场监管体系建设、要素市场化改革、区域协同发展、市场交易平台和现代流通体系建设五大政策支柱，落实好建章立制和破除壁垒两方面政策，不断提高政策的统一性、规则的一致性、执行的协同性。

92.《畅通国民经济循环：基于政治经济学的分析》

作者：鲁保林、王朝科

期刊：《经济学家》

刊期：2021 年第 1 期

以畅通国民经济循环为主构建新发展格局，就是要建立一个有张力、有弹性、开放包容、自主可控的循环体系：纵向上，生产、分配、流通、消费相互促进、有机统一；横向上，各产业、各部门、各地区之间建立起分工有序、彼此支撑的技术经济联系和空间联系，总体上使国民经济循环体系成为一个纵向通畅、横向协调、纵横匹配的立体结构。当前，要围绕国民经济重大比例关系和生产力空间布局，采取有针对性的措施疏通国民经济各环节、各行业、各产业、各部门、各地区之间的堵点淤点，使社会生产和再生产的循环更多依托国内市场，从而加快形成以国内大循环为主体、国内国际双循环相互促进的新发展格局。需要注意的是，新发展格局不会自动形成，在加快构建新发展格局的过程中，我们既要发挥市场调节的决定性作用，更要发挥好国家的理性调节功能，坚持需求管理和供给管理并重，坚持以人民为中心，为实现中华民族的伟大复兴保驾护航。

93. 《数字经济视阈下零工劳动与资本弹性积累研究》

作者：卢江、刘慧慧

期刊：《天津社会科学》

刊期：2020 年第 4 期

数字经济使基于平台的零工劳动以及资本弹性积累具有新的内涵。零工劳动者能够使用平台的应用程序进行线上接单、线下服务，零工劳动本身所固有的数量弹性、劳动时间弹性和薪资弹性等诸多优势在数字经济时代得到极致发挥，平台企业则可以通过降低运营成本、提高信息匹配效率、零工劳动者"自愿"延长劳动时间、拓展消费新空间等途径提高资本的弹性积累效率、扩大资本弹性积累规模。这种新型的雇佣关系能够为社会创造新的劳动岗位，提高特定人群的劳动收入，使社会整体福利得到提升，但同时也会产生贫富差距扩大、社会外部性成本增加等负面问题，需要政府进行适度监管。

94. 《"供给侧结构性改革"在思想和实践上的新贡献》

作者：鲁品越

期刊：《马克思主义研究》

刊期：2020 年第 2 期

习近平总书记提出的"供给侧结构性改革"，立足于新时代中国特色社会主义市场经济实践，以马克思主义政治经济学理论为指导，批判吸收并彻底改造了西方经济学理论，从而对世界经济学，特别是马克思主义经济思想和实践作出新贡献，必将产生深远的影响。作为新时代经济工作主线的"供给侧结构性改革"，是应对社会主义市场经济中面临的过剩性产能问题的方案。它完全不同于西方经济学供给学派的观点和主张，在思想上与政策上对马克思主义政治经济学和世界经济学的理论与实践都作出了新贡献。其思想上的新贡献主要表现在确立以人民为中心的根本价值导向，以新发展理念为经济建设的遵循原则，以从速度型增长到高质量发展的转变为经济政策目标，以社会主义初级阶段基本经济制度为社会条件；其在具体政策的新贡献包括"三去一降一补"、脱贫攻坚、发展科学技术供给、提高劳动者素质等一系列具体政策内容与实施方式，并且随着实践的发展而不断发展。

95.《次贷危机后美国经济金融化趋势是否逆转?》

作者：马慎萧、兰楠

期刊：《政治经济学评论》

刊期：2021 年第 2 期

20 世纪 70 年代以来资本主义经济金融化趋势显著，以金融资本为主导的积累模式在一定时期内刺激了资本主义经济增长，但也为由美国次贷危机引发的 2008 年国际金融危机埋下了祸根。而今，距离危机的爆发已经十余年，危机后当代资本主义也经历了一系列调整。本文考察了危机后美国政府的系列"再工业化"政策、新自由主义持续强劲的势头、新形势下美国经济的新矛盾与新变化，探讨"再工业化"能否为美国寻得摆脱经济危机的新型积累模式、危机后金融部门为何迅速恢复并依然主导美国经济、劳资矛盾的持续加剧能否催生新的变革等问题，认为危机后美国经济金融化趋势尚未逆转，新型积累模式尚不可得，其实质是资本主义内部的经济调节机制无法解决其持续激化的基本矛盾，而矛盾的激化酝酿着新的变革。

96.《加快建设全国统一大市场的理论逻辑与现实意义》

作者：马文武

期刊：《经济学家》

刊期：2022 年第 9 期

建设全国统一大市场是我国经济领域实施的重大战略，是中国特色社会主义经济发展的重要实践。从深刻的理论逻辑层面去理解我国为什么要实施这一重大战略，有助于从理论到实践、从思想到行动形成加快建设全国统一大市场的共识。本文从市场经济、生产—市场矛盾、大国优势的理论视角去解析了这一重大战略背后的理论逻辑，揭示了作为一个大国在发展社会主义市场经济、促进生产发展、增强国家竞争力的过程中，建设国内统一大市场的必然性，阐释了这一战略在当前所具有的重大现实意义。

97. 《中国共产党关于新发展理念的现实逻辑与理论创新》

作者：马艳、李皎

期刊：《税务与经济》

刊期：2021 年第 4 期

新发展理念是中国共产党经过一般发展观、可持续发展观、科学发展观等持续探索之后形成的，旨在指导新时代中国经济改革实践的新发展思想。该理念是中国共产党在十八届五中全会上正式提出的，表达为"创新、协调、绿色、开放、共享的发展理念"。在新发展阶段下，习近平同志更是在十九届五中全会上指出，"不断提高贯彻新发展理念、构建新发展格局能力和水平，为实现高质量发展提供根本保证"。这一新思想的提出具有坚实的理论基础和深刻的现实依据，其在方法论基础和理论维度上继承了经典马克思主义基本逻辑，同时又进行了符合新时代中国特色社会主义实践要求的创新拓展。即新发展理念在马克思社会再生产四环节的逻辑基础上进行了新时代聚焦与延伸，将其拓展为五大支点，且五大支点与四个环节之间彼此支撑，构筑了中国共产党经济思想的立体化框架。新发展理念贯串于经济发展的各个环节，表现为生产过程更加聚焦创新，中间过程更加强调协调、绿色、开放，消费过程更加关注共享。

98. 《中国特色社会主义政治经济学的国家理论：源流、对象和体系》

作者：孟捷

期刊：《清华大学学报（哲学社会科学版）》

刊期：2020 年第 3 期

中国特色社会主义政治经济学的国家理论，一方面与自由主义理论即市场经济 1.0 理论相对立，另一方面发展和超越了以凯恩斯为代表的市场经济 2.0 理论，成为一种新的市场经济理论类型，即本文所谓市场经济 3.0 理论。在研究对象上，中国特色社会主义政治经济学的国家理论包含国家经济作用的内生性维度和外生性维度两个部分。国家的内生性作用旨在克服市场失灵，与此相对应的理论在体系上涉及参照系、市场失灵和国家的内生性作用这三个环节。国家经济作用的外生性维度涉及以下问题：第一，在现代市场经济中，国家发挥经济作用的目的不只是克服市场失灵，而且在于维护和巩固特定阶级关系和权力的再生产，后者甚至是更为基本的目的；第二，社会主义意识形态和公有制等制度因素会决定性地影响国家的经济作用，使其超出单纯市场失灵所要求的范围，进一步服务于社会主义经济规律的要求。国家经济作用的外生性理论和内生性理论既有区别又相互联系，两者的有机结合构成了中国特色社会主义政治经济学的国家理论的整体。

99.《中国共产党带领人民为共同富裕百年奋斗的理论与实践》

作者：逄锦聚

期刊：《经济学动态》

刊期：2021 年第 5 期

以人民为中心，实现共同富裕，是中国共产党成立以来矢志不渝的神圣使命和奋斗目标。我们要追求的共同富裕是以人民为中心、消除两极分化和贫穷基础上的全体人民的普遍富裕；是以经济为基础，包括政治民主、文化繁荣、社会和谐、生态文明在内的不断满足人民对美好生活需要，人人都全面发展的共同富裕。共同富裕是社会主义的本质要求，实现共同富裕不仅是经济问题，而且是关系党的执政基础的重大政治问题。实现共同富裕是一个动态的、分阶段、先局部后全部、不断实现的过程。其实现的程度，一是取决于生产力发展水平，二是取决于经济社会制度。没有生产力发展，就根本谈不到富裕，没有好的经济制度和社会制度，即使富裕也是少数人的富裕而难以实现全体人民的共同富裕。中国共产党成立百年，带领中国人民在共同富裕的道路上迈着坚实的步伐，取得了巨大成就，前进中出现的收入差距、城乡差距、地区差距拉大问题，是发展中的问题，发展中的问题要靠改革发展去解决。在新时代、新阶段全面建设社会主义现代化国家，实现共同富裕的过程中，要大力发展生产力，全面深化改革，完善中国特色社会主义制度，加强党的领导，贯彻新发展理念。更高水平的共同富裕目标一定能实现。

100. 《健全宏观调控制度体系的双重逻辑及实现路径》

作者：庞明川、宁赋宪

期刊：《中国经济问题》

刊期：2022 年第 1 期

党的十九届四中全会首次提出了健全宏观调控制度体系的重大战略任务，这不仅是社会主义市场经济的一大创造，而且也是对宏观调控的创新和发展。本文一方面基于历史逻辑从中国宏观调控长期实践所积累的经验与形成的特色中提炼宏观调控制度，另一方面遵循宏观调控的规律，主动设计实践中缺失的宏观调控制度并将二者有机结合起来。在此基础上，文章按照系统完备、科学规范、运行有效的要求，结合科学制度体系应具备的科学性、实践性与开放性特点，尝试构建中国特色宏观调控制度体系的基本框架，并阐释健全宏观调控制度体系的实现路径。

101. 《中国开放型经济学的马克思主义政治经济学逻辑》

作者：裴长洪

期刊：《经济研究》

刊期：2022 年第 1 期

怎样遵循"七一讲话"精神在哲学社会科学各个领域中推进马克思主义理论研究，是当前学科建设中面临的重大任务；在开放型经济领域，如何构建马克思主义政治经济学中国化时代化的学科体系是题中应有之义。马克思主义关于资本主义世界市场和国际贸易的两重性的论述，是社会主义经济建立对外经济贸易关系的理论依据，它在列宁时期的苏联和新中国成立后 30 年的建设中得到实践运用。改革开放后，邓小平关于时代特征与主题的新判断以及社会主义经济利用"两个市场、两种资源"的理论开拓了中国开放型经济发展的广阔空间。中国开放型经济发展实践中提出的基本政治经济学问题可以归结为：在和平与发展成为时代主题条件下，如何处理国内生产力与世界生产力的互动关系，如何处理生产力发展与国内外生产关系、国内外上层建筑的关系与矛盾。习近平关于世界百年大变局、国内国际双循环以及人类命运共同体等开放发展新理念是马克思主义政治经济学逻辑在中国开放型经济理论中的最新成果。

102. 《中国特色社会主义政治经济学：理论定位与研究对象》

作者：亓为康

期刊：《当代经济管理》

刊期：2022 年第 5 期

要想科学界定中国特色社会主义政治经济学的研究对象，首先需要从整体性高度出发，确定它在马克思主义理论体系中的枢纽地位，并在此基础上明确它肩负的揭示规律和指导实践两方面的研究任务，准确把握其研究对象的特殊规定性。从服务社会主义经济实践的目标看，中国特色社会主义政治经济学研究对象的外延相较于传统政治经济学明显拓宽了，它不仅包括与社会主义生产组织方式相适应的生产关系，还应该包括社会主义生产力发展，以及代表上层建筑的社会主义国家。

103. 《平台经济金融化的政治经济学分析》

作者：齐昊、李钟瑾

期刊：《经济学家》

刊期：2021 年第 10 期

以风险资本为代表的金融资本在平台经济的发展过程中扮演了重要角色。本文将这一现象称为平台经济的金融化，并对其历史背景、积累逻辑和内在矛盾进行了政治经济学分析。本文认为，新技术的发展、后危机时代资本与劳动力的双重过剩，以及风险资本制度的成熟与扩散构成了平台经济金融化的历史背景。在金融资本的推动下，平台企业为提升金融估值而过度扩张，形成估值驱动型积累模式。金融化使平台经济偏离了正常的发展轨道，加深了金融资本投机逻辑与实体经济健康发展之间的矛盾，深刻反映出当代资本主义生产关系对生产力发展的阻碍。

104.《防止资本无序扩张的政治经济学分析》

作者：乔晓楠、何自力、王奕

期刊：《南开经济研究》

刊期：2022 年第 5 期

中国特色社会主义已经进入新时代，国内外环境均发生了深刻变化，同时中国发展面临的主要任务也随之调整。具体到经济领域，就是要立足新发展阶段，贯彻新发展理念，构建新发展格局，推动高质量发展，统筹发展与安全。这就要求坚持和完善社会主义基本经济制度，以促进生产关系的调整更加适应生产力的发展。其中就包括如何支持和引导资本规范健康发展、防止资本无序扩张这个重要的理论课题。对此，本文尝试运用政治经济学的基本理论，全面讨论资本的特性与行为规律，辨析资本的积极作用与消极作用，考察近期资本无序扩张的领域、表现以及危害，并在澄清防止资本无序扩张与保护民营经济、保护私人财产区别的基础上，提出支持和引导资本规范健康发展的总体思路与政策框架，进而深化对习近平经济思想的理解，推动中国特色社会主义政治经济学的理论创新。

105.《马克思需要理论视域中"美好生活需要"探析》

作者：秦维红、张玉杰

期刊：《马克思主义理论学科研究》

刊期：2020 年第 4 期

马克思认为，人的需要构成了一个需要的丰富体系和需要的历史序列。从物质文化需要到美好生活需要凸显了人的需要的历史性、丰富性和层次性。"美好生活需要"克服了需要的动物性、超越了需要的片面性、提升了需要的层次性，具有重大的指导性和引领性。从物质维度看，即丰富的物质文化需要；从精神维度看，即高品质的文化需要、公平正义的政治需要、有尊严的社会需要以及和谐美丽的生态需要。正确引导满足人民美好生活需要，应坚持以人民为中心，平等地满足人民的美好生活需要；克服不合理的物质需要，发展人民美好的物质需要；不断提升人的需要层次，激发和满足人民美好的精神需要。

106.《〈资本论〉的创新性研究对于构建中国特色社会主义政治经济学的重大意义》

作者：邱海平

期刊：《马克思主义研究》

刊期：2020 年第 2 期

党的十八大以来，习近平总书记提出了"各级党委和政府要学好用好政治经济学"的重大现实任务，提出了"中国特色社会主义政治经济学"这一重要范畴，指明了全面深化经济体制改革必须坚持中国特色社会主义政治经济学的重大原则，批判了《资本论》和马克思主义政治经济学"过时论"，指明了坚持和发展中国特色社会主义政治经济学"要以马克思主义政治经济学为指导，总结和提炼我国改革开放和社会主义现代化建设的伟大实践经验，同时借鉴西方经济学的有益成分"的方法论原则，提出了"把实践经验上升为系统化的经济学说"的理论目标。在中国特色社会主义政治经济学理论体系的构建过程中，究竟如何贯彻落实"以马克思主义政治经济学为指导"这一重大原则，是一个值得深入研究的理论课题。切实贯彻这一原则，需要全面正确认识马克思主义政治经济学的丰富内涵及其与中国特色社会主义政治经济学的关系，需要明确坚持和继承、创造性转化、创新性发展马克思经济学特别是《资本论》的理论成果。这也是构建中国特色社会主义政治经济学理论体系的重要途径和必由之路。

107.《共同富裕：收入分配研究范式演进及其理论创新》

作者：权衡

期刊：《上海交通大学学报（哲学社会科学版）》

刊期：2022 年第 6 期

从收入分配研究转向共同富裕重大主题，是向马克思主义政治经济学研究范式的回归。深化对共同富裕的研究，必然会推动中国特色社会主义政治经济学的丰富发展和不断完善。共同富裕蕴含着马克思主义政治经济学基本原理以及经济社会发展不平衡规律、党的性质宗旨、社会主义市场经济体制、中国式现代化重要特征、新时代"新三一高"的发展大逻辑等丰富内涵和实践要求。必须从经济发展与收入分配统一、经济效率与社会公平统一、先富后富与共同富裕统一、按劳分配与按要素分配结合、收入流动与收入分配统一等若干重大关系出发，在推动高质量发展中实现共同富裕。

108.《我国新经济高质量发展的困境及其路径选择》

作者：任保平、何苗

期刊：《西北大学学报（哲学社会科学版）》

刊期：2020 年第 1 期

新经济是知识型经济、创新型经济、绿色型经济、共享型经济、开放型经济、数字化经济与个性化经济等七大经济类型的集中体现。在新一轮的科技产业革命浪潮中推动云计算、大数据、人工智能等新经济不断发展，准确把握当前发展阶段新经济的基本特征，解决好新经济发展过程中所面临的各种难题，对推进我国新经济高质量发展新动能培育具有重要意义。

新经济以技术创新为前提，将知识、数据作为新的生产要素，科技革命催生了新经济产业，数字经济与传统经济相融合形成新业态。目前我国数字经济发展面临着融合困境、融资困境、创新困境、就业困境和基础环境困境。针对这些困境，我国新经济高质量发展需要鼓励创新驱动，大力培育新动能，处理好传统经济与新经济的融合问题，解决好新经济领域的融资困境，重视人才培养，提供创新平台，重视新经济背景下的就业结构问题，为新经济的发展创造良好的制度和基础设施条件。

109.《财政赤字货币化与美国金融危机的政治经济学分析》

作者：任传普、程恩富

期刊：《上海经济研究》

刊期：2021 年第 3 期

受由新冠疫情引发的经济衰退影响，美国启动了以增发国债和超级量化宽松为基础的数轮纾困政策，以央行购买国债推动经济复苏的财政赤字货币化政策自 2008 年后再一次引起了全球的注意。本文以美国为刺激经济复苏施行的财政政策和货币政策为出发点，从经济基础、理论基础、制度演变、财政赤字和国债规模变化等角度分析了财政赤字货币化的形成原因；对财政赤字货币化政策下美国和全球经济、政治的变化做出了预测，并指出在财政赤字货币化所产生的巨额流动性将会对美国和世界经济造成重大影响的同时，也会引发全面的金融危机。

110.《坚持科技创新推动经济高质量发展》

作者：任晓刚、刘菲

期刊：《人民论坛·学术前沿》

刊期：2022 年第 13 期

坚持科技创新是经济高质量发展的重要内容，有利于发展中国特色社会主义生产力，同时科技创新与经济高质量发展相辅相成、互相促进。为发挥科技创新推动经济高质量发展的重要支撑作用，我们需要着力强化基础研究和理论研究，推动原创成果取得重大突破；畅通企业科学研发渠道，着力增强企业创新动力与活力；营造更加宽松创新的生态环境，打造科技创新联合体新阵地；切实加强国际科技创新合作，深度融入全球科技创新网络；促进技术与现实需求相结合，夯实科技创新支撑引领作用。

111.《社会主义基本经济制度新概括的学理逻辑研究》

作者：荣兆梓

期刊：《经济学家》

刊期：2020 年第 4 期

社会主义政治经济学的学理研究长期滞后于实践逻辑发展，这妨碍了对社会主义基本经济制度新概括的正确理解。本文从社会主义市场经济体制在社会主义经济制度中的功能定位，社会主义基本经济制度新概括三项内容的相互关系，以及如何理解社会主义经济制度本质特征这三个基础理论问题入手，对党的十九届四中全会提出的社会主义基本经济制度新概括的学理逻辑展开研究。本文认为：（1）市场经济体制是现代经济无可替代的劳动组织方式，作为社会劳动组织方式，社会主义市场经济体制是社会主义经济的基础性制度安排；（2）社会主义基本经济制度三位一体的概括具有相互联系、相互影响，且相互嵌入、互为映射、不可分割的内在关系；（3）基本经济制度新概括是社会主义经济制度历史性质的完整表述，是中国特色社会主义实践的新成果，是中国特色社会主义政治经济学对科学社会主义的最新贡献。

112.《工业化阶段的生产力特征和社会主义市场经济体制》

作者：荣兆梓

期刊：《经济纵横》

刊期：2021 年第 6 期

贯穿工业化全程的生产力发展特征是市场经济体制存在的生产力基础。这一进程远未结束，因此，市场经济体制仍然是当代社会的劳动组织方式。

市场经济的生产力状态决定劳动仍然是谋生的手段，大多数劳动者还不能自觉地超出必要劳动时间之外为社会提供剩余劳动。这是劳动者个人利益与社会利益之间矛盾的生产力根源。因此，市场经济体制需要对劳动实施外在强制，即科层制度的管理性强制和市场制度的竞争性强制，这些都是市场经济的共性特征。社会主义条件下的社会化生产仍然要由市场经济体制组织，但社会主义市场经济区别于资本主义的根本特征在于以公有制为主体和以按劳分配为主体，因而能够克服生产资料私有制与生产社会化的矛盾，实现社会生产力的持续发展，保证人类社会的美好未来。

113.《数字经济下政治经济学理论创新研究》

作者：师博

期刊：《政治经济学评论》

刊期：2022 年第 2 期

经济发展进入数字经济时代，会产生具有重要价值的经济理论问题，研究数字经济背景下中国特色社会主义政治经济学的理论创新具有重要的理论价值。在经济制度方面，数字经济能够节约经济成本、优化市场化资源配置效率、扩大市场范围而影响社会主义市场经济；同时数字经济也会作用于收入分配和共同富裕，影响社会福祉。在经济运行方面，数字经济的技术特征有助于提升经济效率，但数字经济所衍生的平台垄断会干扰市场秩序。在经济发展方面，数字经济对驱动经济发展方式转变、产业结构升级以及对外开放都具有积极效应。数字经济对中国特色社会主义政治经济学理论带来了全新挑战，数字经济对建设社会主义现代化、激发社会主义市场经济微观主体活力、构建中国特色社会主义现代化产业体系的影响，以及完善数字经济相关的制度设计将是理论焦点问题。

114.《互联网平台企业垄断形成机理：从数据竞争到数据租金》

作者：石先梅

期刊：《管理学刊》

刊期：2021 年第 6 期

数据生产要素化在推动生产社会化程度提高的同时，引发了一些互联网平台企业"大数据杀熟""二选一"等垄断行为。剖析平台企业垄断形成机理是提升反垄断效率的前提。互联网平台企业垄断形成的实质是通过数据竞争获得数据租金。数字基础设施、数字化设备服务于数据竞争，数字技术竞争为数据竞争提供技术基础，数据竞争中的优胜企业获得数据租金。数据租金并非来自平台企业内部，用户收入、平台控制的其他企业利润以及零工劳动力创造的剩余价值都能形成数据租金。互联网平台企业反垄断实践中应当兼顾数据竞争的有效性与数据租金的合理性。

115.《新帝国主义的危机与新社会主义的使命——兼论 21 世纪马克思主义的核心问题与应对》

作者：宋朝龙

期刊：《探索》

刊期：2020 年第 4 期

金融资本是在帝国主义体系下积累的，而帝国主义又分为旧帝国主义和新帝国主义。右翼民粹主义的崛起成为新帝国主义危机和趋向冒险的集中表现，并着力转嫁一些西方国家内部矛盾而掀起逆全球化的潮流。面对新帝国主义时代的社会矛盾，世界多地展开了多种形式的新社会主义探索。如何深刻认识新帝国主义及其产生的重大消极影响，把人类社会从新帝国主义的桎梏中解放出来，在更符合人类福利和自由的基础上推动全球化，这是新社会主义的历史使命，也是 21 世纪马克思主义的核心问题。为了应对这一核心问题，21 世纪马克思主义需要批判新帝国主义的新自由主义意识形态、制度安排和政策体系，推动马克思主义与左翼政党结合以把民众从右翼民粹主义思潮中解放出来，在马克思主义政治经济学的科学逻辑中说明金融资本自我否定的规律，加强对金融帝国主义制度替代道路的研究，加强与全球化顶层设计的结合以克服新帝国主义逆全球化的趋势。

116. 《数据成为现代生产要素的政治经济学分析》

作者：宋冬林、孙尚斌、范欣

期刊：《经济学家》

刊期：2021 年第 7 期

数字经济的发展使数据成为国家基础性战略资源与数字经济中的核心资源。数据使现代生产要素具备理论科学性、历史必然性与现实必要性。在理论层面，数据成为生产要素符合马克思主义生产要素理论的根本特征，数据区别于传统生产要素的特殊性使其成为现代生产要素。在历史层面，数据成为生产要素符合不同经济时代的历史演进规律。数字化的数据在现代科学技术条件下而生，并且使现代社会整体步入数字经济时代，因此数据继承信息而成了现代生产要素。在现实层面，数据成为现代生产要素起步于对当代数据重要作用的深刻认识，发展于我国社会主义市场经济体制的不断完善，成熟于我国发展方式为适应不同发展阶段的科学转变。这一过程也反映出数据成为现代生产要素的必要性。

117. 《中国特色社会主义政治经济学逻辑思想的演化线、问题源及创新性》

作者：宋树理、魏晨曦、钱凤娟

期刊：《改革与战略》

刊期：2021 年第 9 期

在国内国际双循环互促发展的思想引领下，中国特色社会主义政治经济学逻辑、思想逻辑一致地实现对马克思主义政治经济学理论的守正创新，是有效阐释中国特色社会主义市场经济运行规律，进而高质量推进中国社会主义现代化经济建设的重大时代命题。文章借助 CNKI 数据库，实证分析源自中国特色社会主义市场经济体制改革实践经验的中国特色社会主义政治经济学逻辑思想的研究进展，先是充分厘清马克思主义中国化不同发展阶段的经济发展及转型对中国特色社会主义政治经济学创立、发展和深化的制度规范和实践影响，进而探讨中国特色社会主义政治经济学理论体系结构化创新和提升所面临的逻辑困境，提出中国特色社会主义政治经济学思想的创新发展，务必继承和发展以劳动阶级利益为基本政治立场的历史逻辑和实践基础，为积极推进共同富裕的全面实现提供理论基石。

118.《论中国经济学现代化的马克思主义发展道路——质疑洪永淼西方经济学中国化观点》

作者：孙立冰

期刊：《马克思主义研究》

刊期：2020 年第 6 期

在资产阶级经济学历史上从政治经济学演变为经济学，不是学科范围的拓展，而是经济学的资产阶级意识的增强，是资产阶级在阶级斗争形势发生变化后掩饰和否认其阶级性的策略选择。资产阶级经济学概念、范畴和学说体系表面上是中性的，但它们本质上却是为资本主义制度辩护的庸俗经济学。因此，用现代西方资产阶级经济学的话语来讲中国故事，必然会庸俗化社会主义生产关系，使中华民族伟大复兴事业走向颠覆性毁灭。中国故事是超越资本主义社会形态的全新的社会主义的故事，因此讲中国故事就要用讲社会主义故事的语言。人类社会发展到今天，这种语言最为经典的就是马克思主义政治经济学中关于社会主义的语言，在中国现阶段这种语言的新发展是中国特色社会主义政治经济学。因此，以马克思主义的世界观和方法论构建中国特色社会主义政治经济学才是中国经济学现代化的根本道路。

119.《全面建成小康社会的历史进程、价值准则和方法论》

作者：孙立冰、王朝科

期刊：《管理学刊》

刊期：2021 年第 1 期

全面建成小康社会，实现第一个百年奋斗目标是实现中华民族伟大复兴中国梦的重要组成部分，是中国共产党的初心所在。民族独立和社会主义制度的确立，为实现第一个百年奋斗目标奠定了坚实的政治基础和制度保障。从"四个现代化"到全面建成小康社会的历史进程始终贯穿着"人民主体性""发展是解决一切问题的基础""独立自主，自力更生"和"人与自然和谐共生"的价值准则。这一历史进程始终以辩证唯物主义和历史唯物主义中国化的成果——矛盾分析方法、调查研究方法、系统观和整体观等科学的方法论为指导。这些方法论保证了政策和决策的科学性、正确性，并在探索实现百年奋斗目标的伟大实践中不断得到丰富和发展。

120.《21 世纪日本马克思主义的理论新发现与实践新探索——以日本新版〈资本论〉的修订为例》

作者：谭晓军

期刊：《马克思主义研究》

刊期：2022 年第 9 期

新冠肺炎疫情在全球暴发后，日本出了现批判资本主义、关注马克思主义和社会主义的热潮。2021 年 7 月，全面修订后的日本新版《资本论》（12 册）全部出版发行，成为这一热潮中的一个亮点。日本新版《资本论》是 20 世纪 90 年代苏联解体、东欧剧变后，日本马克思主义学者参与新历史考证版《马克思恩格斯全集》中《资本论》手稿的编辑工作，并对全部手稿进行深入研究的基础上完成的重要成果。它不仅有对"恩格斯编辑问题"等文本研究的新发现和修订，而且成为 21 世纪日本共产党在发达资本主义国家推进向社会主义和共产主义社会发展的社会变革的主要理论依据，对我们了解 21 世纪日本马克思主义的文本研究状况、理解日本共产党的社会实践变化，以及运用马克思的未来社会理论推动世界社会主义运动等问题，具有重要的启示意义。

121.《习近平新时代中国特色社会主义思想中的贫困治理观：理论渊源、逻辑意蕴和当代价值》

作者：唐任伍、孟娜、李楚翘

期刊：《经济与管理研究》

刊期：2020 年第 12 期

习近平新时代中国特色社会主义思想中的贫困治理观来源于中华传统文化中的反贫困思想和马克思主义消除贫困思想，是马克思主义理论与中国特色贫困治理实践相结合的最新成果。习近平新时代中国特色社会主义思想中的贫困治理观主要内容包括贫困治理的价值诉求、目标导向、根本保障和路径方法等多个维度，且蕴含着系统严谨的历史逻辑、现实逻辑和整体逻辑，对指导中国打赢脱贫攻坚战、全面建成小康社会并逐步实现共同富裕具有重要的理论和实践价值，也为世界性的减贫脱贫工作贡献了宝贵的中国智慧。

122. 《马克思恩格斯共同富裕思想及其当代价值》

作者：田超伟

期刊：《马克思主义研究》

刊期：2022 年第 1 期

马克思恩格斯共同富裕思想是贯穿于马克思主义理论体系的重要内容。这一思想既生成于唯物主义历史观的方法论基础上，又生成于对资本主义贫富两极分化的政治经济学批判中，也生成于对科学社会主义本质特征的科学预见里。马克思恩格斯科学阐明了共同富裕的基本特征，强调以生产资料公有制为核心的社会主义经济制度是共同富裕的制度基础，高度发展的社会生产力是其物质基础。马克思恩格斯共同富裕思想对于我国新发展阶段推进共同富裕具有重要理论指导和启示意义。首先，立足社会主义初级阶段，准确把握共同富裕的历史方位；其次，科学认识现阶段共同富裕的基本内涵；再次，坚持和完善共同富裕的经济制度基础；最后，巩固和拓展共同富裕的物质基础。

123. 《民资介入下企业混合所有制改革效果研究——以山西汾酒为例》

作者：汪蕾、贾颖

期刊：《财会通讯》

刊期：2022 年第 4 期

文章以山西汾酒集团为例，分析国有企业在战略投资者介入下混改的效果以及当前国企混改过程中存在的问题，并提出完善建议。研究表明，在财务指标上，山西汾酒在引入战略投资者后，其偿债、营运、盈利以及发展能力均得到了明显改善。从短期市场绩效来看，山西汾酒在引入华创鑫睿后的短期市场反应较为消极，多数投资者并不看好该事件的发展前景；但从长期市场绩效来看，市场对该投资事件的反应是正面积极的。从其他绩效指标来看，在企业治理机制、企业营销能力和创新能力上实现技术、人才、资本等因素的高效融合，优化公司董事会结构，并且在战略上谋求更多的合作以推动企业内部机制、产品及影响模式的创新。

124. 《分配制度上升为基本经济制度的理论必然和实践必然》

作者：王朝科

期刊：《上海经济研究》

刊期：2020 年第 1 期

党的十九届四中全会《决定》关于中国特色社会主义基本经济制度的新论断，是中国特色社会主义基本经济制度由单一所有制制度向包括所有制制度、分配制度和社会主义市场经济体制在内的体系化制度转变的重大理论创新。多年来，我们一直停留在仅把"公有制为主体，多种所有制经济共同发展"作为基本经济制度，党的十九届四中全会的一大理论创新，就是在此基础上，把按劳分配为主体，多种分配方式并存，社会主义市场经济体制上升为基本经济制度。这三项制度，都是社会主义基本经济制度，三者相互联系、相互支撑、相互促进。按劳分配是科学社会主义理论体系的重要支柱，坚持按劳分配为主体，是由公有制为主体决定的，有利于巩固和不断发展公有制经济；坚持多种分配方式并存，是由多种所有制共同发展的所有制结构决定的，有利于促进多种所有制经济共同发展，调动各方面的积极性，增强经济活力，共同促进现代化经济体系建设，推动经济高质量发展。所以，分配制度上升为基本经济制度具有理论必然性和实践必然性。

125.《收入分配理论创新：缘由·方法·突破点》

作者：王朝科、王宝珠、冒佩华

期刊：《上海经济研究》

刊期：2021 年第 1 期

党的十九届四中全会审议通过的《决定》提出了"三位一体"的中国特色社会主义基本经济制度新论断，"按劳分配为主体、多种分配方式并存"的分配制度成为基本经济制度的重要组成部分。坚持和完善"按劳分配为主体、多种分配方式并存"的分配制度这个政策命题映射到经济生活实践中就转化为"分配制度如何、何以能促进逐步实现共同富裕"这个实践性命题。实践结果与政策主张之间的巨大落差使我们不得不聚焦分配理论创新这一基础性问题。贫富分化抑或两极分化的历史性、普遍性、必然性以及中国贫富差距持续拉大是分配理论创新的实践需要，从抽象到具体是收入分配理论创新的方法论，科学的逻辑起点（元范畴）是收入分配理论创新的突破口，构建与中国特色社会主义市场经济具有内在一致性的分配理论体系和制度体系是分配理论创新的终极目标。

126.《中国特色社会主义政治经济学"以人民为中心"价值范畴的初构——兼论"剩余价值"范畴的适用范围》

作者：王丰

期刊：《改革与战略》

刊期：2020 年第 5 期

党的十九届四中全会强调要推进国家治理体系与治理能力现代化，并在经济治理部分提出分配要进一步向劳动者倾斜的观点，体现了马克思劳动价值理论的精神实质。劳动价值理论具有一般性质，适用于任何社会形态。在此理论基础上，马克思创立了剩余价值理论，以剖析资本主义社会经济运行的特殊规律。在马克思看来，剩余价值属于资本主义特有的价值范畴。相反，中国特色社会主义政治经济学在反映社会主义特殊经济规律的"价值范畴"方面存在理论缺失，经常将反映资本主义经济运行规律的价值范畴——"剩余价值"范畴用于研究中国特色社会主义市场经济的运行，混淆了不同生产关系条件下市场经济的本质差别。习近平新时代中国特色社会主义经济思想提出了"人民逻辑"的思想主线，初构了中国特色社会主义政治经济学的逻辑主线。应以此作为立论依据，在劳动价值理论的基础上，确立中国特色社会主义"为人民的劳动""为人民的商品""为人民的价值"的概念，最终构建中国特色社会主义政治经济学"以人民为中心"的价值范畴。

127.《马克思主义政治经济学中国传播的内生性逻辑研究——以新民主主义革命时期为考察范围》

作者：王换、刘儒、杨颖萱

期刊：《经济问题》

刊期：2022 年第 10 期

新民主主义革命时期马克思主义政治经济学的系统广泛传播是马克思主义中国化百年发展的重要议题，为中国特色社会主义政治经济学的理论生成和创新发展提供了思想基础和实践依托。从探寻救亡图存之路的中国革命的实践之需，多元化马克思主义政治经济学传播阵地的平台支撑，中国共产党坚持真理、敢于斗争、不断进行思想解放的学术氛围，马克思主义政治经济学传播的理论话语四个维度，深入研究马克思主义政治经济学中国传播的内生性逻辑，对不断开拓中国特色社会主义政治经济学发展新境界、全面推动 21 世纪马克思主义中国化创新发展具有重要意义。

128.《社会生产方式的本体论》

作者：王今朝、余红阳

期刊：《经济纵横》

刊期：2022 年第 11 期

从学术角度看，马克思主义最重要、最基础的发展是核心概念的澄清与发展。生产方式概念是历史唯物主义的核心概念，生产方式理论是关于社会、经济的最基础、最重要的理论。但由于生产方式概念的抽象性和生产方式自身的复杂性、多变性，学界对于马克思的生产方式概念依然存在不同认识。本文基于马克思、恩格斯和斯大林的表述以及生产方式自身的发展，运用数学函数概念对社会生产方式加以本体论再现。生产方式就是人们生产所需要的产品的方式。它不仅涉及投入和产出，而且涉及投入和产出的对应关系。因此，社会生产方式就是社会运用投入获得产出的方式。投入的生产资料、劳动力和社会关系都是可变的，不同的投入既可能构成对立，也可能构成统一。产出的社会关系只有保持和投入的社会关系的一致性，一种社会形态才能得以维系。

129.《平台经济生产过程的政治经济学分析》

作者：王璐、李晨阳

期刊：《经济学家》

刊期：2021 年第 6 期

平台经济是以数字技术为支撑、以数字平台为依托的新兴经济形式。在数字经济时代，资本家借助平台商业模式进行数据商品的生产活动而不断追求剩余价值。本文依据马克思主义政治经济学，从生产角度对平台经济一般生产过程和现实中不同平台的具体生产过程进行细致剖析。不仅指出平台经济一般生产过程与资本主义一般生产过程的重要区别，而且指明资本家构建平台模式获取剩余价值的主要原因，由此表明平台经济的一般生产过程正是以数据为重要原料、以数字劳动者为特殊劳动力、以数字技术和互联网平台为劳动资料，经由数据商品属性吸引资本家竞相采用平台商业模式，以此构建基于数字劳动者的新型剥削关系以实现无限制的价值增殖。

130. 《党的十八届三中全会以来国有企业混合所有制改革研究进展与述评》

作者：王婷、李政

期刊：《政治经济学评论》

刊期：2020 年第 6 期

混合所有制改革是当前我国推进国有企业改革的主要途径。党的十八届三中全会以来，我国学术界围绕国有企业混合所有制改革进行了深入的探讨，内容涉及国有企业改革的时代背景、意义、途径、模式以及效果等多个方面，较为全面地研究了我国在新时代推进国有企业混合所有制改革的相关问题。相关研究虽然在国有企业混合所有制改革的内涵和必要性等问题上形成了较为统一的认识，但是在如何分类推进国有企业混合所有制改革、国有企业混合所有制改革应把握的主线、混合所有制企业中不同所有权的地位和作用、混合所有制企业的定位、混合所有制改革过程中出现的国有企业私有化等问题上，还存在着较大的争议。本文以新时代中国特色社会主义国有企业混合所有制改革的相关理论和实践为背景，从国有企业混合所有制改革的背景与内涵、必要性与意义、遵循的基本原则、面临的主要问题和改革的主要途径五个方面，系统梳理了党的十八届三中全会以来国有企业混合所有制改革等的相关研究成果，力图较为全面地总结理论研究的新进展，对存在争论的观点进行辨析，并提出有待深入研究的问题，为进一步推进国有企业混合所有制改革实践奠定理论基础。

131. 《以更加"成熟定型"的社会主义基本经济制度增强社会主义现代化的动力和活力》

作者：王廷惠

期刊：《南方经济》

刊期：2022 年第 12 期

经济现代化是全面建设社会主义现代化国家的物质基础，高水平构建适应中国式现代化要求的社会主义基本经济制度，巩固并提升中国特色社会主义制度优势和治理效能，具有重大现实意义。社会主义基本经济制度是中国特色制度体系的重要组成部分，是社会主义现代化的基本制度支撑。在社会主义基本经济制度"成熟定型"基础上，要持续全面纵深推进改革，进一步巩固提升基本经济制度优势，完善经济现代化发展的基本制度保障，增强社会主义现代化的动力和活力，解放和释放更大的社会生产力，高质量推进中国式现代化。

132.《数字资本拜物教的生成机理与治理路径》

作者：王维平、汪钊

期刊：《上海经济研究》

刊期：2022 年第 11 期

数字资本是当代资本的最新发展形态，既促进了资本增殖又改变了资本逻辑对社会控制的形式。由此，一般资本拜物教发展到数字资本拜物教。在资本主义社会，数字资本的运行机制是数字劳工与平台数字用户的在线数字劳动创造剩余价值的功能，它借助数字平台在线交换，通过数字平台强化垄断资本，进行抽象统治和剥削，进而实现数字资本家对剩余价值的攫取和资本扩张。对资本家来说，在数字资本拜物教的作用下，数字资本的运行机制加深了流通产生剩余价值的"虚假幻象"；对劳动者或社会公众来说，人与人之间的社会关系从物的统治发展到数字的统治，劳资关系被数字资本拜物教置换为"数据关系"。在我国社会主义市场经济条件下，在顺应和发展数字经济的同时，要深刻认识数字资本拜物教的本质，应对数字资本拜物教的现实逻辑和制度逻辑，要优化数字技术治理，推进数字产权改革，综合运用道德与法治规制资本，坚持基本经济制度，建设法治市场，提升数字资本治理效能，积极应对数字资本拜物教的不良社会效应，促使我国数字经济健康发展。

133.《马克思的服务劳动理论及其当代启示》

作者：王晓东、黎莎

期刊:《财贸经济》

刊期:2020 年第 3 期

马克思的服务劳动理论是政治经济学领域的基本理论问题之一,但长期处于争论之中。本文就服务劳动理论的几个核心争议点及其代表性观点进行了回顾和梳理,并结合马克思的服务劳动思想对这些核心争议点进行回应,在理论上明确了服务劳动的性质类属。在当下中国转入高质量经济发展阶段的实践中,识别服务劳动与第三产业大统计口径中不同劳动类属的区别,有助于探索高质量的国民经济核算体系;同时,高质量的经济发展体系必须以实体经济为基础,服务劳动支撑和关联着大量的实体经济内容,发展实体经济的过程中应重视服务的发展。此外,信息技术将进一步释放服务劳动促进经济高质量发展的潜力,未来可结合互联网情境对服务劳动和现代服务业相关问题展开专门研究。

134.《社会再生产中的流通职能与劳动价值论》

作者:王晓东、谢莉娟

期刊:《中国社会科学》

刊期:2020 年第 6 期

马克思的商品流通理论,对于科学认识流通产业在我国发展国民经济中的基础性和先导性地位,具有重要意义。流通产业的双重功能包括延续生产的价值生成过程和媒介交换的价值实现过程。前者为生产性劳动,尤其体现在发挥集中力量办大事的社会主义制度优势,进行大规模的交通运输通讯基础设施建设中。后者为商品流通必要的媒介性劳动,要注意防止以为纯粹流通费用会创造价值的拜物教意识,发展做强实体经济。要遵循马克思关于人类社会按一定比例分配社会劳动量的一般规律,不断探索中国特色社会主义市场经济流通社会化的特殊规律,加快流通周转速度,节约全社会的流通费用,提高流通效率,持续改进供需两侧相匹配相平衡的程度,建设包括现代流通体系在内的现代化经济体系,提升商品生产大流通的稳定连续性，探索中国特色社会主义市场经济流通社会化的特殊规律，对于促进供给侧结构性改革、建设现代化经济体系，以高质量发展满足人民美好生活需要，具有重要的现实意义。

135.《关于〈资本论〉第 1 卷最终版问题的百年争论》

作者：王旭东

期刊：《国外理论动态》

刊期：2022 年第 6 期

20 世纪 80 年代，随着《资本论》第 1 卷的创作文献相继问世，学界围绕"应将哪一版视为马克思的最终决定版"展开了针锋相对的讨论，形成了"《资本论》第 1 卷最终版问题"。追本溯源，早在 20 世纪初，最终版问题就成为《资本论》编者不能回避的一个问题。围绕对这一问题的不同理解，学界形成了以普及版和学术版为代表的两套版本系统：普及版聚焦于究竟是德文第 2 版还是德文第 4 版能够成为出版底本；以 MEGA1 为代表的学术版则希望通过异文揭示各版之间的联系，以此证明《资本论》第 1 卷是一个不断发展的文本。2017 年出版的库钦斯基版《资本论》尝试复原苏联未实现的出版计划，但因编辑理念的局限性而导致新版的价值大打折扣。关于"《资本论》第 1 卷最终版问题"的百年争论为我们提供的启示是：第一，我们不应该纠结于哪一版是最终版，而应关注《资本论》第 1 卷各版之间的多重关系；第二，马克思与恩格斯的思想关系是一种差异性互补关系。

136.《要素错配的马克思主义政治经济学分析》

作者：王怡颖

期刊：《当代经济管理》

刊期：2022 年第 2 期

不同于西方经济学对要素错配的分析，以马克思政治经济学为出发点，重新阐释要素错配理论逻辑，解释要素错配对社会经济发展不平衡影响的作用机理，并在此基础上揭示中国特色社会主义市场经济体制下要素错配的界定、形成及其表现。主流经济学对要素错配的阐释过于狭隘，仅仅依靠市场并不能实现要素的最优配置，单纯的市场经济同样会产生要素错配。要素错配作为资本主义制度下特定生产关系的产物，在经济发展传导机制中发挥着中介作用：一方面，资本主义制度下以资本为逻辑的生产往往驱使生产要素打破经济平衡状态，产生要素错配；另一方面，要素错配将嵌入社会再生产环节之中，通过作用于生产过程影响经济的平衡发展。新时代中国特色社会主义市场经济条件下的要素错配的界定具有双重规定性。因此，要素错配的解决一方面依赖于构建政府与市场的良性互动机制，实现两者的优势互补；另一方面需要破除制度性壁垒，为要素自由流动提供制度保障。

137.《混合所有制改革对国有企业劳动生产率的影响研究》

作者：王艺明、赵焱

期刊：《财政研究》

刊期：2021 年第 10 期

基于马克思的劳动价值论、劳动生产率、价值转型、利润率平均化等理论，本文构建了衡量企业劳动生产率的指标，实证地检验国有独资企业混合所有制改革是否提升其劳动生产率水平。研究发现，混合所有制改革显著促进了国有企业劳动生产率增长，并且随着企业规模的增加，国有资本保留企业控制权的改革效果优于非国有资本取得企业控制权的改革。混合所有制改革显著提升了国有资本控股企业的人均工资水平，但对非国有资本控股企业人均工资的影响不显著。此外，混合所有制改革对非国有资本控股企业的劳动收入份额具有抑制效应，但对国有控股企业的影响不显著。最后，混合所有制改革对国有资本控股和非国有资本控股企业的利润率皆存在提升作用。在理论和实证研究基础上，本文对国有企业混合所有制改革提出了相关政策建议。

138.《政府社会资本与实体经济高质量发展》

作者：王竹泉、孙文君

期刊：《财会月刊》

刊期：2022 年第 9 期

政府社会资本是政府为实现招商引资、科技创新、重点发展等目标而给予的特殊许可、政策优惠和专项支持等具有部分排他性和竞争性特征的政府公共资源。经济特区、开发园区、产业园区是政府社会资本集中投入的重点领域，也是实体经济建设的核心环节。在对政府社会资本引导实体经济高质量发展的机理与逻辑进行分析的基础上，从全国层面与代表性城市层面入手，重点以国家级高新技术产业开发区与成都市高新技术产业开发区为代表，透析政府社会资本对实体经济发展的支持与驱动作用。从本质上看，政府社会资本具有引导性，能够通过集中规划、精准发力、高效引导撬动地区固定资产投资，进而拉动实体经济高质量发展。

139.《以共享发展促共同富裕：理念、挑战与路径》

作者：王立胜

期刊：《当代世界与社会主义》

刊期：2021 年第 6 期

共同富裕是社会主义的本质要求，是中国式现代化的重要特征。共同富裕的实现需要以共享发展理念为先导，从制度层面坚持发展成果全民共享，从而为实现共同富裕打下坚实基础。在以共享发展促共同富裕的过程中，收入差距较大反映出来的收入分配不合理和基本公共服务的不均等是实现共同富裕的巨大挑战。同时，共享发展不仅仅是经济发展成果的共享，更是教育、医疗、养老等基本公共服务的共享。中国通过脱贫攻坚，增加了低收入群体的收入，增强了弱势群体的获得感，通过推行基本公共服务均等化提高了低收入群体享有的福利，将共同富裕的目标向前推进了一大步。在发展的过程中，要继续坚持共享发展理念，构建合理的收入分配制度和公共服务均等化制度，做到发展成果为广大人民群众所共享，最终实现共同富裕。

140.《整县推进：农业农村现代化的"潍坊模式"》

作者：王立胜、刘岳

期刊：《文化纵横》

刊期：2021 年第 2 期

习近平总书记在参加十三届全国人大一次会议山东代表团审议时指出，改革开放以来，山东创造了不少农村改革发展的经验，贸工农一体化、农业产业化经营就出自诸城、寿光、潍坊，形成了"诸城模式""寿光模式""潍坊模式"。总结提升包含"寿光模式""诸城模式"在内的农业农村现代化发展的"潍坊模式"，既有重大的理论意义，也有重要的实践价值。本文希望通过对"潍坊模式"形成的历史过程、主要特点及经验启示的讨论，在理论提炼的基础上形成完整系统的可复制、可推广经验，为扎实推进乡村振兴战略提供参考。

141.《数字资本主义下的价值生产、度量与分配——对"价值规律失效论"的批判》

作者：魏旭

期刊：《马克思主义研究》

刊期：2021 年第 2 期

西方马克思主义学者以"非物质劳动""受众劳动""产消者劳动"等为核心范畴，阐释了 Web2.0 时代在线生产和消费活动的价值创造与数字资本利润来源问题。通过对数字资本主义生产过程的分析，西方马克思主义学者得出当代资本主义生产已经呈现整体"新颖性"的判断；依据数字资本主义生产所具有的特殊成本结构、生产时间和生活时间的日益模糊化以及数字资本主义下有酬劳动与无酬劳动界限消失等新特点，西方马克思主义学者得出价值规律在"数字产消"时代已经失效的结论。然而，一旦将数字劳动及其结果置于"资本主义直接生产过程""固定资本积累规律""生产劳动与非生产劳动分类"等马克思的分析框架就会发现，数字资本的辉煌成就应该理解为创新的剩余价值占有或分配模式，而不是新的剩余价值创造方法，价值规律失效的结论及其依据是对马克思劳动价值论的误读或误解。尽管数字资本主义生产方式在部分地消解价值规律的作用，但价值规律作为调节全球资本主义生产的总原则在当代仍然有效。

142.《〈资本论〉与资本主义发展史的货币权力批判》

作者：温权

期刊：《南京大学学报（哲学·人文科学·社会科学)》

刊期：2022 年第 6 期

破解资本主义"何以可能"的历史机理，并发掘其"必然消亡"的现实依据，是《资本论》的学术任务。马克思以社会化的货币权力为切入点对资本主义的发展史进行政治经济学批判。其中，分别以"交换价值""平均利润"以及"生息资本"形态出现的社会化货币权力，无异于资本主义从"萌芽"到"成熟"及至"转型"的阶段性"标记"。据此，马克思完成了对资本主义从"因何所是"到"确如其是"及至"是其所是"的历史唯物主义演绎。与此同时，社会化的货币权力本身，又蕴含着资本主义诞生的"偶然性"、发展的"矛盾性"以及灭亡的"必然性"。于是，马克思又从资本主义"自我建构"的既成事实中提炼出资本主义"自我扬弃"的历史唯物主义素材。这同时引申出《资本论》的实践诉求：与马克思用货币权力的社会化史诠释资本主义"从哪里来"的历史实然性相对应，应在社会性个体的实践史中不断确证资本主义"往何处去"逻辑应然性，从而实现共产主义对资本主义的彻底扬弃。

143.《中国金融业利润过高了吗——基于马克思生息资本理论的分析与实证证据》

作者：文书洋、牟爽、刘锡良

期刊：《经济学家》

刊期：2020 年第 6 期

在新的历史时期，增强金融服务实体经济的能力是实现经济高质量发展的"必修课"。近年来，关于金融业高利润的争论颇多，中国金融业的利润是否过高，学界尚无评价标准。本文从文献和经济现象出发，提出判断金融业利润是否过高的关键是其对经济发展的影响。在利润平均化的过程中，金融资本在各行业间的择优投资行为，以及资本的不完全流动，共同导致了金融业的高利润。金融业参与实体产业的价值创造活动，帮助实体产业提高了价值创造效率，并分享利润，但如果分享的份额过高，则会影响产业资本积累，阻碍经济发展。2007 年至 2018 年的省级面板数据表明，中国金融业的利润占比与经济增长速度呈显著负相关，金融业分享的利润过高，已经达到了损害经济增长的程度。健全金融行业内部的竞争机制、引导金融机构关注产业发展、重视长远利益，是增强金融服务实体经济能力的有效手段。

144.《中国共产党百年目标：全面建成小康社会的世界坐标》

作者：吴庆军、王振中

期刊：《财经科学》

刊期：2021 年第 7 期

在中国共产党百年奋斗目标实现时，中国全面建成小康在世界处于什么样的相对位置？到目前为止，学术界没有给予很好地准确回答。本文研究而得出：中国共产党百年奋斗目标实现时，中国的小康社会的世界坐标是基本达到世界平均水平。本文以此为基础构造了小康社会达标率，此指标不仅可用于纵向测度历年中国小康建设的动态历史进程，还可以动态测量世界广大发展中国家是否达到小康水平并进行国际比较。全面建成小康社会的国际标准为世界平均水平的意义在于，可以把小康社会由中国独有概念推广为全球共同认可的概念，由中国标准上升为国际标准，将极大地增强中国的软实力、制度自信和理论自信。

145.《公有制主体地位应体现在"控制力""相对规模""目的性"三方面》

作者：吴文

期刊：《毛泽东邓小平理论研究》

刊期：2021 年第 10 期

党的十九届四中全会明确了"以公有制为主体、多种所有制经济共同发展"的社会主义初级阶段基本经济制度。"公有制为主体"是应具体量化的概念，需要从外部与内部两个维度审视公有制经济主体地位的实现程度，并对其内涵做清晰界定。借鉴以往理论研究和实践现象，本文试图从"控制力""相对规模""目的性"三个维度出发论述"公有制主体地位"概念内涵，强调应进一步界定公有制"量"的优势，阐明国有经济控制力和相对规模的一致性关系，廓清公有制主体地位的"目的性"内涵，以破除似是而非的观点，在增强控制力中坚持公有制主体地位。

146.《新时代的共同富裕：实现的前提与四维逻辑》

作者：吴文新、程恩富

期刊：《上海经济研究》

刊期：2021 年第 11 期

新时代扎实推动共同富裕存在若干逻辑前提，比如党在非公有制经济占优势的条件下推动共同富裕的决心和意志坚不可摧，必须依靠人民群众重点推动富裕之"共同"。我们可以从共享发展和协调发展理念、社会基本矛盾、公平与效率关系等角度来把握共同富裕的概念逻辑；从理论逻辑看，公有制和按劳分配是实现共同富裕的内在主导性逻辑，而其他分配方式是外部辅助性和补偿性逻辑；从历史逻辑看，社会主义思想和国际共产主义运动的价值追求，中国共产党人对革命、建设、改革的艰辛探索，本质上都是在设法实现共同富裕；从实践逻辑看，中外历史特别是市场起决定作用的社会主义初级阶段造成贫富分化的原因相当复杂，需要我们在科学认知"因果关系"的基础上确立共同富裕的圆满实现逻辑及其相关深化改革方略。最后聚焦于分配领域，我们可以充分通过"五种分配方式"来扎实推动共同富裕，并商榷学界的"三次分配"内涵。

147.《新发展格局及对构建中国特色社会主义政治经济学体系的启示》

作者：吴宣恭

期刊：《经济纵横》

刊期：2021 年第 2 期

形成以国内大循环为主体、国内国际双循环相互促进的新发展格局，不仅与当前国际国内经济政治形势的重大变化有密切关系，也是中国共产党全面总结改革开放经验，正确把握和运用经济发展的客观规律，引导中国经济长远高质量发展的重大决策。对此，需要明确我国经济发展方向，完善社会主义公有制为主体、多种所有制经济共同发展的基本经济制度；正确理解和把握"两个毫不动摇"，切实保证公有制为主体；做强做优做大国有企业，改善国有企业的管理体制，增强国有经济的影响力、控制力；做好组织工作，通过各种形式扩大农村集体所有制，振兴农村经济。同时，中国特色社会主义政治经济学可从创新、协调、绿色、开放、共享的发展理念和以国内大循环为主体的双循环新发展格局得到启示，进而构建完整的学科体系。

148.《我国相对贫困的内涵特点、现状研判与治理重点》

作者：吴振磊、王莉

期刊：《西北大学学报（哲学社会科学版）》

刊期：2020 年第 4 期

贫困问题能否得到较好的解决，将直接影响到从全面建成小康社会到基本实现现代化，再到全面建成社会主义现代化强国这一新时代中国特色社会主义发展战略安排的进程。党的十九届四中全会提出"坚决打赢脱贫攻坚战，建立解决相对贫困的长效机制"，对当前和下个阶段扶贫工作的战略方向做出明确安排。在 2020 年全面建成小康社会、消除绝对贫困以后，我国的扶贫事业将进入以解决相对贫困为目标的共富性反贫困阶段。通过界定相对贫困的内涵与特点，认为相对贫困是发展不平衡、不充分和分配不平衡等我国社会主要矛盾转化形成的同一时期、不同地区或不同阶层成员之间由于主观认定的可维持生存水准的差别而产生的贫困。结合 2000—2018 年我国城镇与农村内部收入整体变化趋势以及 2018 年分省区的变化情况，刻画了相对贫困的基本现状，分析了当前贫困治理的矛盾。在此基础上，从"制度—组织—能力"三个维度提出了治理相对贫困的重点。

149.《中国特色共同富裕理论的新境界》

作者：武建奇

期刊：《河北经贸大学学报》

刊期：2021 年第 6 期

共同富裕并非一个新话题，但中国特色社会主义共同富裕的理论与实践开拓了一个新境界。党的十九届五中全会以来党中央提出的关于实质推进共同富裕的一系列新理论、新政策、新举措，正在部署实施实质性推进的发展型共同富裕、多成分共同富裕、市场式共同富裕和分阶段共同富裕就是突破传统思维、回应各种认识偏差的最好说明。"共同富裕具有鲜明的时代特征和中国特色"，它重视生产关系和分配关系在实现共同富裕中的重要作用，但更强调在高质量发展中推进共同富裕；坚持基本经济制度，立足社会主义初级阶段，坚持"两个毫不动摇"，发挥非公有经济在推进共同富裕中的作用；要求激发各类市场主体活力，推动有效市场和有为政府更好结合，培育更加活跃更有创造力的市场主体，壮大共同富裕根基；坚持循序渐进，对共同富裕的长期性、艰巨性、复杂性有充分估计，不搞整齐划一的平均主义，要求分阶段促进共同富裕。

150.《行政体制改革、要素市场化与建设全国统一大市场》

作者：夏杰长、刘诚

期刊：《经济与管理研究》

刊期：2022 年第 11 期

党的二十大报告提出"构建全国统一大市场，深化要素市场化改革，建设高标准市场体系"的战略任务。行政体制改革是连接市场机制与统一大市场建设的关键。从 1982 年至今，中国先后进行了七轮较大规模的行政体制改革，这些改革对要素市场化起到了较大的促进作用，也促进了全国统一大市场建设。目前，微观企业自由进出市场，市场配置效率大幅提高，已初步建成全国统一大市场。而市场扭曲在新时期又有一些新的表现，比如部分行政区划旧壁垒反弹、"准行政"壁垒偶尔发生、超大特大城市功能过于集中、营商环境有待提升、线上市场与线下市场割裂等。需要从改进地方官员激励方式、保持改革渐进性、优化协调区域利益、用契约精神代替特事特办、强化数字经济监管五个方面进一步化解这些市场扭曲。本文相关结论对推进中国行政体制改革、激励要素市场化与建设全国统一大市场具有一定的政策启示和实践指引。

151.《主体性过剩：当代新资本形态的结构性特征》

作者：夏莹、牛子牛

期刊：《探索与争鸣》

刊期：2021 年第 9 期

当代全球资本主义的新变化，在劳动过程方面最突出地表现为劳动者主体性的空前凸显。在当代劳动过程中，劳动者往往呈现出"主体性过剩"的状态，以至于陷入"自我剥削"乃至"相互剥削"的生存窘境之中。对这一现象的把握，要求研究者反思对马克思的政治经济学批判的传统阐释，洞察劳动者的主体性本身同资本主义生产方式之间的共谋关系，并追问造成这一现象的当代全球资本主义秩序的结构性特征。20 世纪 70 年代以来，工人阶级政治力量的衰落、资本过剩导致的劳动过程重构、金融化趋势的扩散、劳动力市场环境的变化、国际产业分工的变化等，共同为"主体性过剩"的现象提供了制度条件。这些变化作为应对"滞胀"危机的一系列"修复机制"，同时也是资本主义秩序的历史性衰落的表征。

152.《劳动形态对工资形态的影响及其对零工经济剥削研究的价值——基于王亚南〈中国经济原论〉文本的分析》

作者：肖斌、李旭娇

期刊：《当代经济研究》

刊期：2020 年第 8 期

王亚南的《中国经济原论》是基于马克思《资本论》的研究脉络撰写而成的，是运用马克思政治经济学分析中国现实的典范之作。在这部著作中，王亚南洞悉到工资形态尽管是劳动者被剥削的直观反映，但其根源却暗含于劳动形态之中；只有从工资形态变化与劳动形态演变之间的内在联系出发，才能明确不同利益主体间的根本经济关系，进一步深刻揭示劳动者被剥削的现实基础。作为一种与生产资料相结合的新的劳动形态，零工经济在替代传统雇佣劳动过程中逐渐兴起，其在表象上确实具有更加贴合虚拟生活和吸引新型劳动者阶层加入的特性。但按照王亚南在《中国经济原论》中的思想方法加以考量，深入探析零工经济生产过程中所存在的不平等交换关系，我们便会发现，零工经济在本质上不过是依托平台资本、数字资本存在且又被新型外表包裹的旧式用工形态，资本对劳动剥削与榨取的本质并未更改。

153.《中国共产党百年历程中对马克思主义政治经济学的理论创造》

作者：谢富胜、匡晓璐、赵敏

期刊：《经济研究》

刊期：2021 年第 10 期

马克思主义是中国共产党百年来经济思想的理论源泉。19 世纪中期资本主义在世界范围内扩张并与落后社会形态相连接形成了混合的社会形态，此后后进国家的社会主义实践不断发展，产生了马克思主义经典理论没有预料到的新问题。中国共产党在其百年历程中，独立自主地运用马克思主义立场、观点与方法并结合中国具体实际，准确把握社会基本矛盾和主要矛盾，明确中国社会发展的历史方位，形成了中国特色的历史方位论；以此为根本依据，统筹国内和国际两个大局，制定开展国内经济建设和处理国际经济关系的战略和政策，形成了中国特色的社会主义经济建设论和中国特色的社会主义与世界资本主义经济关系论，创造了中国式现代化新道路。中国共产党对马克思主义政治经济学的理论创造具有阶段性与连续性相统一的特点。党的十八大以来，习近平总书记关于中国特色社会主义经济建设的一系列论述是中国共产党百年经济思想的集大成。

154.《平台竞争、三重垄断与金融融合》

作者：谢富胜、吴越

期刊：《经济学动态》

刊期：2021 年第 10 期

不同于传统产品生产型企业间的竞争，平台竞争是基于用户、注意力、数据、算法等因素的赢家通吃式动态竞争和组织竞争。由此产生的平台企业垄断存在三个层次：特定相关市场上的横向垄断平台；纵向一体化和跨行业扩张的大型垄断性平台复合体；以特定基础平台为核心的层级嵌套式平台生态系统。大型平台复合体借助数字技术实现平台业务与金融业务的融合，加强了平台实施垄断行为、巩固垄断地位的动机。稳定且丰厚的金融利润支持着平台复合体跨行业经营与大规模并购，与平台业务的垄断相互促进、相互巩固，造成了金融风险的扩大化、集中化和隐蔽化。平台经济治理不应只针对横向平台市场垄断进行规制，还应构建科学高效的监管与治理体系，约束平台跨行业市场势力和防止资本无序扩张，限制大型平台复合体对小平台的大举收购，遏制平台垄断和金融融合对竞争与创新、消费者权益与金融稳定性的综合损害。

155.《正确认识社会主义市场经济条件下的新型举国体制》

作者：谢富胜、潘忆眉

期刊：《马克思主义与现实》

刊期：2020 年第 5 期

探索建立新型举国体制，是社会主义市场经济发展、社会领域的众多变革以及数字技术革新提出的新要求。本文认为举国体制的实质表现为党和国家根据治理需要组织大规模协作，创造出"社会劳动生产力"，其治理效益的具体发挥需要考虑应用对象、资源保障、组织基础和主体协同四个关键要素。本文结合新冠肺炎疫情防控中举国体制表现出来的新特点，探讨了在市场化进程和数字技术发展中构建新型举国体制的方向，认为构建"新型举国体制"要吸收数字技术以重塑举国体制的组织过程，促进主体协同多元化、信息数据流动化和组织结构扁平化，形成协同、高效、开放的政府治理体系。

156.《中国共产党的领导与中国式现代化》

作者：辛向阳

期刊：《马克思主义研究》

刊期：2022 年第 10 期

党的二十大报告对中国式现代化的本质要求作出了完整的分析。报告明确指出："坚持中国共产党领导，坚持中国特色社会主义，实现高质量发展，发展全过程人民民主，丰富人民精神世界，实现全体人民共同富裕，促进人与自然和谐共生，推动构建人类命运共同体，创造人类文明新形态。"这一论断内容极为丰富，既阐明了中国式现代化的领导力量、道路方向，又阐明了中国式现代化所包含的五大建设的要求；既阐明了中国式现代化与人类命运共同体的关系，又阐明了中国式现代化塑造人类文明新形态的历史作用。在这一本质要求中最根本、最关键的就是坚持中国共产党的领导。中国特色社会主义最本质的特征是中国共产党的领导，毫无疑问，中国式现代化最本质的要求就是坚持中国共产党的领导。

157.《马克思的流通经济理论及其中国化启示》

作者：谢莉娟、王晓东

期刊：《经济研究》

刊期：2021 年第 5 期

马克思的流通经济理论在新时代仍有重大价值，科学认识市场流通一般规律和中国流通经济运行的特殊规定性，关系到中国特色社会主义市场经济建设的大局。本文梳理了马克思流通经济理论的要点，并结合中国经验归纳了社会主义流通特殊性。在资本主义生产方式下，流通过程体现着资本的本性并生产着资本的生产条件，从而加剧了过剩性危机和贫富两极分化。中国社会经济制度基本属性则决定了，公有制经济为主体的社会化大流通除资本流通形式外，还应保留以社会使用价值为生产或交换目的的简单商品流通形式一定比例的高质量发展，并在整个社会商品流通过程中实现简单商品流通"目的"和资本流通"手段"的有机结合；同时，流通特殊性还体现为，以供给侧结构性改革为主线的现代流通体系建设、以政府和国有经济为主导的重要商品储备和流通调控、现代流通业的基础性和先导性定位、支持和服务于实体经济发展的商业资本结构合理化。本文也为深化流通改革提供了政策启示。

158. 《中国区域经济增长的动态关联与时空分异——马克思主义政治经济学视角》

作者：徐春华、龚维进

期刊：《经济问题探索》

刊期：2022 年第 6 期

立足于马克思主义政治经济学视角，使用空间计量回归方法剖析中国区域经济增长的动态关联与时空分异特征。研究发现，一是区域经济增长自身不仅在时间维度上呈现"路径依赖"的动态关联特征，还在空间维度上受到其他邻近地区经济增长的空间外溢作用，使其表现出自我强化态势。二是资本有机构成提高会因其技术进步特征而推动目标地区或相邻地区的经济增长，又会因其内部结构中不变资本与可变资本变动而抑制本地区及其他相邻地区的经济增长，并且它在东部地区更能表现出显著的正向经济增长效应。三是交通便利程度、劳动复杂程度和外贸进口规模不仅能够直接推动目标区域经济增长，其时间和空间的时空累积效应均会对区域经济短期和长期增长产生显著影响，且具有一定的空间差异性。

159. 《扩大内需、供给侧结构性改革与创新发展能力》

作者：徐鹏杰、张文康、曹圣洁

期刊：《财经科学》

刊期：2022 年第 12 期

本文构建指标体系测算了我国 30 个省（区、市）2008—2020 年的创新发展能力，在此基础上构建空间计量模型，实证检验了扩大内需、供给侧结构性改革对我国创新发展能力的影响。研究结果表明，扩大内需规模、提升内需结构以及推进供给侧结构性改革都是提升我国创新发展能力的有效手段，供给侧结构性改革还有助于推动我国内需结构优化升级。但由于需求结构仍然偏低等因素影响，在创新发展能力相对较弱的地区，供给侧和内需侧优化互促的发展格局尚未形成。研究还表明，政府对经济发展的引导总体上有助于推动创新能力提升；由于中西部地区第三产业发展质量偏低，产业结构高级化并未显著促进我国创新能力增强。进一步对新冠肺炎疫情前后数据进行对比分析发现，新冠肺炎疫情导致的需求收缩显著制约了创新能力提升，但政府逆周期调节有效引导供给质量提升则促进了我国创新能力提升。

160. 《论当代资本主义经济危机的演变逻辑》

作者：徐志向

期刊：《当代经济研究》

刊期：2021 年第 5 期

资本主义生产方式的内在矛盾决定了经济危机产生的必然，而技术的资本主义应用则形成了经济危机演变的逻辑起点。由技术创新、信用扩张、世界市场合成的"三重助力",推动资本主义依次经历着从"商品货币化""货币资本化"到"资本金融化""金融虚拟化"再到"虚拟符号化"的资本"五化"过程,促使经济危机由产业危机和金融危机向结构性危机乃至全面危机演变,昭示出技术创新应用过程中充分发挥政府作用和坚持人民主体地位的重要性。

161.《论习近平新时代中国特色社会主义经济思想的方法论基础》

作者:严金强

期刊:《马克思主义研究》

刊期:2021 年第 3 期

习近平新时代中国特色社会主义经济思想具有丰富的理论内涵和内在的逻辑关联,对此进行学理性研究,就是要剖析其逻辑基础以及由此形成的整个逻辑框架。唯物史观是马克思主义政治经济学的方法论基础,也是习近平新时代中国特色社会主义经济思想的方法论基础。以唯物史观为方法论基础,进一步探索习近平新时代中国特色社会主义经济思想的逻辑起点为"中国特色的经济利益关系",并导出这一思想体系的全部逻辑要素,包括以人民为中心的逻辑主线、实现人民美好生活的逻辑终点、基本经济制度的逻辑保障、坚持党的领导的逻辑引领等,从而勾勒出习近平新时代中国特色社会主义经济思想的基本逻辑线索和整体逻辑框架。

162.《习近平乡村振兴重要论述的丰富内涵与理论贡献探析》

作者:燕连福、李晓利

期刊:《北京工业大学学报(社会科学版)》

刊期:2022 年第 5 期

习近平乡村振兴重要论述,是我们党推进"三农"工作理论创新的最新成果。就生成逻辑而论,这一论述是对马克思恩格斯城乡发展理论的继承和发展,是对中国传统社会几千年农耕文明的创造性转化,是对中国共产党近百年乡村建设经验的深刻总结,也是对习近平同志在不同地区工作的乡村建设实践的延续和升华；就丰富内涵而言，深刻回答了乡村振兴的目标定位问题、城乡融合发展问题，以及乡村振兴的总要求、乡村振兴的方法、乡村振兴的价值和乡村治理的方向等问题；从理论贡献来看，既是对马克思恩格斯城乡关系思想、共同富裕思想的发展，也是对中国共产党人民至上思想、中国式现代化思想的发展。习近平乡村振兴重要论述有助于开辟新时代中国特色社会主义乡村振兴道路，有助于促进"三农"现代化发展，有助于解决城乡发展不平衡不充分的矛盾，同时也为破解全球乡村发展难题贡献了中国智慧和中国方案。

163.《新时代农村集体经济发展和乡村振兴研究：理论机制、现实困境与突破路径》

作者：杨博文、牟欣欣

期刊：《农业经济与管理》

刊期：2020 年第 6 期

乡村振兴战略是我国农业农村发展到新阶段的主要目标和重要任务。集体经济作为社会主义经济组织的一部分，与乡村振兴战略之间存在内在逻辑关系。马克思恩格斯经典理论认为，落后国家可通过发展集体经济甚至直接跨越卡夫丁峡谷进入社会主义社会，此种科学论述构成了集体经济发展的理论内涵；家庭联产承包责任制本质上是小农经济，自身存在一定的发展弊端，这种现实困境为集体经济发展提供了客观需求；努力实现股份制农场及农村合作社等集体经济发展，该举措构成了乡村振兴战略的实现路径。以上三者形成辩证统一整体，共同构成农村集体经济发展同乡村振兴战略之间的联系。基于此，通过合理借鉴以色列莫沙夫先进经验，为农村集体经济发展提供参考和借鉴。

164.《习近平经济思想对马克思主义政治经济学方法的运用和贡献》

作者：杨长福、谭欢

期刊：《重庆社会科学》

刊期：2022 年第 11 期

马克思主义政治经济学是政治经济学的创新性成果，在方法论上承续了古典政治经济学的方法，使用了定性和定量方法，但又有创造性发展，把辩证唯物主义和历史唯物主义用于对经济现象的分析。习近平经济思想是马克思主义政治经济学在 21 世纪的最新成果，在方法上运用了马克思主义政治经济学的方法，在此基础上做出了原创性贡献。

165. 《内循环为主双循环互动的理论创新——中国特色社会主义政治经济学的时代课题》

作者：杨承训

期刊：《上海经济研究》

刊期：2020 年第 10 期

习近平同志提出了以国内大循环为主体，国内国外两个循环互动的战略思想，将社会再生产四大环节和五大发展理念契合链接为社会主义经济纵向运行的轨道，以螺旋式增长、协调提升经济质量，揭示新时代我国经济运行的新特点新规律，发展了中国特色社会主义政治经济学系统论。社会主义经济大循环由大大小小多层次系统组成多维交叉体系，需要以扩大内需为重点，推进供给侧结构性改革，指出了"十四五"规划的方向，回答了时代课题。同时要求内外循环互动，在大变局中利用好两个市场两种资源，在新高度上深化了改革开放理论。

166. 《新时代共同富裕的政治经济学研究》

作者：杨静、魏依庆、任振宇、胡文涛

期刊：《政治经济学评论》

刊期：2022 年第 2 期

共同富裕是社会主义的本质要求，是中国式现代化的重要特征，也是中国人民长久以来的共同期盼。习近平总书记在中共中央政治局第二十七次集体学习时强调，进入新发展阶段，完整、准确、全面贯彻新发展理念，必须更加注重共同富裕问题。促进全体人民共同富裕是一项长期任务，也是一项现实任务，必须摆在更加重要的位置，脚踏实地，久久为功，向着这个目标作出更加积极有为的努力。新的一年，学界围绕新时代共同富裕的科学内涵、理论基础、战略定位、政策重点等，进行了富有创造力的探索，对新时代共同富裕的本质与要求、方法与路径等方面的研究形成了很多具有较高理论价值与现实意义的成果。

167. 《中国数字消费的区域普惠性及政治经济学解释》

作者：杨巨、彭浩

期刊：《消费经济》

刊期：2022 年第 3 期

数字经济时代，数字消费差距已经得到了重视，数字消费的地区差距是其中重要的维度。文章研究发现，中国数字消费呈现出"区域普惠"特征：东部省份数字消费水平领先，但是中西部省份也较高，地区间数字消费差距较小。在数字消费"区域普惠"背后，存在着数字资本次级循环（电信运营服务）和初级循环，数字资本次级循环呈现出"社会逻辑"和"区域普惠"，为数字消费的"区域普惠"提供了基础性环境；数字资本初级循环则呈现出"商品逻辑"和"区域集聚"，为数字消费的"区域普惠"提供了阶段性前提。为了继续保持数字消费的"区域普惠"，需要维持和加强国有电信运营服务的普惠供给，实现数字基础设施的地区平衡发展；同时需要优化数字经济的地区布局，破除数字经济的地区极化。

168. 《中国多中心城市群协调发展的政治经济学分析》

作者：姚常成、阮嘉馨、朱宝清

期刊：《财经科学》

刊期：2022 年第 5 期

以西方经济学为理论指导的资本主义国家城市化进程，虽然取得了诸多成绩，但其理论对于如何破解城市化进程中的两极分化等问题还存在一定局限。马克思主义政治经济学对空间演化规律等方面的分析能为协调发展提供较好的理论参考。它强调多中心城市群协调发展实践需要从把握空间演化的主要矛盾变化出发，在遵循生产力发展逻辑的前提下，注重"空间的生产"观念转变以及"时空修复"逻辑工具的运用。除此之外，在"空间正义"成为协调发展的优先价值情境下，还要体现"以人民为中心"的发展内涵。如此，具有中国特色的多中心城市群协调发展空间新格局得以形成和发展。

169.《新时代工资制度改革如何推进共同富裕?》

作者：姚宇、刘振华、苗静云

期刊：《上海经济研究》

刊期：2022 年第 3 期

工资制度改革是新时代推进共同富裕的重要组成部分。本研究采用行为实验方法，选取企业劳动生产率作为外部变化条件，以雇主支付的工资水平和雇员反馈的努力程度为结果变量，探讨了与企业劳动生产率挂钩的工资制度对职工收入、企业利润和社会效率的影响。实验结果表明：当假定劳动力再生产成本不变且社会主义公有制有效克服了普遍失业时，企业劳动生产率提升所带来的社会潜在产出增加会创造出雇主与雇员更为宽阔的互惠空间，伴随着企业劳动生产率提升，雇主如能随之提升工资将会得到雇员努力程度提升的正向反馈，形成两者之间良性的相互激励，社会产出、企业利润和雇员工资由此同步提升。基于本研究的实证结论，文章认为，提倡乃至建立工资与企业劳动生产率挂钩的工资制度对于推进我国当前经济发展和共同富裕目标的实现具有重要意义。

170.《新时代中国流域经济高质量发展研究——基于马克思主义流域经济思想的分析》

作者：易淼

期刊：《当代经济研究》

刊期：2021 年第 2 期

新中国成立后，党的各届领导集体坚持将马克思主义流域经济思想同中国流域经济发展实践相结合，有力地推动了流域经济发展。然而，随着流域经济进入新的发展阶段，传统经济发展方式导致流域经济发展不平衡不充分的问题凸显，高质量发展成为新时代流域经济发展的内在诉求。在此背景下，系统梳理马克思主义流域经济思想，并在其指导下坚持以系统论方法为遵循，促进流域"山水林田湖草"生命共同体的建设；坚持以人民为中心，提升流域经济发展利益共建共享水平；坚持以"两山论"理念为引领，实现流域"绿水青山"与"金山银山"相统一；坚持以党的领导为保障，推进流域治理体系和治理能力现代化。

171.《"流量社会"的崛起及其政治经济学探析》

作者：余伟如

期刊：《理论与改革》

刊期：2020 年第 5 期

基于移动数据流量，移动智能正在改变着世界政治、经济、文化以及社会的方方面面。"流量社会"正在崛起！在和受众相结合之前，互联网平台有的只是"没有内容和形式"的"元数码"，它是"流量社会"无处不在、无时不在的基质性生产资料，任何发生在互联网空间的数字行为都是对它的"塑形"，因而对它的私有者来说，都是使用价值和价值，进而是商品、剩余价值的生产。数字资本家正是通过占有"元数码"，进而占有普通受众生产的各种"数据商品"及其自然建构的"商品空间"得以获利的。"流量社会"数字生产占据并整合了人们日常生活的碎片化时空，使生产无处不在、无时不在；日常生活本身也被当作"数据商品"来生产。"流量社会"生产资料的数字化使其不必被资本家排他地占有在自己手中，生产资料和劳动者的结合是资本借助社会日常完成的，生产劳动因而采取了不支付工资的普遍雇佣的形式，数字雇工和普通大众已无法区分。所以，问题的关键不在于数字化,而在于"元数码"私有制基础之上的数字化。

172. 《人力资本理论批判与劳动者主体性的当代反思——从马克思政治经济学批判的视角看》

作者:袁立国

期刊:《内蒙古社会科学》

刊期:2022 年第 6 期

20 世纪由舒尔茨开创的人力资本理论代表了一种典型的新自由主义风格,即通过把经济学延展为社会分析的一般方法,进而把资本逻辑普遍化。这一理论认为,在古典经济学中,劳动被视为一种抽象化的被动因素,而"完整的资本概念"应该把人包括进来,也就是基于对劳动者在知识、技能等方面的培训,最大程度地发挥劳动者主体性以实现经济增值。人力资本理论对劳动的重新主体化,造成了劳动者成为资本家的幻象。在马克思的政治经济学批判的视野中,人力资本理论并未超越劳动对资本的实际从属,困囿于资本主义内的任何劳动主体性建构都是伪主体。但由于后福特制生产的非物质化、智能化转向,使其具备了一定的劳动解放的潜能,这与马克思所揭示的大工业所造成的劳动趋势具有相通之处,成为在当代语境下继续思考劳动解放的重要切入点。

173. 《以供给侧结构性改革为主线促进现代化经济体系建设》

作者:曾宪奎

期刊:《当代经济管理》

刊期:2020 年第 4 期

以供给侧结构性改革为主线,加快现代化经济体系建设,是党的十九届四中全会对我国未来供给侧结构性改革提出的重要内容。当前阶段,以"三去一降一补"为主要内容的供给侧结构性改革已经取得阶段性成效,对制约我国经济发展的短期性突出问题给予了较好的解决。而建设现代化经济体系对我国供给侧结构性改革提出了新的要求,主要表现在要求更加重视技术创新问题、大力发展实体经济、提升供给质量、逐步解决阻碍充分发挥市场决定性作用和更好发挥政府作用的深层次体制机制问题。未来我国供给侧结构性改革主要包括三个任务：巩固已经取得的成果；以技术创新为主要抓手，逐步推进制造业高质量发展；积极提升企业竞争力，发展更多的优质企业，培养新的企业集群。

174. 《市场化导向下中国国有企业混合所有制改革研究》

作者：翟绪权、刘仲仪

期刊：《福建师范大学学报（哲学社会科学版）》

刊期：2020 年第 6 期

混合所有制经济是我国进一步发展社会生产力的必由之路，在新时代也得到了中央层面的充分重视。在市场化导向下发展混合所有制经济，有利于国有资本的放大功能与保值增值、建立现代企业制度与完善公司治理结构、公有制经济引导非公有制经济发展，也可以使国有企业与私有企业获得帕累托改进。我国国有企业在市场化导向下的混合所有制改革经历了萌芽阶段、实践探索阶段、深化发展阶段后，出现了混合顾虑、混合壁垒、逆向选择、目标冲突等问题，这就需要我国国有企业在市场化导向下持续发展混合所有制的过程中，破除行政干预、扩大开放范畴、公开经营信息、进行分类改革。

175. 《双循环中的金融资本空间化：叙述逻辑、历史考察与理性回归》

作者：张方波

期刊：《财贸经济》

刊期：2022 年第 7 期

金融支持双循环是构建新发展格局的重要内容，这在马克思主义政治经济学语境下表现为金融资本的空间拓展问题，因此本文基于马克思的经典资本循环理论，结合已有的资本空间化研究成果，构建了兼具理论抽象力和解释力的双循环下金融资本空间化分析框架，它不仅包括金融资本从介入实体经济循环到形成独立运行的虚拟经济循环，而且包括从内循环到外循环的维度扩张，由此形成金融资本空间化的叙述逻辑。在此基础上从历史视角揭示了金融资本过度空间化在双循环中产生的经济失衡，即它在内循环中表现为挤压实体经济循环和虚拟经济自我膨胀形成金融风险，在外循环中强化贸易失衡、增加金融投资和实体投资的脆弱性以及压缩宏观经济政策空间。因此有必要从重构金融资本在实体经济和虚拟经济中的发展空间以及构建金融资本内外循环中的空间平衡机制两个方面入手，以期将金融资本的积累和循环控制在合理的范围内，积极发挥金融资本在双循环中的支撑功能。

176. 《方法论的格式化与社会主义政治经济学的发展境遇——基于新中国成立以来政治经济学的发展历程的讨论》

作者：张晖明、任瑞敏

期刊：《复旦学报（社会科学版）》

刊期：2020 年第 1 期

斯大林对辩证唯物主义和历史唯物主义的"分工"格式化了经济学的方法论，导致经济理论研究被"格式化"框约，使丰富的实践演化进程不能随时代发展产生新的研究纲领，也不能内生出适合需要的更为具体的研究方法。这样两个方面的因"格式化"产生的后果，制约和阻碍了政治经济学理论的发展。本文主要研究新中国成立以来格式化方法论作用下社会主义政治经济学的这种发展境遇。以时代转变为依据，分为三个阶段：第一阶段是引进一般性方法论和创新具体研究方法，构建社会主义计划经济模式下的政治经济学（1949—1977）；第二阶段是在经济模式转换的背景下，保持方法论和具体研究方法不变，发展社会主义政治经济学（1978—1992）；第三阶段是反思方法论，构建社会主义市场经济模式下的政治经济学（1992—2015）。在回溯历史的基础上，揭示格式化的方法论如何导致理论与实践的疏离，为中国特色社会主义政治经济学的体系构建提供批判性参考。

177.《宅基地"三权分置"改革与农民收入增长》

作者：张广辉、张建

期刊：《改革》

刊期：2021 年第 10 期

宅基地"三权分置"改革能有效破解"两权分离"产权制度下的权能困境，提高宅基地要素配置效率，促进其财产权能实现，带动农民收入增长。在厘清宅基地所有权、资格权和使用权之间关系的基础上，宅基地"三权"分别通过所有权虚位权能实现、资格权潜在价值显化、使用权多元化流转机制促进农民收入增长，但面临着所有权虚位权能实现"难"、资格权潜在价值显化过程"杂"、使用权多元化流转遇"阻"等现实困境。为推动宅基地"三权分置"对农民收入的促进作用，应进一步激发所有权实现动能，激活资格权潜在价值，畅通使用权流转通道。

178.《畅通国内国际双循环繁荣我国经济的路径研究》

作者：张建刚

期刊：《毛泽东邓小平理论研究》

刊期：2020 年第 9 期

近年来，我国面临的国际国内政治经济形势发生了巨大变化，新一轮的科技革命和产业变革迅猛推进，国际政治经济格局深度调整，保护主义、单边主义抬头，中美冲突加剧，国内各种矛盾凸显，这些问题和挑战给我国经济高质量发展带来了很大的不确定性。我们必须充分发挥超大规模市场优势，通过繁荣国内经济、畅通国内大循环为我国经济发展增添动力，逐步形成以国内大循环为主体、国内国际双循环相互促进的新发展格局，推动我国经济更加健康可持续发展。

179.《新时代中国经济发展的理论创新——学习习近平关于经济高质量发展的重要论述》

作者：张雷声

期刊：《理论与改革》

刊期：2020 年第 5 期

习近平关于经济高质量发展的重要论述，是习近平新时代中国特色社会主义经济思想的重要组成内容。习近平站在新时代和全局战略的高度，对新时代我国经济已由高速增长转向高质量发展的特征作出准确判断；从新发展理念、"六稳"工作、"两个轮子"等方面，对经济高质量发展的基点作出正确把握；客观分析了在全面建成小康社会决胜之年，在推进经济高质量发展中，如何打好"三大攻坚战"的问题；对经济高质量发展的取向即以人民为中心、强化民生服务作了科学定位。习近平关于经济高质量发展的重要论述，是对中国特色社会主义经济发展理论和实践的创新性贡献。

180.《马克思分配理论及其中国化的创新成果》

作者：张雷声

期刊：《政治经济学评论》

刊期：2022 年第 1 期

马克思以所有制与分配的关系分析为前提，以社会再生产过程中生产与分配的关系分析为基础，研究了个人消费品的分配问题，在揭示特定社会条件下收入分配特殊规律的同时，也分析了人类社会收入分配的一般规律。马克思分配理论的核心要义，奠定了我们深入认识和研究中国现行分配问题的理论基础。新中国成立以来，中国共产党人坚持把马克思分配理论与中国的具体国情相结合，致力于马克思分配理论的中国化实践，取得了一个又一个新的理论成果。从新民主主义分配制度的确立，到按劳分配制度的形成，再到中国特色社会主义分配制度的形成，凸显了不同历史时期形成的毛泽东分配思想、中国特色社会主义分配理论、习近平分配理论等马克思分配理论中国化的创新性成果。

181.《开拓政治经济学中国话语新境界——中国民营经济理论的创新发展》

作者：张菀洺、刘迎秋

期刊：《中国社会科学》

刊期：2021 年第 6 期

改革开放以来我国民营经济的发展实践和理论创新，从作为"社会主义公有制经济的附属和补充"的提出，到上升为我国"基本经济制度"的高度，从必须坚持"两个毫不动摇"的确立，再到进一步明确"民营企业和民营企业家是我们自己人"。民营经济发展理论的创新是对社会主义初级阶段内在要求的回应，是对实现共同富裕正确路径选择的回应，是对人的行为理性及其利益诉求规律的回应。民营经济是社会主义市场经济发展的重要成果，是推动社会主义市场经济发展的重要力量，是建设现代化经济体系的重要主体。民营经济发展理论的创新开拓了马克思主义政治经济学的新境界。

182.《论习近平新时代住房发展观》

作者：张协奎、樊光义

期刊：《财经科学》

刊期：2020 年第 3 期

新时代中国社会的主要矛盾发生了根本性转变，人民日益增长的美好生活需要和不平衡不充分的发展之间的矛盾在住房领域表现尤为突出。新时代需要新思路，新阶段呼唤新举措。习近平总书记在党的十九大报告中强调："房子是用来住的，不是用来炒的"，要"加快建立多主体供给、多渠道保障、租购并举的住房制度，让全体人民住有所居"，这是对新时代住房发展观最具权威的总结和最深刻的诠释，将成为下一阶段我国住房制度改革和长效机制建设的根本性指导思想。本文通过深入分析习近平新时代住房发展观产生、形成的思想渊源、时代背景和现实依据，总结提炼出了新时代住房发展观的理论内涵并加以诠释，进而提出全面贯彻落实习近平新时代住房发展观的战略重点和政策要点。

183.《有效市场和有为政府有机结合——破解"市场失灵"的中国方案》

作者：张新宁

期刊：《上海经济研究》

刊期：2021 年第 1 期

推动有效市场和有为政府更好结合，为不同制度解决政府和市场关系、破解"市场失灵"贡献了中国智慧和中国方案。在现代经济运行体制中，"市场失灵"是与市场经济相伴而生的痼疾。中国在社会主义现代化建设中，处理市场和政府关系经过了四个发展阶段，最终提出"有效市场、有为政府"的组合方案。"有效市场、有为政府"能够破解"市场失灵"的奥秘在于，一是强调要有一个坚强的领导核心，二是强调要做强做优做大国有企业，三是强调要坚持"两点论"、辩证法。

184.《习近平关于新发展阶段、新发展理念、新发展格局的重要论述及其原创性贡献》

作者：张兴祥、洪永淼

期刊：《经济社会体制比较》

刊期：2022 年第 5 期

习近平总书记关于新发展阶段、新发展理念、新发展格局的重要论述，是引领新时代中国特色社会主义经济发展的理论指南。本文首先对新发展阶段、新发展理念、新发展格局的定义、内涵及价值意蕴作了梳理，进而围绕三者的辩证关系、理论标志和实践功用进行学理性阐释。习近平总书记这一重要论述继承并发展了马克思主义社会发展阶段论、马克思主义发展观和马克思主义经济循环理论，是对马克思主义发展理论的原创性贡献，为推动我国经济高质量发展、全面建设社会主义现代化国家提供了强大思想武器。

185.《当代中国马克思主义政治经济学的哲学智慧》

作者：张雄

期刊：《中国社会科学》

刊期：2021 年第 6 期

习近平新时代中国特色社会主义经济思想是当代中国马克思主义政治经济学的最新理论成果，是 21 世纪中国共产党人追求全球经济正义、实现中国特色社会主义强国富民的经济学说。当代中国马克思主义政治经济学的形成有着厚重的哲学基础：涵盖历史唯物主义原理、唯物辩证法的世界观和方法论以及中国传统哲学思想精粹。中国共产党人的政治经济学本质上不是工程学，它不是以简单的技术数据来昭示市场的机运或风险预警，而是在揭示经济发展规律的基础上，在追求历史进步和经济正义的哲学境遇中，更深层次地确保经世济民、治国理政的实践的唯物主义。

186.《全面推进习近平新时代中国特色社会主义经济思想研究》

作者：张旭

期刊：《当代经济研究》

刊期：2022 年第 1 期

2017 年 12 月 18 日中央经济工作会议正式提出习近平新时代中国特色社会主义经济思想以来，围绕习近平经济思想的理论研究和实践探索取得了一大批成果。党的十八大以来我国经济建设的巨大成就，是在习近平经济思想的指导下取得的。党的十九届六中全会通过的《中共中央关于党的百年奋斗重大成就和历史经验的决议》，确立了习近平同志党中央的核心、全党的核心地位，确立了习近平新时代中国特色社会主义思想的指导地位。

187.《经济高质量发展》

作者：张占斌、毕照卿

期刊：《经济研究》

刊期：2022 年第 4 期

经济高质量发展，明确提出于 2017 年党的十九大，并在 2017 年的中央经济工作会议上得到进一步阐释，后构成有关中国经济发展问题的判断和主题。以习近平同志为核心的党中央提出的经济高质量发展，是党和国家基于中国特色社会主义进入新时代的历史方位、社会主要矛盾与发展格局的重要变化，着眼于我国发展阶段、发展环境、发展条件面临的机遇与挑战，对中国经济发展阶段的科学判断；是当前和今后一个时期，贯彻新发展理念、确定发展思路、制定经济政策、实施宏观调控的根本要求；是立足社会主义现代化建设全局的战略选择，更是建设创新型国家，推动经济发展速度换挡、动力转换、结构优化，实现更有效率、更大动力、更为公平、更加安全、更可持续的高水平自立自强发展的必然要求。

188.《中国式现代化的共同富裕：内涵、理论与路径》

作者：张占斌

期刊：《当代世界与社会主义》

刊期：2021 年第 6 期

共同富裕是社会主义的本质要求，是中国式现代化的重要特征。中国式现代化确定了到 2035 年推动全体人民共同富裕取得更为明显的实质性进展、到 21 世纪中叶全体人民共同富裕基本实现的宏伟目标。要全面理解中国式现代化的共同富裕的科学内涵。从一般内涵看，共同富裕指物质文明更加丰富，精神文明更大发展；从特殊内涵看，共同富裕具有非同步性、非同等性、非剥夺性、非享受性的特征。中国式现代化的共同富裕继承和发扬了马克思主义关于共同富裕的理论，其核心在于实现"人的自由而全面发展"。中国共产党从"做大蛋糕""做实蛋糕""做优蛋糕""分好蛋糕"等方面，对中国式现代化的共同富裕的路径进行了诸多探索，未来要在高质量发展中促进共同富裕。

189.《收入分配、政府支出结构和增长体制的政治经济学分析》

作者：赵峰、谭璇

期刊：《经济学动态》

刊期：2021 年第 11 期

本文将马克思的社会总资本再生产理论和资本循环模型结合起来，考察了政府支出结构的变化对收入分配与经济增长间关系的影响及其作用机制。从理论上看，由于不同类型的政府支出转化为商品需求所需要的时间存在差异，因此政府支出结构的变化将通过改变整体支出的效率对总需求带来影响。随着经济社会发展阶段的演变，政府的社会消费支出和利息支出的增加将一定程度上降低政府支出效率、减小政府支出对有效需求的刺激作用，使得劳动者的消费需求对经济增长更为重要。因此，调整收入分配结构、保障和提高劳动者收入是促进经济增长的重要途径。面对新时代我国社会的主要矛盾，推进高质量发展是实现共同富裕的基础和保障，而加强分配公平、促进共同富裕也是实现高质量发展的必由之路。

190.《马克思主义政治经济学何以"实证"》

作者：赵磊

期刊：《政治经济学评论》

刊期：2020 年第 1 期

确认马克思主义政治经济学是否属于实证科学的依据，是马克思主义政治经济学的方法论是否具有实证的性质。唯物辩证法和唯物史观为马克思主义政治经济学的实证性质奠定了坚实的方法论基础。唯物辩证法和唯物史观的实证性质是嵌入在逻辑起点、理论内核以及认识过程之中的。唯物辩证的"抽象力"是政治经济学实现马克思主义方法论实证性质的具体路径。用计量经济模型"跑数据"虽然能够实证出经济变量之间的真实关联，但这种关联背后的内在根源仍然有待经济理论的进一步揭示。马克思揭示资本主义发生、发展内在规律的《资本论》，是不可能依靠计量经济学的"跑数据"来完成的。《资本论》既是马克思运用唯物辩证法和唯物史观揭示资本主义经济发生、发展内在规律的结果，同时也是马克思通过资本主义的宏观样本数据对唯物史观进行实证检验的过程。

191.《资本主义智能化生产的马克思主义政治经济学分析》

作者：赵敏、王金秋

期刊：《马克思主义研究》

刊期：2020 年第 6 期

智能化生产技术在资本主义劳动过程中的应用，颠覆了车间内部的分工协作方式，改变了传统的雇佣方式。但是，这种改变只是一种形式变化，就本质而言，资本无偿占有劳动者所生产的剩余价值的本质没有变化。智能化生产方式在为资本提供了更有效的剥削手段的同时，也不断侵蚀作为资本主义生产方式基础的价值生产体系，资本不得不将社会生产限制在其有限基础上，反过来制约了智能化技术的进一步发展。智能化技术的资本主义利用方式意味着新技术革命无法解决资本主义社会的内在矛盾，不可能实现工人的真正解放。智能化技术将会在中国特色社会主义经济体系中得到充分发展。

192.《数字技术与当代生产方式新变化问题研究》

作者：赵敏、王金秋

期刊：《政治经济学评论》

刊期：2022 年第 3 期

2021 年 10 月 18 日，习近平总书记在中共中央政治局第三十四次集体学习时强调，互联网、大数据、云计算、人工智能、区块链等技术加速创新，日益融入经济社会发展的各领域全过程，数字经济发展速度之快、辐射范围之广、影响程度之深前所未有，正在成为重组全球要素资源、重塑全球经济结构、改变全球竞争格局的关键力量。发展数字经济是把握新一轮科技革命和产业变革新机遇的战略选择，要不断做强做优做大我国数字经济。党的十九届五中全会审议通过《中共中央关于制定国民经济和社会发展第十四个五年规划和二〇三五年远景目标的建议》，将"加快数字化发展，建设数字中国"单独成篇，提出加快建设数字经济、数字社会、数字政府，以数字化转型整体驱动生产方式、生活方式和治理方式变革。2021年，学术界围绕数字技术与社会再生产过程、数字技术与新发展格局构建、数字技术与反垄断等问题展开了理论探讨。

193.《"双循环"新发展格局的马克思主义政治经济学分析》

作者：郑尚植、常晶

期刊：《当代经济管理》

刊期：2021 年第 12 期

"双循环"新发展格局的提出不仅要实现"国内大循环"，也要实现国内国际市场联动。在把握社会主义本质的情况下深刻理解"双循环"新发展格局的理论、历史与实践逻辑，文章基于马克思主义政治经济学视角，试图回答"中心—外围"体系下不平等的共同体转向平等的共同体的必然性，解释构建"双循环"在人类命运共同体形成中的作用和理论逻辑；并且梳理出新中国成立以来国内市场如何培育、国际秩序如何发展的历史脉络；同时分析新发展阶段背景下如何构建国内国际经济循环的实现路径，深化社会主义经济改革与世界格局的合理演变。完善与演进"双循环"的理论基础，论证国内循环与去依附的关系，并证明去依附如何成为中国经济从站起来、富起来到强起来的逻辑主线是文章研究的核心问题。

194.《所有者缺位与国企混合所有制改革的突破方向》

作者：郑志刚、刘兰欣

期刊：《经济管理》

刊期：2022 年第 2 期

在以往相关文件与教科书的经典表述中，"所有者缺位"与"长的委托代理链条"被共同认为是引发国有企业作为一种企业制度出现的种种潜在公司治理问题的制度根源。通过剖析诊断，本文首先揭示所有者缺位才是国有企业种种潜在公司治理问题的根本"病灶"；针对国有企业所有者缺位这一根本病灶和由此衍生出来的"中国式内部人控制问题"典型"病症"，本文进一步"开出"化解这一根本病灶和典型病症的"实化"与"制衡"

两剂"处方"。而引入具有"股东精神"、能够有效解决自身代理冲突的合格战略投资者成为"实化"国有企业缺位的所有者与"制衡"内部人控制，进而成为国有企业混合所有制改革寻求突破的关键。由于民资背景的战略投资者天然地具有"股东精神"，而经过有限合伙构架优化的基金通过后天的投资协议自动完成了激励合约设计，二者共同成为国有企业混改中潜在的合格战略投资者。

195.《个体自由与集体禁锢：网约车平台的劳资关系研究》

作者：周绍东、武天森

期刊：《河北经贸大学学报》

刊期：2021 年第 2 期

网约车是一种典型的平台生产方式。在开展深度访谈的基础上，采用扎根方法进行纵向理论生成，提炼出一个网约车平台劳资关系的分析框架。网约车司机行为具有非固定雇佣和工作连续性自主决策的特征，劳动对资本的形式从属在表面上有所弱化，劳动自由度有所提高。但同时，网约车司机行为也呈现出自我工作加压、习惯性被监督等特征，劳动对资本的实际从属有所加强，劳动者作为一个群体被禁锢在网约车平台。劳动对资本的形式从属关系和实际从属关系朝着两个不同的方向发展，呈现出结构性的撕裂状态，而网约车司机挣扎在撕裂的劳资关系中。为重塑网约车平台劳资关系，对于使用私家车加入网约车平台的劳动者，行业管理的目标在于使其回归"共享经济"的本质；对于"平台＋租车公司＋司机"以及平台直接提供用车等模式中的劳资关系，应将其界定为正式的劳动关系而非劳务关系，通过规范化、法治化的行业管理以更好地保护劳动者权益。

196.《中国特色社会主义政治经济学研究对象探析——基于马克思生产方式理论的当代借鉴》

作者：周文、代红豆

期刊：《河北经贸大学学报》

刊期：2020 年第 5 期

"生产方式"是一个整体性与有机性兼具的范畴，是历史唯物主义哲学精髓在现实政治经济学考察中的重要体现。生产方式理论对马克思主义政治经济学研究对象具有重要作用，使其实现对"资本主义生产方式"的完整考察。因此，马克思主义政治经济学研究对象的确是"生产关系"，但必须基于"生产方式"加以考察。确立中国特色社会主义政治经济学研究对象应结合中国实际对马克思主义政治经济学实现完整而非断章取义式的借鉴。从马克思生产方式理论及其政治经济学研究出发，基于中国特色社会主义政治经济学是对马克思主义政治经济学的继承与发展、有效应对西方经济学提出的挑战、切实解释并引领中国经济发展等多个层面的考量，新时代中国特色社会主义政治经济学应以"中国特色社会主义生产方式"为研究对象，在生产方式的理论框架下进一步推动中国特色社会主义政治经济学研究。

197.《平台经济发展再审视：垄断与数字税新挑战》

作者：周文、韩文龙

期刊：《中国社会科学》

刊期：2021 年第 3 期

平台经济加速了生产与流通及消费的有效对接，提高了生产效率，缩短了流通时间，促进了社会生产力的大发展；同时也面临国际资本垄断数字技术的发展瓶颈，以及国际数字税挑战新问题。平台经济垄断以及国际税收利益分配争端，是全球产业链资本积累过程中基本矛盾深化的新表现。中国是数字经济大国，平台经济发展具有规模优势。在新发展格局下，需要积极治理数字技术垄断问题，主动应对数字税新挑战。

198.《我国国有企业在现代化经济体系建设中的作用》

作者：朱安东、孙洁民、王天翼

期刊：《经济纵横》

刊期：2020 年第 12 期

我国现代化经济体系本质上是社会主义的现代化物质生活生产方式。企业是现代化经济体系的微观基础。国有企业既是支撑和确保现代化经济体系社会主义性质和方向的基础，也是建设现代化经济体系的战略性主导力量：国有企业的体量、规模和使命决定了国有企业在现代化经济体系中的战略地位；国有企业是经济独立自主与经济安全的支柱，是建设现代化基础设施体系的中坚，是实现高质量发展的依托，是走共同富裕道路的保障。建设现代化经济体系必须坚持深化国有企业改革，强化顶层设计，加强党对国有企业的领导，改善国企党建工作，优化国有企业治理，在进一步深化改革中更加突出国有企业的公有制性质。

199.《建党百年论国有企业的发展路向——混合所有制改革的学理性拷问》

作者：朱富强

期刊：《财经问题研究》

刊期：2021 年第 9 期

国有企业的混合所有制改革面临着如下一些问题的追问：国有企业为何会出现效率不佳？国有企业为何会出现分配问题？民间资本主导的管理模式如何保障国家对国有企业的控制？国有资本主导的管理模式能否改善管理和提升绩效？混合所有制是国有资本与少数大资本混合还是与大量小资本混合？政府持有"黄金股"的法律依据如何？如何防止"黄金股"对企业经营的过度干预？"一企两制"是否会出现制度安排的冲突？薪酬双重体系能否实现激励相容？国有企业高管降薪是否会造成人才流失？通过这一系列的学理性拷问，有助于前瞻性地洞识改革实践过程中可能出现的问题，也有助于坚定地把握国有企业改革的根本目标。

200.《党领导建立完善社会主义市场经济体制的历程与经验》

作者：庄尚文、王庚

期刊：《审计与经济研究》

刊期：2022 年第 2 期

党领导建立完善社会主义市场经济体制大致经历了奠基与铺垫、探索与启动、确立与发展、深化与完善四个阶段。在不同的阶段，理论上的认识与突破也有所不同，从计划和市场都是资源配置手段，到发挥市场在资源配置中的决定性作用和更好发挥政府作用，体现了党对社会主义市场经济体制机制的理论认识不断深化。回顾这一光辉历史并得出的基本经验是：坚持党对经济工作的集中统一领导；推进解放思想，以发展的马克思主义指导实践；坚持步步为营，实施渐进式改革；善于重点突破，策略性化解重大结构性矛盾；注重激励约束，促进地方政府合理有序竞争；以人民为中心，坚定不移走共同富裕的道路。

第二部分 中国政治经济学最具影响力的
学术载体 (2020—2022)

　　本部分对中国政治经济学学术载体进行了影响力评价，学术载体包括学术机构和学术刊物两部分。学术载体评价是以期刊论文影响力作为文献计量依据的，一方面，通过将学术机构在研究期间内发表的政治经济学论文学术影响力进行加总，即得到该机构在政治经济学研究方面的学术影响力；另一方面，通过将期刊在研究期间内发表的政治经济学论文学术影响力进行加总，即得到该期刊在政治经济学研究方面的学术影响力。

一、 学术机构影响力评价

　　目前，政治经济学研究主要集中在高等院校、党校及社科院。因此，本报告将政治经济学研究机构分为四种类型进行评价，即综合类高校、财经类高校、党校和科研机构、其他类型机构。其中，综合类高校取影响力前十名，财经类高校、党校和科研机构、其他类型机构取影响力前五名（见表1—表4）。

　　在综合类高校中，中国人民大学政治经济学研究影响力指数超过140，大幅度领先于其他高校；此外，南开大学、复旦大学影响力指数超过60，体现出较强的研究实力；与2017—2019年相比，2020—2022年间北京大学、南京大学、四川大学影响力指数有所提升。

表1 综合类高校开展政治经济学研究的学术影响力（2020—2022）

排序	机构	影响力指数	发文数量（篇）
1	中国人民大学	143.55	118
2	南开大学	67.05	64
3	复旦大学	61.18	55
4	北京大学	52.73	60
5	南京大学	44.62	34
6	武汉大学	38.59	43
7	吉林大学	35.44	36
8	四川大学	29.06	26
9	西北大学	26.91	19
10	清华大学	25.46	29

各财经类高校开展政治经济学研究的影响力差距较大。西南财经大学影响力指数超过50，大幅度领先于其他地方财经类高校；另外，上海财经大学、中南财经政法大学影响力指数超过10，也是研究政治经济学的重要力量。

表2 财经类高校开展政治经济学研究的学术影响力（2020—2022）

排序	机构	影响力指数	发文数量（篇）
1	西南财经大学	50.15	36
2	上海财经大学	26.76	20
3	中南财经政法大学	11.24	10
4	东北财经大学	9.53	14
5	广东财经大学	8.17	9

在党校和科研机构中，中国社会科学院和中共中央党校（国家行政学院）的学术影响力非常突出，其中中国社会科学院影响力位列第一并且遥遥领先，体现出极强的引领力和政治经济学研究实力。但是从总体上看，

地方党校和地方社科院的政治经济学研究水平仍然有待提高，政治经济学研究机构的学术影响力有待进一步提升。

表3 党校及科研机构开展政治经济学研究的学术影响力（2020—2022）

排序	机构	影响力指数	发文数量（篇）
1	中国社会科学院	175.36	121
2	中共中央党校（国家行政学院）	54.48	61
3	上海社会科学院	13.58	13
4	中国财政科学研究院	11.32	8
5	中国宏观经济研究院	10.51	6

在其他类型机构中，排名靠前的有西安交通大学、北京师范大学、华中师范大学、华东师范大学和福建师范大学，但总体而言政治经济学研究的学术影响力不高。

表4 其他类型机构开展政治经济学研究的学术影响力（2020—2022）

排序	机构	影响力指数	发文数量（篇）
1	西安交通大学	24.73	17
2	北京师范大学	19.32	21
3	华中师范大学	12.41	10
4	华东师范大学	12.25	12
5	福建师范大学	10.39	12

二、 学术刊物影响力评价

本年度报告将学术刊物分为综合类刊物、经济类刊物和马克思主义理论类刊物三种类型，并根据刊物发表政治经济学论文的总影响力和刊物发表政治经济学论文的数量两个维度进行评价。

在综合类刊物中，《改革》刊载政治经济学论文的影响力指数排名第一，《改革与战略》发文数量排名第一。《学习与探索》《教学与研究》等刊物在影响力和发文数量两个方面的表现都较好。入选影响力前五位的刊物还有《中国社会科学》《改革与战略》《西安交通大学学报（社会科学版)》等（见表5）。

表5 综合类刊物刊载政治经济学论文的学术影响力（2020—2022)

按论文影响力排序			按论文数量排序		
序号	期刊	影响力指数	序号	期刊	发表论文数量（篇）
1	改革	46.61	1	改革与战略	31
2	中国社会科学	36.79	2	理论月刊	17
3	改革与战略	16.6	3	人民论坛	17
4	学习与探索	15.28	4	理论视野	14
5	西安交通大学学报（社会科学版)	14.46	5	教学与研究	14

在经济类刊物中，《经济学家》刊载政治经济学论文的影响力指数排名第一，《政治经济学评论》发文数量排名第一。《经济学家》《上海经济研究》等刊物的表现也很出色。入选影响力前五位的刊物还有《经济纵横》《政治经济学评论》等。近年来，政治经济学论文在学术期刊上的发文量明显增加，一批坚持以马克思主义政治经济学为研究导向的经济学刊物涌现出来（见表6）。

表6 经济类刊物刊载政治经济学论文的学术影响力（2020—2022)

按论文影响力排序			按论文数量排序		
序号	期刊	影响力指数	序号	期刊	发表论文数量（篇）
1	经济学家	78.48	1	政治经济学评论	56
2	政治经济学评论	72.84	2	当代经济研究	51
3	当代经济研究	68.54	3	经济纵横	42
4	上海经济研究	49.41	4	经济学家	36
5	经济纵横	43.27	5	上海经济研究	35

　　在马克思主义理论类刊物中，《马克思主义研究》刊载政治经济学论文的影响力指数以及发文数量均排名第一。《马克思主义与现实》《马克思主义理论学科研究》等刊物在影响力和发文数量两个方面的表现都比较出色。入选影响力前五位的刊物还有《思想理论教育导刊》《当代世界与社会主义》等刊物（见表7）。

表7　马克思主义理论类刊物刊载政治经济学论文的学术影响力（2020—2022）

按论文影响力排序			按论文数量排序		
序号	期刊	影响力指数	序号	期刊	发表论文数量（篇）
1	马克思主义研究	49.25	1	马克思主义研究	34
2	马克思主义与现实	28.82	2	马克思主义理论学科研究	26
3	马克思主义理论学科研究	22.29	3	马克思主义与现实	24
4	当代世界与社会主义	12.20	4	当代世界与社会主义	13
5	思想理论教育导刊	10.30	5	思想理论教育导刊	12

第三部分 中国政治经济学研究进展
（2020—2022）

本部分选取三十个政治经济学热点主题，对其 2020—2022 年的研究进展进行了述评。这些主题涵盖了理论研究、应用研究以及学科体系建设等多方面内容，完整地呈现了近三年来中国政治经济学的研究动态。

一、 党的历史决议和党的二十大报告精神研究

党的十九届六中全会通过了《中共中央关于党的百年奋斗重大成就和历史经验的决议》（以下简称《决议》），《决议》科学总结了中国共产党百年奋斗的重大成就，揭示了党的百年奋斗的历史意义，概括了具有根本性和长远指导意义的实践经验。党的二十大科学谋划了未来一个时期党和国家事业发展的目标任务和大政方针。学术界围绕学习贯彻党的十九届六中全会精神和党的二十大精神形成了一系列研究成果，在剖析文本中刻画出了实践发展的具体路径。

1. 关于党的历史决议研究

《决议》作为马克思主义的纲领性文献，有着丰富的内涵和创新性认识。我国学术界对《决议》进行了深刻剖析，提炼了其中的创新之处，重

点论述了《决议》对我国经济发展的指导作用。

学术界总结了《决议》的理论创新。首先，就《决议》理论内容创新而言，程美东（2022）认为其中最具鲜明特色之处为：以中华民族伟大复兴作为中国共产党100年历史发展的主题，系统、集中、全面地阐述习近平新时代中国特色社会主义思想的理论和实践意义；以"决议"的方式重申了"两个确立"；对百年中国共产党四个历史发展阶段的定位及其依据作出阐释。其次，也有学者在对比前两个历史决议中，凸显第三个历史决议的新成就。石仲泉（2022）将《决议》的新创造概括为三个方面：第一，它突破了对历史决议认知的传统观念，没有像前两个决议那样去专门评价历史事件和臧否历史人物；第二，《决议》按四个历史时期对百年党史进行叙述，成为一部"极简史"的教科书；第三，在表述方式上，它不像第二个历史决议那样采取条文式，而比较接近第一个历史决议的论文式。再次，也有学者基于《决议》中对马克思主义中国化"三次飞跃"的界定，总结了其中党经济思想创新发展的要点。其创新主要体现在进入中国特色社会主义建设新时代，以习近平同志为主要代表的中国共产党人，坚持把马克思主义基本原理同中国具体实际相结合、同中华优秀传统文化相结合，创立的习近平新时代中国特色社会主义思想中的经济思想。

学术界重点阐述了《决议》所呈现的科学历史观。宋学勤（2022）从大历史观角度论述了党在总结历史时坚守的唯物史观，在大历史观指导下作出的第三个"历史决议"，总结党的百年奋斗重大成就和历史经验，明确新的发展方位，彰显百年党史的连续性，为新时代取得更大成就指明了方向。周绍东、李晶（2022）认为《决议》将革命和现代化两大主题结合起来，提出了唯物史观新的中国化样态——革命的现代化史观。以"革命的现代化史观"梳理中国近现代史和中国共产党的历史，最根本的要求是以革命的视角把握中国的现代化进程。

《决议》以史为鉴，为我国经济发展指明了方向，学术界结合《决议》

对我国经济发展问题展开了一系列研究。一方面，现有研究从整体上把握了百年党史中经济建设的历史经验。刘元春（2022）从百年党史的全时段和多维度寻找中国经济奇迹的秘诀。刘灿（2022）认为，当代中国马克思主义政治经济学的理论创新，有三大经验值得我们关注。第一，实践始终是理论创新的基础；第二，马克思主义中国化的路径构成理论形成和发展的基本逻辑；第三，不断站在时代和实践前沿推动理论的与时俱进。洪永森（2022）认为全会总结的党百年奋斗的十条历史经验，对认识中国经济发展规律、凝练中国经济发展模式、构建原创性中国经济理论具有重要的理论和现实意义。王丰（2022）总结了党在百年征程中探索和总结的六个层次的社会主义经济规律。

另一方面，学术界在《决议》指导下对我国经济发展问题展开研究，其中有关经济高质量发展、共同富裕等问题研究成果较为丰富。首先，《决议》重申中国特色社会主义新时代是"逐步实现全体人民共同富裕的时代"。丁任重（2022）从政治经济学视角对共同富裕进行分析，认为共同富裕是社会主义的本质要求；共同富裕是共产党执政领导的必然要求；公有制是实现共同富裕的现实基础。姜辉（2021）从生产力和生产关系的关系中认识共同富裕是社会主义的本质要求；从"先富"和"共富"的关系中认识社会主义初级阶段条件下实现共同富裕的方向原则；从实现高质量发展和促进社会公平正义的关系中认识新发展阶段扎实推进共同富裕的现实途径。其次，《决议》对高质量发展提出了更加全面和具体的要求，为高质量发展提供了根本遵循和方向指引。学术界对于高质量发展问题的关注度较高。何德旭（2022）就如何实现高质量发展提出了三点建议：一是推进国家治理体系和治理能力现代化，为高质量发展奠定坚实基础；二是着力构建新发展格局，破解高质量发展中的难题；三是全面实施供给侧结构性改革，为高质量发展提供制度支撑。杨志勇（2021）分四个时期阐释了党领导经济工作的成就，并围绕推动高质量发展，提出了相应的政策建议。

黄寰（2022）通过学习《决议》，重点研究了数字经济与高质量发展问题。此外，也有研究聚焦至更具体的经济发展问题。许传新（2022）较为关注《决议》之于"三农"发展问题的启示意义。史丹（2022）基于《决议》总结了适合中国国情的工业化道路及其成功经验。

2. 关于党的二十大精神研究

党的二十大就新时代党和国家事业发展制定了大政方针和战略部署，是我们党团结带领人民全面建设社会主义现代化国家、全面推进中华民族伟大复兴的行动纲领。学术界深入学习党的二十大报告，贯彻党的二十大精神，形成了较为丰硕的研究成果，主要包括解析二十大报告的主要内容、阐述其理论与现实意义、总结其创新要点以及阐明其对于具体经济发展问题的指导作用等方面。

现有研究从总体上概述了党的二十大的鲜明特征与重要意义。首先，就其性质与特征而言，学术界普遍将党的二十大视作中国特色社会主义事业与中华民族伟大复兴的行动纲领。刘同舫（2022）认为，党的二十大报告是中国共产党团结带领全国各族人民在新时代新征程坚持和发展中国特色社会主义的行动纲领，为中国未来发展指明了科学的战略道路、作出了阶段性的战略任务、明确了具体的战略选择，具有前瞻性、全局性和开拓性的特征。韩庆祥、张健（2022）提出，党的二十大在政治上、理论上、实践上取得了一系列重大成果，就新时代新征程党和国家事业发展制定了大政方针和战略部署，是我们党团结带领人民全面建设社会主义现代化国家、全面推进中华民族伟大复兴的政治宣言和行动纲领，也是实现第二个百年奋斗目标的纲领性文献。其次，就其意义来看，靳诺（2022）认为党的二十大事关党和国家事业继往开来，事关中国特色社会主义前途命运，事关中华民族伟大复兴，对鼓舞和动员全党全军全国各族人民坚持和发展中国特色社会主义、全面建设社会主义现代化国家、全面推进中华民族伟大复兴具有重大政治和历史意义。王寿林（2022）从世情、国情、党情三方面总结了二十大的时代背景，从政治、组织、理论、实践四个方面概括了二十大的突出贡献。

现有研究从多个方面总结了党的二十大报告的创新之处。一方面，学术界对二十大报告的理论创新之处进行了提炼总结。靳诺（2022）将其概括为五个方面：一是把习近平新时代中国特色社会主义思想上升为开辟马克思主义中国化时代化新境界，体现出习近平新时代中国特色社会主义思想实现了马克思主义中国化时代化的新飞跃；二是把"实施科教兴国战略，强化现代化建设人才支撑"作为单独一章进行阐释，突出教育、科技、人才在建设社会主义现代化国家中的基础性、战略性支撑作用；三是把"坚持全面依法治国，推进法治中国建设"作为单章进行阐释，强调"四个全面"战略布局中依法治国的重要性；四是"推进国家安全体系和能力现代化，坚决维护国家安全和社会稳定"作为单独一章进行阐释，标志着我们党对国家安全基本规律形成了更深刻的认识；五是党的建设理论创新。也有学者就党的二十大报告对习近平新时代中国特色社会主义思想的新发展进行了总结。冯俊（2022）认为，党的二十大报告全面概括了习近平新时代中国特色社会主义思想的主要内容和科学理论体系，深刻阐述了坚持和发展马克思主义要做到的"两个结合"和继续推进实践基础上理论创新应该遵循的"六个必须坚持"，把习近平新时代中国特色社会主义思想上升到世界观和方法论的高度来把握。

另一方面，党的二十大报告对我国经济建设发挥着重要的指引作用，其实践创新之处体现在解决现实问题的科学之策上。现有研究成果集中于中国式现代化、社会主义市场经济体制以及新发展格局与全球治理三大方面。一是对党的二十大报告中有关中国式现代化问题展开系统论述。肖贵清（2022）认为，党的二十大报告全面系统地论述了中国式现代化的中国特色、本质要求，到 2035 年基本实现社会主义现代化的总体目标，以及全面建设社会主义现代化国家的重大原则和实践路径，擘画了全面建设社会主义现代化国家的蓝图。简新华（2022）遵循习近平总书记中国式现代化的思想，具体探讨和解读各国现代化的共同特征、社会主义现代化的中国特色和实现道路、为人类实现现代化提供了新的选择的原因和国际意义。辛向阳（2022）提出，党的二十大报告对中国式现代化的本质要求作出了完整的分析，既阐明了中国式现代化的领导力量、道路方向，又阐明了中国式现代化所包含的五大建设的要求；既阐明了中国式现代化与人类命运共同体的关系，又阐明了中国式现代化塑造人类文明新形态的历史作用。二是重点研究了党的二十大报告中有关社会主义市场经济体制的相关论述。平新乔（2022）提出，党的二十大报告在马克思主义中国化时代化的方向上提出要"构建高水平社会主义市场经济体制""建设高标准市场体系"。这是我们党在新发展阶段关于生产力与生产关系之间相互关系的认识与实践的最新发展成果。三是聚焦党的二十大报告中的对外开放与全球治理问题进行阐述。盛斌（2022）认为，习近平总书记在党的二十大报告中指出，未来五年是全面建设社会主义现代化国家开局起步的关键时期，其中主要目标任务之一是"中国国际地位和影响进一步提高，在全球治理中发挥更大作用"。这也是"把我国建设成为综合国力和国际影响力领先的社会主义现代化强国"的重要标志。江小涓（2022）强调，坚持高水平对外开放，以开放促进构建新发展格局，是党的二十大的重要内容和关键部署。此外，也有学者针对共同富裕、脱贫攻坚、提振消费等问题进行了系统研究。

二、 习近平新时代中国特色社会主义经济思想研究

党的十八大以来，以习近平同志为核心的党中央围绕新时代中国特色社会主义经济改革和发展的时代课题，坚持马克思主义基本原理和方法论为根本立场，提出了一系列经济发展的新理念新思想新战略，形成了习近平新时代中国特色社会主义经济思想。对其理论成果作系统解读成为学术

界研究的重要课题，目前，关于习近平新时代中国特色社会主义经济思想的研究主要分为三大板块：理论逻辑、理论特征与基本问题、理论贡献。

1. 关于习近平新时代中国特色社会主义经济思想的理论逻辑

习近平新时代中国特色社会主义经济思想有着严密的逻辑体系，学术界注重从理论的总体架构出发，探讨其逻辑起点、逻辑主线以及逻辑结构等问题，旨在完整呈现习近平新时代中国特色社会主义经济思想的理论体系。

第一，学术界关于习近平新时代中国特色社会主义经济思想逻辑起点的界定可分为以下两类。一是"主要矛盾"论。刘荣材（2021）、乔惠波、张凯（2021）、魏郡、侯爱萍（2022）将新时代中国特色社会主义主要矛盾作为逻辑起点。其原因在于，习近平是在化解时代面临的矛盾和问题中，逐步提出了独特的范畴体系、理论体系，深化了对中国特色社会主义现代化建设规律的把握，从而构建了内涵丰富的习近平新时代中国特色社会主义经济思想体系。二是"经济建设中心"论。张占斌、毕照卿（2022）认为，坚持以经济建设为中心是党的基本路线的重要内容，也是习近平经济思想的逻辑基点。严金强（2022）与之观点一致，将"中国特色的经济利益关系"作为逻辑起点。

第二，学术界关于习近平新时代中国特色社会主义经济思想逻辑主线的结论同样存在分歧。多数学者认为习近平经济思想的逻辑主线是"以人民为中心"。王宝珠、马艳（2021）提出，"以人民为中心"的经济发展能够契合新时代中国特色社会主义经济实践的主题，反映习近平经济思想的理论本质，承当习近平经济思想内容体系的关键链接。因而，"以人民为中心"的经济发展是习近平经济思想的逻辑主线。严金强（2022）、乔惠波、张凯（2021）同样将"以人民为中心"作为逻辑主线展开研究。此外，也有学者持不同观点。关凤利、孟宪生（2021）、魏郡、侯爱萍（2022）将"实现平衡充分发展"作为逻辑主线，以此反映马克思主义经济思想主题的一脉相承性、中国社会主义经济建设的客观现实性以及当前国民经济发展的问题导向；张勇（2022）将"七个坚持"作为习近平经济思想的逻辑主线。

第三，学术界从不同维度系统呈现了习近平新时代中国特色社会主义经济思想的逻辑结构，主要从理论逻辑、实践逻辑与历史逻辑出发深刻把握习近平经济思想。顾海良（2022）聚焦理论逻辑的研究，将其概括为以本质特征和根本立场为基石，以三大理论支柱为主题，以主要方法和战略思维为引导的思想理论体系。周文（2022）认为，在实践逻辑上，习近平经济思想着力于解决中华民族伟大复兴从站起来、富起来到强起来，全面建成小康社会，在高质量发展中扎实推进共同富裕，不断开辟社会主义市场经济新境界，以及推动构建人类命运共同体等问题。在理论逻辑上，习近平经济思想继承和发展了马克思主义政治经济学，坚持和发展了社会主义本质论，明确中国式现代化新道路与建设现代化经济体系，强调立足新发展阶段、贯彻新发展理念、推动构建新发展格局统筹安全与发展。在历史逻辑上，习近平经济思想摒弃历史虚无主义，注重挖掘和提炼中华优秀传统文化的精华，注重文明交流互鉴和兼容并包。

2. 关于习近平新时代中国特色社会主义经济思想的基本问题与理论特征

自习近平经济思想提出以来，学术界深刻阐释了其理论内涵，并基本达成共识。当前，研究重点转向习近平经济思想的基本问题、理论特征与方法论运用等方面。第一，学术界从问题导向出发，总结了习近平经济思想破解的若干理论难题。韩保江（2022）将其概括为四个基本问题，即新时代中国为什么发展、实现什么样的发展、怎样实现高质量发展、如何保障高质量发展。蒋永穆、亢勇杰（2022）将习近平经济思想所解决的主要问题概括为："经济发展为谁服务""谁来领导经济工作""新时代如何促进经济发展""用什么方法开展经济工作"四个方面。

第二，现有研究从多个方面概括了习近平经济思想的理论特征。张兴祥、洪永淼（2022）从五个方面总结了习近平经济思想的内在特点，即揭示了以人民为中心发展的核心要义；揭示了党总揽全局、协调各方的领导核心作用；揭示了新时代中国特色社会主义经济建设的根本要求；揭示了我国经济发展新的方式、动力和方法；揭示了中国式现代化新道路的选择。余斌（2022）认为，习近平经济思想把握住了人类社会生产的本质，以及新时代我国社会的主要矛盾。

第三，有学者对习近平新时代中国特色社会主义经济思想中所蕴含的方法论进行了探究。严金强（2022）提出，唯物史观是马克思主义政治经济学的方法论基础，也是习近平新时代中国特色社会主义经济思想的方法论基础。杨长福、谭欢（2022）通过对政治经济方法论的溯源，提出习近平经济思想是马克思主义政治经济学在 21 世纪的最新成果，在运用唯物辩证法、系统方法、历史与逻辑相统一等方法基础上，做出了原创性贡献。秦书生、李瑞芳（2022）总结了习近平经济思想中所体现的科学思维，一是以战略思维强化顶层设计，统揽经济发展全局；二是以历史思维总结经验教训，把握经济发展的客观规律；三是以辩证思维深化规律认识，认识和破解经济发展难题；四是以系统思维全局性谋划，提升经济建设整体性；五是以创新思维破解突出难题，激发经济建设活力；六是以底线思维谋主动作为，抵御经济建设风险。

3. 关于习近平新时代中国特色社会主义经济思想的理论贡献

习近平经济思想是马克思主义政治经济学中国化时代化的最新成果，对于发展和创新中国特色社会主义政治经济学做出了一系列理论贡献。目前学术界对该问题的探讨可分为以下两类。第一，重点研究了习近平经济思想对马克思主义政治经济学的创新性发展。蒋永穆、亢勇杰（2022）从两方面总结了习近平经济思想对马克思主义政治经济学的坚持和发展。一方面是对无产阶级立场的坚持，主要体现在坚持以经济建设为中心和党对经济工作的全面领导；另一方面是对马克思主义政治经济学基本观点的发展，主要包括社会主义基本经济制度对马克思主义政治经济学生产关系理论的发展、新发展理念对马克思主义政治经济学发展理论的发展、新发展格局对马克思主义政治经济学经济循环理论的发展、全面扩大对外开放对马克思主义政治经济学世界市场理论的发展。吕嘉林（2021）从新时代社会主要矛盾出发，认为该矛盾的提出，既是对马克思主义政治经济学人民立场和生产力与生产关系、经济基础与上层建筑有机结合的历史唯物主义方法论的继承，又是对其时代内涵的挖掘和创新。

第二，学术界也着重探究了习近平经济思想的原创性贡献。邱海平（2022）提出，习近平经济思想对马克思主义政治经济学发展作出的原创性贡献主要包括：创新思想方法和工作方法、创造性地提出了新发展理念、通过创新发展已有范畴和术语提出新概念和新术语、借鉴和吸收西方经济学中的合理成分，丰富发展了中国特色社会主义政治经济学理论及体系。逄锦聚（2022）认为，习近平经济思想在坚持党对经济工作的战略谋划和统一领导；坚持以人民为中心，逐步实现全体人民共同富裕；坚持和发展中国特色社会主义，全面建设社会主义现代化国家，全面推进中华民族伟大复兴；坚持发展完善社会主义基本经济制度；坚持以新发展理念为引领，实现国民经济高质量发展等十五个方面对马克思主义政治经济学作出了原创性贡献。张营广（2021）从经济学范式运动的视角出发，认为习近平经济思想在"综合""交汇""交叉"已有经济学范式的基础上，整体建构起新时代中国特色社会主义政治经济学的主题框架，不但改变了西方经济学范式在理论界的主导地位，而且将当代经济学理论推向全新高度，具有重要的理论性、实践性、历史性、世界性意义。

三、 中国化时代化的马克思主义政治经济学

党的二十大报告强调，不断谱写马克思主义中国化时代化新篇章，是

当代中国共产党人的庄严历史责任。在党的百年发展历程中，马克思主义基本原理同中国经济发展实际相结合，与中华优秀传统文化相结合，形成了中国化时代化的马克思主义政治经济学创新性成果，也构成了中国经济学的重要组成部分。学术界在推进创新成果理论化、系统化的过程中，着重考察了马克思主义政治经济学中国化的历史进程与时代特征，并进一步探索了推进马克思主义政治经济学中国化时代化的有效路径。

1. 关于马克思主义政治经济学中国化百年历程的研究

2020—2022 年，学术界有关马克思主义政治经济学中国化的研究既包括基于马克思主义政治经济学历史演进的宏大叙事，也包括对特定历史阶段马克思主义政治经济学传播的阐释。具体而言可分为以下三个方面。

第一，学术界着重探讨了马克思主义政治经济学在中国的早期传播。张凯（2022）基于相关译介文本，考察了 19 世纪末 20 世纪初马克思主义政治经济学在中国的传播发端与发展，并提出这一时期的文献传播还停留在理论自发阶段，但仍形成了中国马克思主义经济思想史的源头。王换、刘儒、杨颖萱（2022）将研究的历史方位聚焦于新民主主义革命时期，从探寻救亡图存之路的中国革命的实践之需，多元化马克思主义政治经济学传播阵地的平台支撑，中国共产党坚持真理、敢于斗争、不断进行思想解放的学术氛围，马克思主义政治经济学传播的理论话语四个维度，深入研究马克思主义政治经济学中国传播的内生性逻辑。此外，李一冉（2020）研究了五四时期马克思主义政治经济学的传播方式；黄志高（2021）考察了经济学家群体对民主革命时期马克思主义经济学传播的作用。

第二，学术界以党的百年历程为时间维度，研究了马克思主义政治经济学中国化的演进。马克思主义政治经济学在中国的传播和发展，本质上是中国共产党人推进马克思主义政治经济学不断中国化的进程。2020—2022年，学术界针对马克思主义中国化主题的研究呈现出新特点和新趋势，张凯（2022）将其归纳为研究内容更加多样化、阶段划分更趋精细化、呈现形式日益多元化。具体而言,对马克思主义中国化发展演进的梳理可分为三类。一是从总体上概括了马克思主义政治经济学中国化的演进特征。顾海良(2021)将马克思主义政治经济学中国化的特质概括为理论自觉和历史自觉。裴长洪、彭磊(2021)从人民性、实践性、民族性和时代性四个方面分析了马克思主义政治经济学中国化的基本特征。张凯(2022)将其概括为以问题为导向、以历史为基础、以现实为关照三个方面。二是以百年历程中的多元实践主题为线索,总结了马克思主义中国化不同时期的理论成果。孟捷、朱宝清(2021)提出我国社会主义初级阶段的经济制度、经济政策、经济战略的形成和发展主导了研究主题在不同阶段的变迁。谢富胜、匡晓璐、赵敏(2021)将其总结为三方面,即从半殖民地半封建社会到中国特色社会主义的实践,形成了中国特色的历史方位论;从工业化到现代化的实践,形成了中国特色的社会主义经济建设论;从帝国主义论到人类命运共同体的提出,形成了中国特色的社会主义与世界资本主义经济关系论。三是明晰了马克思主义政治经济学中国化的传播路径。付文军(2022)认为,在马克思主义政治经济学百年传播历程中,形成了"译介—研究—应用"的一体性传播阵型、"历史—现实—未来"的科学性研究视阈、"文本—思想—实践"的总体性阐释进路和"宏观—中观—微观"的综合性叙事模式。

2. 关于推进马克思主义政治经济学中国化时代化的路径研究

继续推进马克思主义政治经济学中国化时代化,创新发展中国特色社会主义政治经济学是理论研究的重要课题。围绕这一问题,学术界从坚持马克思主义政治经济学基本原理、借鉴中华民族优秀传统文化、紧扣新时代主题三方面出发,探究推进马克思主义中国化时代化的有效路径。第一,学术界立足马克思主义基本原理和经典著作,阐明了推进马克思主义政治经济学中国化时代化的若干要点。孙立冰(2020)提出,以马克思主义的世界观和方法论构建中国特色社会主义政治经济学是中国经济学现代化的根本道路。薛世斌、曹立（2022）聚焦马克思"两条道路"理论，认为应遵循"第一条道路"创新具有中国特色的政治经济学概念范畴，遵循"第二条道路"构建中国特色社会主义政治经济学体系，遵循"两条道路"不断创新和完善中国特色社会主义政治经济学体系。也有学者从马克思主义经典著作中寻求中国特色社会主义政治经济学建构路径。侯为民（2020）通过深刻剖析《资本论》，提出中国道路的成功密码内置于《资本论》理论体系之中，政治经济学的当代建构要重视借鉴《资本论》。王思、孟飞（2020）着眼于《德意志意识形态》中的生产力理论，研究了如何优化当前中国经济结构，实现生产力与生产关系的良性互动，创新发展中国特色社会主义政治经济学。

第二，推进马克思主义中国化既是将马克思主义基本原理同中国具体实际相结合，也是同中华优秀传统文化相结合，当前研究注重从中华民族优秀传统文化中挖掘马克思主义政治经济学中国化的思想理论要素。钟永圣（2022）认为，中国传统经济学是对中华优秀传统文化中的经济学智慧进行现代范式总结的学科性称呼，以天人合一观为哲学基础，秉持"德本财末"的基本价值观，提倡"主明下安"的中道管理模式，兼容宏观调控与市场自由的贯通理念等，有利于开拓马克思主义政治经济学从"为无产者服务"向"为全体人民服务"转化。赵春玲（2022）认为，"经世济民"与"以民为本"，经济与文化一体、与伦理道德同构，经济与生产和谐统一等中华传统经济思想，彰显了中华文明的独特基因，蕴含着马克思主义和社会主义的文化基因和价值元素，应坚持马克思主义政治经济学的根本立场和方法，使之与当代经济思想相适应、与现代经济发展相协调。

第三，推动马克思主义政治经济学中国化的关键，在于从社会主义建设实际出发，不断开拓马克思主义政治经济学新境界。一方面，现有研究总结了推进马克思主义政治经济学中国化的有效路径。洪银兴（2021）将其概括为四个方面：一是坚持"以人民为中心"的本质属性，二是使命和目标决定中国特色社会主义政治经济学的主线，三是问题导向创新政治经济学理论，四是研究层面决定政治经济学体系。谢地、贺城（2021）归纳了创新发展中国特色社会主义政治经济学需处理好的十大关系，即价值理性与工具理性的关系、马克思主义政治经济学原理与中国特色社会主义实践的关系、马克思主义政治经济学原理与中国特色社会主义政治经济学的关系、文本研究与实证分析的关系、问题导向与理论抽象的关系、政治经济学与西方经济学的关系、政治经济学与经济史学的关系、政治经济学与经济思想史的关系、政治经济学与应用经济学的关系、政治经济学研究与政治经济学叙事的关系。另一方面，也有学者提出了发展中国特色社会主义政治经济学的原则。常庆欣、张旭（2020）提出，中国特色社会主义政治经济学的根本要义是以马克思主义为指导，贯彻"以人民为中心"这一根本立场。坚持"以人民为中心"的发展思想，是马克思主义理论尤其是中国特色社会主义政治经济学创新的重要成果和我国经济社会建设的基本指南。付文军（2020）强调，必须以"中国人的资格"来研究新时代中国特色社会主义政治经济学。

四、 社会主义市场经济理论研究

中国特色社会主义市场经济理论，是在改革开放波澜壮阔的伟大历史进程中形成和发展的时代产物，是中国特色社会主义的重大理论结晶和实践创新。党的十八大以来，世情、国情、党情发生深刻变动，我国社会主义市场经济也面临新的发展机遇和挑战。在社会主义市场经济条件下，如何实现公有制和市场经济的有机统一？如何科学处理政府和市场的复杂关系？如何发挥社会主义市场经济的制度优势？如何遏制资本无序扩张？如何构建更高水平的社会主义市场经济体制？这些都成为中国特色社会主义市场经济理论研究的重大课题。

科学处理政府与市场的复杂关系，始终是我国经济体制改革的核心问题。习近平总书记创新性地提出使市场在资源配置中起决定性作用和更好地发挥政府作用，高度体现了社会主义市场经济健康发展的需求。学界针对有效市场和有为政府问题展开了系统研究。第一，有学者对正确认识有效市场和有为政府的内涵作出分析和阐述。沈坤荣、施宇（2021）认为，中国的"有效市场+有为政府"体现在：经过政府主导的渐进式市场化改革，有效市场实现了资源的有效配置；中央政府的高度集权与地方政府的高度自由裁量权形成了控而不死、活而有序的局面，两者共同组成的有为政府结构，在无形之中提升了经济增长质量。第二，有学者对有效市场和有为政府的结合状态进行分析和研究。刘儒（2021）认为，有为政府与有效市场存在"对立中统一"。从微观个体角度看，政府与市场存在对立关系；若从宏观和社会发展整体性的角度看，二者并非对立关系，而是相辅相成的。政府有为，市场才能有效。常庆欣（2021）认为，建成高水平社会主义市场经济体制，关键在于调整政府与市场的关系；政府和市场在动态调整中形成的相互促进、相辅相成的格局，是高水平社会主义市场经济体制的基本特征之一。在这种体制中，政府通过在市场体制引导、营商环境塑造和主体活力激发上"有为"，推动市场在方向把握、运行公平和创新突破上"有效"从而进一步推动经济高质量发展，增进人民福祉、实现共同富裕。第三，有学者从党对经济工作的领导、所有制、国家性质等方面来研究政府和市场的关系。刘凤义（2022）提出，我们的国家性质是通过中国共产党的路线方针政策体现的。中国改革开放之所以能取得举世瞩目的伟大成就，都是源于我们坚定不移地坚持党的领导、坚持社会主义制度。周文（2022）认为，坚持党对经济工作的集中统一领导是社会主义市场经济的根本政治保证，其中，在处理政府与市场关系方面，党的领导是更好发挥政府作用的根本保证。

随着社会主义市场经济的实践和理论不断发展和完善，学术界从多个维度研究了社会主义制度与市场经济的可结合性及两者结合的优势。第一，有学者对公有制与市场经济的可结合性问题进行研究。张宇（2020）认为，公有制与市场经济的结合是社会主义市场经济的核心问题，在公有制与市场经济之间既有内在的一致性和兼容性，又存在着一定的矛盾和冲突。蒋永穆、卢洋（2020）提出，从社会主义社会来看，公有制、按劳分配、市场机制是可以并存的。社会主义市场经济与资本主义市场经济的根本区别，在于既坚持了社会主义的基本属性，朝着全体人民共同富裕的方向发展，又顺应了社会化大生产的趋势，持续解放和发展了社会生产力。第二，有学者对社会主义制度与市场经济相结合的优势进行了研究。王伟杰（2021）提出，经济制度的创新是应对形势复杂的世界大变局的关键，我国基本经济制度和社会主义市场经济的优势不仅体现在对我国经济发展和国家社会治理的根本支撑作用，更打破了西方主流经济制度设计的"唯一性"和"普适性"，为其他发展中国家提供了全新的社会制度选项。陈彦斌（2020）认为，社会主义制度和市场经济有机结合的五大优势分别是：形成政府与市场有机统一、相互补充的格局；加强总需求管理与供给侧结构性改革的协调配合；更好地解决收入不平等问题；有机结合国家短期稳增长目标与长期发展目标；"集中力量办大事"，快速高效、保质保量地实现重大战略目标。有学者对如何在社会主义基本经济制度中理解社会主义市场经济体制进行了研究。周绍东、张宵（2020）提出，市场经济体制与社会主义基本经济制度是从两个方面结合起来的，一是构建中国特色宏观调控体系；二是巩固国家作为公有制经济出资人的地位，坚定不移地做强做优做大国有企业。白永秀（2020）提出，在三项基本经济制度中，所有制决定分配制度，分配制度反映所有制，而社会主义市场经济体制是所有制和分配制度得以实现的前提条件。

在新的历史条件下，如何构建高水平社会主义市场经济运行机制，进一步解放和发展社会生产力，是研究中国特色社会主义市场经济的重要问题，许多学者围绕国有企业分类改革、非公有制经济的理论创新与发展实践、构建开放型经济新体制等方面对社会主义市场经济运行机制展开了大量研究。关于国有企业混合所有制研究，何瑛、杨琳（2021）提出，国有企业进入"全面深化改革"的纵深推进期，国企混改在混改规模、领域、方式、速度等方面取得显著成效；混合所有制破解了国有经济与市场经济相结合的难题，成为"社会主义基本经济制度的重要实现形式"。关于非公有制经济的理论创新与发展地位及实践问题的研究，谢富胜、王松（2021）认为习近平总书记全面系统地阐述了公有制经济与非公有制经济特别是国有企业与民营企业的地位、作用和发展方向；提出二者之间是有机统一的关系，能够在改革发展过程中通过市场竞争相互促进，在纵向产业链上通过分工合作相互支持，要基于这种互动关系，协同促进国内国际双循环，构建新发展格局，推动高质量发展。关于对外开放理论创新和发展实践问题的研究，赵伟洪、张旭（2022）认为，经济全球化构成了中国对外开放理论与实践的历史条件；中国从商品、要素流动型开放走向制度型开放，既体现了经济全球化的一般规律和发展趋势，也适应了中国由高速度发展阶段转向高质量发展阶段的特征和需要。

在社会主义市场经济条件下，如何遏制资本无序扩张，规范市场秩序，坚守社会主义本色，成为新的时代课题。金栋昌、王宏波（2021）提出，资本是社会主义市场经济的重要生产要素，要坚持以"生产力＋生产关系"双重维度对资本一般与资本特殊进行现代化解释，坚持以"人民主体"为价值本位对资本进行总体驾驭，坚持以"双重形态"理念分类推进资本的具体形态与时俱进。周绍东、陈艺丹（2021）认为，社会主义市场经济中依然存在资本对劳动的外在强制，但是资本又是"特殊"和"个别"的资本。发挥公有制"普照的光"作用，以社会主义生产目的矫正资本逐利的一般性质，对于防止资本无序扩张具有重要的现实意义。

五、 政治经济学视野下的 "生产力" 研究

生产力是构成社会生产的物质内容，是社会发展的物质根源。人类社会发展的历史归根到底是生产力发展的历史，解放和发展生产力是社会主义的根本任务。近年来，学界围绕生产力理论在马克思主义政治经济学中的地位、中国特色社会主义生产力理论的创新发展、数字媒介时代的马克思生产力理论创新认知等重要问题展开了深入研究和阐述，具有重大的理论和现实意义。

生产力是马克思主义政治经济学和唯物史观的核心范畴与理论基石。王满林（2021）提出唯物史观视阈下的生产力，是指一个社会在物质生产领域所具备的主体力量与客体力量的总和；政治经济学视阈下的生产力，是指物质生产活动在一定时间内的效率，并认为国内教科书把劳动者纳入生产力的要素之中是对生产力概念的误释。王今朝、余红阳（2021）进一步提出，生产关系性质被生产力性质决定的同时也决定着生产力的发展速度，在政策和策略上社会主义国家更应该强调的是生产关系决定生产力的命题，只有先进的社会主义生产关系才能促使生产力水平获得最大可能的提高。高洋洋、刘建涛（2021）认为，透视社会依次有三个层次：生产力、生产关系（经济基础）、上层建筑，其中生产力具有决定性作用。生产力是社会进步的根本内容与尺度，是生产关系和上层建筑发展的决定力量。马克思对生产力作用的分析对于我们的发展具有重要的启示意义，即始终把生产力的发展作为发展的核心内容，始终要使生产关系适应生产力的发展状况，始终要使上层建筑要适应生产力的发展状况。

中国特色社会主义生产力理论是对马克思主义生产力理论的继承、丰富和发展，学界从不同角度对改革开放以来生产力理论的发展进行了总结和阐发。荣兆梓（2021）提出，劳动者个人利益与社会利益之间矛盾的生

产力根源是大多数劳动者还不能自觉地在超出必要劳动时间之外为社会提供剩余劳动，因此市场经济体制需要对劳动实施科层制度的管理性强制和市场制度的竞争性强制，实现社会生产力的持续发展。訾阳（2022）认为，以中国式现代化推动人类文明新形态的构建，就要不断推进生产力从资本形式向社会主义形式转变，以共同体或联合体为参照，不断深化公有制社会主义规定的理解。生产力的社会主义形式逐步扬弃了人的生存条件中生长出来的对抗性，从而为人类文明新形态奠定了物质基础。

数字媒介时代的马克思生产力理论创新认知。熊亮（2022）认为，在数字媒介时代，社会生产力、生产关系以及生产方式已经发生了深刻的变革，具体而言，数字媒介时代马克思生产力理论创新具有四重维度：一是从内涵创新维度来看，马克思生产力理论的三要素在本质上没有变化，但是劳动者、劳动对象以及劳动工具等发生了顺应媒介时代的变化；二是从价值创新维度来看，生产力创造价值的规律没有变化，但是数字化技术创造价值的起源、实质以及目的方式发生了变化；三是从实践创新维度来看，生产力物质资料的本质没有变化，但是数字产业的实践发展以及数字劳动异化及扬弃发生了变化；四是从世界历史观创新维度来看，数字技术不仅通过时空的压缩变革着世界的历史进程，更重要的是构建人类命运共同体在数字媒介时代中得以推进并得以实现。肖峰（2022）认为，"数字智能生产力"是马克思主义生产力范畴的时代化表述，是人类进入智能文明时代的生产力形态，也是一个社会是否建立在先进生产力基础上的决定性因素。中国的现代化目前已进入进一步将我国的工业生产力提升为智能生产力的新阶段，它对于我们实现在经济以及其他领域的由大到强具有决定性的意义，目前我们所实施的信息化与工业化"两化融合"战略是符合中国国情的发展道路，是全面建成现代化强国的基石。王赞新（2022）认为，数据生产力是人类生产力在更高层次上的延续。从生产力构成要素看，数据生产力标志着人类生产方式依次从"以土地为起点""以劳动为起点"和"以资本为起点"向"以数据为起点"深入发展；从生产力内在矛盾发展看，数据生产力推动人类生产力发展路径从"改造和利用自然"向"认识和理解自然"以及"认识和理解人类自身"发生深刻转向，从而为突破工业生产力所面临的自然界限和技术界限迎来曙光。

科学技术是第一生产力，学界从科学技术对推动经济发展的作用以及科学技术转化为生产力等角度进行了研究。杨春学（2021）提出，科学技术是第一生产力是一个富有时代感的科学命题。它是基于科学技术与社会经济之间关系的最新发展趋势而做出的一种科学判断。这种判断包括：科学与技术已经成为一种相对独立的生产力形态；它们在现代生产力要素及其组合质变中充当着决定性的角色；它们是现代经济增长最重要的源泉，而且正在成为推动现代文明发展的革命性力量。在中国改革开放以来的实践中，这一命题是"科教兴国"战略的重要思想和理论基础。邬欣欣、常庆欣（2021）提出，习近平关于科技自立自强要面向世界科技前沿、面向经济主战场、面向国家重大需求、面向人民生命健康的论述，是科学研判新发展阶段生产力发展规律的思想结晶，科技自立自强"四个面向"崭新表达了马克思关于生产力五个影响因素的思想，深湛详述了"最大限度解放和激发科技作为第一生产力所蕴藏的巨大潜能"，创造形成了在新发展阶段统筹推动科技转化为现实生产力的系统观念。

习近平的生态生产力理念及其时代价值研究。邵彦涛、张璐（2022）提出，面对我国经济转向高质量发展的现实背景和不断实现人民对美好生活的向往，习近平总书记提出了"保护生态环境就是保护生产力，改善生态环境就是发展生产力"的理念。包含了以新发展理念为指导、以全面深化改革为动力、以科技创新为引领、以人民的美好生活为目的等具体内容，为进一步解放和发展生产力指明了方向，为社会主义现代化强国建设过程中谋划生态文明建设提供了理论基础和实践指向。周美琦（2022）认为，生态生产力的提出是对马克思经典生产力理论继承发展和丰富创新的实践结晶。它既是当前中国客观存在的生态问题倒逼的结果，同时也是全面建成小康社会后，推动经济社会发展全面绿色转型的必然要求。

六、 政治经济学视野下的 "生产方式" 研究

生产方式作为政治经济学研究对象的基础范畴，揭示了人类社会的演进逻辑。中国特色社会主义政治经济学以中国特色社会主义生产方式及其生产关系为研究对象，继承马克思主义政治经济学基本原理，结合中国的具体实际和中华优秀传统文化，进一步发展了生产方式研究的科学范式。

生产方式作为马克思主义政治经济学的核心概念，需要回到经典文本中探究其理论内涵。郗戈、朱天涛（2021）基于经典文本，分析了马克思资本主义生产方式"起源"理论的内在逻辑演进，鲜明体现了政治经济学批判对于历史唯物主义的深化和建构作用。梁梁（2021）认为，生产方式"出场"是从马克思"遇到要对所谓物质利益发表意见的难题"开始，解析社会结构后引入生产方式矛盾分析的方法，生产方式是人们进行生产保证生活的方式，即劳动者在劳动过程中相互结合、使用劳动资料的劳动方式。梁梁（2021）补充道，生产方式的提出与历史唯物主义的确立是"同步"的，当今资本主义社会基本矛盾没有质的改变，马克思创设的生产方式分析框架仍然是剖析社会经济结构、认识社会、改造世界的重要方法和科学指南。郭冠清（2020）通过对《马克思恩格斯全集》的考证，提出生产力是每一个历史阶段发展的基础，但是"生产力决定论"并不成立，重新解读的"生产力—生产方式—生产关系"原理为新时代我国市场经济建设提供了方法论指导。鲁保林、梁永坚（2021）从《马克思恩格斯全集》的具体内容出发，认为生产方式作为一定历史发展阶段上的生产组织形式，既是组织劳动过程的特定形式，同时也是一定的生产关系的载体和实现形式。生产方式的演变受特定生产关系的制约和引导。一种新生的社会生产关系

会创造出它所特有的生产方式，并且其能否稳固直至在社会上占统治地位，依赖于生产方式的根本性变革与社会生产力的质变。

中国特色社会主义政治经济学进一步丰富和发展了马克思主义经典生产方式理论。何自力、顾惠民（2022）提出，在土地"三权分置"制度改革基础上，通过生产方式创新促进生产力发展，其中的关键是农业生产托管，以其再组织化等优势引导传统农业生产方式的变革，为新时代创新公有制实现形式、发展壮大农村集体经济打开关键突破口。刘越、王小军（2021）提出，生产方式具有技术、劳动过程与社会空间三重含义，而其变革有赖于生产条件的变化，中国特色的共同富裕道路也遵循着生产条件与生产方式的现实逻辑。在现有实现脱贫攻坚的条件下，迈向共同富裕的主要挑战在于特殊生产条件进一步形成与一般化的困难，而改革开放四十多年来尤其是进入新时代十年来的经验表明，坚持党领导下的社会主义市场经济体制机制与新型举国体制，仍然是迈向共同富裕的重要抓手。高桂爱、刘刚、杜曙光（2021）提出，高质量发展阶段的政治经济学基础在于生产方式的历史演进。就广义生产方式而言，是坚持以人民为中心，以满足人民日益增长的美好生活需要为目的的发展。因此，高质量发展阶段的政治经济学基础可以归结为新科技革命所要求的劳动方式，以及符合新时代社会主义生产目的的生产方式。陈享光、张志强（2021）提出，要完全克服小生产主导的生产方式的历史局限性，把小生产排斥的五个方面因素转变成推动生产发展的现实要素，必须在解决绝对贫困的基础上持续推进反贫困事业，变革生产过程的技术条件和社会条件，疏通生产条件方面的瓶颈，强化其革命性技术基础，以不断增强其生产方式的弹性和张力，有效融入社会生产体系。

世界进入新的历史发展时期，以数字技术为核心的科技革命和工业革命快速发展，使传统生产方式发生深刻变革。李越（2021）认为，把"智能＋"作为智能化生产方式，对智能化生产方式下所形成的新的生产力和生产关系特征进行了深入分析，构建了智能化生产方式对产业结构变迁的作用机理，并从人机协调发展、智能化生产资料部门优先发展和区域智能化平衡发展三个方面提出了建议。王珂（2021）补充道，当下以人工智能新技术为"驱动"的生产方式变革，应该上升到"创造性破坏"的阶段，对资本主义生产关系进行彻底颠覆，这也是实现"两个必然"的内在逻辑。李文睿、周书俊（2022）认为，数字经济通过推动农业技术条件转换、农业技术关系变革和农村权力关系升级不断冲击着传统小农生产方式的边界，从而为实现"小农户和现代农业发展有机衔接"提供了现实可能性。数字经济背景下的农业生产方式变革是一项复杂的系统工程，解决这个过程中的种种矛盾也必然需要充分认识农业生产方式发展的客观规律，深入探究数字经济与农业结合过程中矛盾产生的深层动因，从构建创新技术生态、突破学科规训藩篱、提升组织化水平和构建数字治理共同体四个角度全面发力、精准施策。蓝江（2022）提出，在对当代西方数字资本主义的政治经济学研究中，数字生产方式不同于传统产业生产方式之处在于，产业生产方式是在工厂和机器旁的雇佣性生产关系基础上生产出商品价值的方式；而数字生产方式则是透过手机和电脑等终端设备，接入一般数据之中，从事数字生产的方式。数字生产导致的结果是雇佣式生产关系逐渐解体，取而代之的是不稳定的流众化的数字生产关系，而这种生产关系的特点是极少数人获得了赢者通吃的收益，绝大多数用户成为流众，让自己无产阶级化。

七、 政治经济学视野下的 "生产关系" 研究

生产关系是生产力诸要素相结合的社会形式，是在物质生产和再生产过程中所形成的经济关系。新时代坚持和发展中国特色社会主义，必须不断适应社会生产力发展调整生产关系，不断推进马克思主义政治经济学中

国化进程。近年来，学术界在生产关系理论相关问题研究上取得了诸多成果。

　　学术界对生产关系理论的回顾与梳理，以探寻其理论来源为前提，并从深度和广度两方面拓展了对生产关系以及生产力与生产关系之间辩证统一关系的认识。第一，在深化和拓展对生产关系的认知方面。丰子义（2022）认为，只有生产关系概念的形成，才能揭示出社会生活的本质关系。生产关系不仅抓住了社会历史的一般本质，而且抓住了各个不同时代的特殊本质，因为真正能够使各个不同时代、不同社会形态加以区分的正是生产关系。只有通过生产关系，才能确定不同时代、不同社会形态的基本性质。张作云（2020）通过回顾马克思、恩格斯生产关系理论创立的过程，强调要坚持马克思主义群众观点、阶级观点，充分认识社会生产关系及其结构的阶级性质，巩固发展社会主义生产关系在我国现阶段生产关系整体结构中的主体地位。鲁保林、梁永坚（2020）认为，一种新生的社会生产关系会创造出它所特有的生产方式，并且其能否稳固直至在社会上占统治地位，依赖于生产方式的根本性变革与社会生产力的质变。第二，深化对生产力与生产关系之间辩证统一关系的认识。高飞、陈鹏（2022）提出，党的百年历史是自觉为中国先进生产关系扫清道路并促其形成发展的历史。生产关系的先进性主要看其和生产力水平之间的"匹配"性。新时代党要使中国社会生产关系不断适应生产力的动态发展要求，满足人民的美好生活需要。王今朝、余红阳（2021）认为，在具体的历史实践中，特别是坚持社会主义生产关系的社会主义国家，究竟是生产力具有优先性，还是生产关系具有优先性，特别是，究竟是让一个国家的生产力先发展，再校正生产关系，还是先校正生产关系，再发展生产力呢？在这个问题上，应该是强调生产关系的优先性。蔡万焕（2021）提出，生产力和生产关系的辩证运动关系，既包括生产力的决定性作用，也包括生产关系在一定限度内对生产力所起到的推动作用，我们要坚持公有制经济的主体地位，需要建立科学的宏观调控体系，以及处理好政府与市场、实体经济与金融、国内国际双循环的关系，坚持走共同富裕道路。张丽珍、梁宁（2021）认为，新中国成立后经济制度的历史变迁也是一场不断调整生产关系以解放和发展生产力的连续过程：从新中国成立初期建立社会主义生产关系以解放和发展生产力到改革开放后确立生产力标准改革社会主义生产关系，再到追求以先进生产力取代落后生产力直到新时代以来推动生产力整体性跃升。体现了中国共产党致力于不断解放和发展生产力、实现生产关系与生产力相统一的历史进程。

如何正确认识人工智能时代生产关系所发生的变化，是一个紧迫而有意义的理论和现实问题。刘伟杰、周绍东（2021）认为，数字资本主义没有改变资本主义生产关系的实质，但拓展了剥削范围、提高了剥削强度、增强了剥削隐蔽性。因此，我国在积极发展数字经济的过程中，不能任由私人资本尤其是外国资本控制和垄断数字平台，要更好地发挥政府作用以促进共同富裕。在劳资关系问题上，肖斌、李旭娇（2020）基于《中国经济原论》文本分析，提出零工经济在本质上不过是依托平台资本、数字资本存在且又被新型外表包裹下的旧式用工形态，资本对劳动剥削与榨取的本质并未更改。王永秋、顾春华（2021）认为，在生产关系的分配方式上，资本利用其敏锐的嗅觉，抢占人工智能霸权，越来越多的无产阶级沦为"无用阶级"，成为技术霸权的牺牲品。随着人工智能的广泛运用，资本有机构成逐渐提高，劳动力价值日益降低，必将产生大量过剩人口。在新型生产关系上，孙璇（2022）认为，随着人工智能技术广泛应用于各产业领域，人工智能应用背景下的生产关系表现为人们在以人工智能技术应用为显著特征的社会生产中发生一定的、必然的、不以他们的意志为转移的经济利益关系，呈现出同智能化、数字化生产方式相呼应的新的时代特征。现代生产关系也被带向了以新的"人机关系"为表征、以劳动关系为本质的新格局。姜耀东（2021）认为，数字时代资本主义生产关系不是等价交换，不是平等劳动，不是共享劳动产品，而是资本家购买劳动工具、劳动资料、劳动力，对工人剩余劳动进行无偿占有的过程。印证了马克思政治经济学批判的在场数字劳动依然循着马克思政治经济学批判的理论进路，其价值走向是去资本中心化的协同共享。

深化认知资本下乡对农村生产关系再造的影响，有利于正确引导资本下乡助力乡村振兴，维护好农民的利益。张晨欣（2020）提出，在资本逐利、政府引导、农业农村发展需要等力量的推动下，大量工商资本纷纷下乡助力乡村振兴，资本下乡在产权关系、生产地位、利益分配等方面对农村的生产关系产生了深刻影响。资本下乡流转土地后，土地所有权依然归国家集体所有，经营权与承包权分离，农民保留承包权，工商资本通过支付租金获得了土地的使用权。金栋昌、李天姿（2020）从生产关系维度对土地级差收入70年变迁过程进行分析，掌握其演进规律与转型方向，明确在资本下乡背景下，农村土地出让金与"土地财政"的评价立场与改革重点，界定土地级差收入的属性特征和学理范式，维护好农民的合法权益。周建国（2020）认为，生产关系适应生产力发展是新中国农村土地权利制度变迁的决定性因素，在不同时期，农村生产关系和生产力的关系不同，其变迁结果就不同，在经济进入新常态和资本下乡的条件下，为了顺应农业生产力发展所引发的土地利用关系的变化，以习近平同志为核心的党中央为了完善农业生产关系，适应农业生产力发展，确定农地"三权分置"政策，符合生产关系适应生产力发展的客观规律。

八、 政治经济学方法论研究

马克思主义政治经济学方法论在继承古典政治经济学方法的基础上，将辩证唯物主义和历史唯物主义等方法运用于政治经济学研究。近几年来，学术界对于政治经济学方法论的研究主要包括三个方面的内容：一是对于政治经济学方法论生成、内涵、运用等方面的阐释；二是对适应当代中国国情和时代特点的政治经济学即中国特色社会主义政治经济学方法论的探究；三是对习近平新时代中国特色社会主义经济思想的方法论创新与贡献的考察。

首先，马克思主义政治经济学的方法是指在马克思主义政治经济学的研究中，用以认识经济活动和经济关系（生产关系）的方法的总和，包括认识论和具体的研究方法。第一，学术界重点关注了马克思主义政治经济学方法论的生成问题。杨渝玲、林于良（2022）研究了苏格兰启蒙运动在马克思主义政治经济学方法论生成过程中的作用。文章指出，马克思的经济学方法论在一定程度上蕴含着对以亚当·斯密为代表的一批苏格兰启蒙思想家以经济学为基点的"人的科学"的认可与发展，这是对亚当·斯密政治经济学的继承、批判与超越，再以政治经济学的方式对人类社会进行哲学思考的进路。第二，学术界深入探讨了马克思主义政治经济学的具体方法。魏旭、陈冬源（2020）认为马克思对逻辑方式与历史方式有机统一方法的运用，始终是在资本主义生产方式这一现实的社会主体的统摄内加以使用的。理解马克思的这一方法，必须将其与研究方法、叙述方法的辩证统一结合起来。夏永林、李昕（2021）探究了研究和理解政治经济学的重要方法：科学抽象法，并分析了这一方法在《资本论》中的体现和运用。他们认为在《资本论》研究与写作中，马克思在对前人的政治经济学理论体系及方法论梳理和总结后，提出了从抽象到具体的经济学研究方法和道路。李秀辉（2021）认为，在现实世界中，逻辑与历史、抽象与具体、自然属性与社会属性是在鲜活的实践过程中相统一的。二重性方法是马克思在方法论上超越古典经济学的地方，借助于马克思的二重性方法方可获得对货币本质和作用的完整认知。

其次，中国特色社会主义政治经济学运用马克思主义政治经济学方法，立足于中国改革开放以来的历史实践，是中国共产党人对马克思主义政治经济学与时俱进的理论创新。在对马克思主义政治经济学方法论的继承运用基础之上，中国特色社会主义政治经济学也进行了方法论上的创新。新时代中国特色社会主义经济学的方法论，引起了学界的热议。学术界从不同维度系统呈现了关于中国特色社会主义政治经济学方法论的研究。

第一，唯物史观和唯物辩证法是中国特色社会主义政治经济学的基础方法。程恩富（2021）认为，中国特色社会主义政治经济学依然要从初级社会主义的生产关系（经济制度）与生产力和上层建筑的互动互促关系中来揭示经济发展的变迁、特点和规律，要以唯物辩证法的主要规律和若干对范畴来揭示经济发展的变迁、特点和规律。刘伟、邱海平（2022）主张中国特色社会主义政治经济学坚持运用马克思主义的唯物辩证法和历史唯物主义的世界观和方法论，注重从事物的普遍联系和矛盾运动出发理解社会经济发展过程，特别强调物质生产力及其发展在整个社会及其发展中的终极决定性地位和作用，注重从生产力与生产关系、经济基础与上层建筑的对立统一关系出发认识和揭示社会经济发展规律。谭苑苑（2021）认为唯物史观、唯物辩证法以及实践认识论是马克思主义世界观和方法论，这些科学方法论是解密中国特色社会主义市场经济的三把钥匙：其一，以唯物史观的方法论领会中国特色社会主义市场经济的确立与发展；其二，以唯物辩证法的思维方式多维度解读中国特色社会主义市场经济；其三，以实践认识论推动中国特色社会主义市场经济的发展完善。

第二，中国特色社会主义政治经济学要坚持实事求是、与时俱进的方法论。简新华（2021）认为中国特色社会主义政治经济学始终坚持以下方法论原则：从当今时代特征和中国国情出发，紧密联系中国改革开放和经济发展的实际，实事求是，与时俱进，尽可能参考借鉴西方经济学特别是现代西方经济学的有用理论和方法，坚持和创新发展马克思主义政治经济学的经典理论和立场观点方法，逐步形成和完善中国特色社会主义政治经济学，用以指导中国改革开放和社会主义经济发展的实践。

　　第三，中国特色社会主义政治经济学也要结合哲学社会科学的普遍研究方法。王立胜、郭冠清（2022）结合习近平的系列重要论述，从哲学基础、科学研究方法、实践认识论三个层面对中国特色社会主义政治经济学的方法论进行研究。在其看来，中国特色社会主义政治经济学的研究方法是辩证法，以辩证思维、系统思维、创新思维、底线思维等组成的科学思维方法是中国特色社会主义政治经济学在研究方法上的创新和发展，科学抽象法是其重要组成部分。中国特色社会主义政治经济学在实践认识论上的创新包括提出了坚持问题导向、稳中求进工作总基调等方法。丘艳娟（2021）认为，马克思政治经济学在对西方经济学数量分析的批判和深化基础上，将数量分析上升到质与量的分析高度，对社会主义政治经济学的创新具有启示作用，因此，可从数量分析视域下研究社会主义政治经济学的创新路径。

　　再次，习近平新时代中国特色社会主义经济思想，在继承马克思主义政治经济学方法论的同时对其有所创新发展。严金强（2021）认为唯物史观是马克思主义政治经济学的方法论基础，也是习近平新时代中国特色社会主义经济思想的方法论基础。以唯物史观为方法论基础，进一步探索习近平新时代中国特色社会主义经济思想的逻辑起点为"中国特色的经济利益关系"，并从而勾勒出习近平新时代中国特色社会主义经济思想的基本逻辑线索和整体逻辑框架。谭苑苑（2021）以马克思主义三大科学方法论构成为研究视角，对习近平的中国特色社会主义政治经济学思想展开探讨：一是习近平坚持历史唯物主义的科学态度；二是习近平运用辩证唯物主义的思维方式；三是习近平遵循实践认识论的探索路径。杨长福、谭欢（2022）认为习近平经济思想运用马克思主义政治经济学，对中国经济发展进行了科学的分析。在方法上，注重改革发展的整体性和系统性，聚焦改革发展的主要矛盾、关键领域、薄弱环节和短板之处，在方法上对马克思主义政治经济学的方法做出了原创性贡献。

九、 政治经济学思想史研究

政治经济思想史是关于系统的政治经济学思想或理论的历史性学科。经济思想史是马克思主义政治经济学学说体系中的重要组成部分之一。在马克思看来，政治经济学的"每个原理都有其出现的世纪"，政治经济学不仅是一门有关现实经济问题的科学，更是一门历史科学。研究政治经济思想史可以加强我们对马克思主义政治经济学的变化发展过程的了解，进一步厘清政治经济学理论发展脉络有助于深化对马克思主义政治经济学的理解，并在此基础上丰富发展马克思主义政治经济学。近年来，国内研究者对政治经济学思想史做出了深入研究并取得了较多成果，现有研究探讨了不同时代背景、不同国家体制、不同文本、不同贡献者的政治经济思想史问题。

第一，关于政治经济思想史的研究离不开对经典著作、经典理论在整个政治经济学思想史中的定位研究。胡莹、卢斯媛（2021）梳理了马克思在《剩余价值理论》中对资产阶级政治经济学关于剩余价值的观点进行的回顾与批判，以及对资产阶级政治经济学的价值理论、利润理论、地租理论和利息理论进行的分析，提出"《剩余价值理论》构成资产阶级政治经济学史的初稿"的观点。许腾飞（2020）认为《国民经济学批判大纲》首次将唯物史观的视角应用到对资本主义政治经济学的批判中来，是马克思主义政治经济学的开篇之作，它为马克思主义政治经济学的创立奠定了基础。

第二，新时代条件下我国政治经济思想史理论不断发展创新，要求从实际出发推动形成具有中国特色的政治经济学思想史。关于中国特色政治经济学思想史的研究是当前政治经济学思想史的研究热点。顾海良（2020）回顾了新中国成立以来中国化马克思主义政治经济学的发展，认为中国化马克思主义政治经济学七十年包含两大理论：过渡时期的理论与社会主义经济理论。中国社会主义政治经济学实际上包括两段：一段是中国特色社会主义政治经济学的开创，始于 1956 年我国社会主义基本制度的确立；一段是改革开放以来，中国特色社会主义政治经济学的形成和发展。顾海良（2021）基于马克思对政治经济学"现代史"和"形成史"内涵及其关系的阐释，提出中国化马克思主义政治经济学是以中国社会经济关系的变革和发展过程的不同社会经济关系变革和演进的"形成史"为对象特征的。张林、周济民（2020）从区分经济学史和经济思想史入手，将中国特色社会主义政治经济学史的研究思路从传统的经济思想史研究拓展为包括思想史、政策史和事件三个元素的经济学史研究。

第三，一部分研究运用政治经济思想史的方法，从政治经济思想史的视角入手来研究具体的政治经济学理论。孟捷（2021）通过回顾斯大林和毛泽东对"剩余价值概念适用于社会主义政治经济学"的看法，认为在社会主义市场经济条件下，社会剩余价值生产规律是社会主义初级阶段的基本经济规律之一。平成涛（2021）从思想史发展角度出发，认为马克思在 19 世纪所从事的政治经济学批判工作使得政治经济学进入一种经济学、政治学与哲学三者之间相互融合的学术传统。在此背景下，作者深刻探析了市民社会与政治国家的关系、政治经济学批判的阶级立场、资本与劳动的关系、政治经济学批判与社会存在论的本体论批判、政治经济学批判方法论、资本与精神的二律背反六个核心原理。此外，政治经济学思想史的发展，需要对比政治经济思想史和西方经济史，借鉴西方经济思想史的叙事逻辑和建构理路。顾海良（2021）总结了卢森贝在《政治经济学史》中对政治经济学史研究的基本观点及其对政治经济思想史研究和发展的影响，尤其是对中国经济思想史学界的影响是长久的。

十、《资本论》及其手稿研究

《资本论》是马克思主义政治经济学的集大成之作。《资本论》及其手稿至今仍是我们剖析当代资本主义社会、发展中国特色社会主义经济和构建中国特色社会主义政治经济学理论体系的理论武器。2020—2022 年，学界对《资本论》及其手稿的研究在理论和现实两方面取得诸多新进展，学者们从理论阐释、理论运用、形成史、传播史等不同方面进行了全面且深入的研究。

1.《资本论》及其手稿理论阐释研究

一是关于机器的双重作用及其发展悖论研究取得了一定成就。刘海军（2021）基于《资本论》及其手稿分析了人工智能的文明作用及其发展悖论。在其看来，人工智能的发展和应用，是劳动方式的又一次质变，极大地提高了生产效率，增加了人的自由时间；但由于资本主义私有制造成了生产资料和劳动者的分离、劳动时间和自由时间的分离，致使劳动者陷入失业进而沦为无用阶级的境地。宋田光、李桂花（2022）认为"自动的机器体系"本身作为劳动过程的要素组成，却在资本的控场中被形塑为"固定资本"，将劳动要素的外部差异转化为资本内部的质的差别。基于对马克思《资本论》及其手稿的研究，王蔚（2020）认为，在资本影响下科技与劳动的对立开始于科技对劳动的替代，对立的前提是科技的资本主义运用，而对立的结果是失业率震荡性上升以及资本对人的本质的剥夺。机器替代劳动建立在资本主义生产方式基础上，在资本主义生产方式中劳动与劳动资料相异化，工人的劳动是丧失生产资料所有权的孤立劳动。

二是学界关于"劳动"相关问题的研究，主要从劳动能力、劳动与技术的关系、对"非物质劳动"的评析等方面展开。钟文静（2021）系统分析了《资本论》及其手稿中的"劳动能力"概念及其实现问题，认为马克思通过阐述劳动能力的买卖是资本增殖的关键环节，戳穿了资产阶级意识形态家自由与平等的虚假性。王峰明、王叔君（2022）立足于《资本论》及其手稿，评析了"非物质劳动论"的观点，认为把物质生产中的脑力劳动或精神性内容误判为非物质劳动，把与物质生产无关的脑力劳动或精神性内容误判为商品生产，把物质生产智能化发展与商品生产的新形式相联系，表明其对物质生产与精神生产、产品生产与商品生产、智能劳动与商品生产的关系等问题的认识均值得商榷。王峰明、欧阳兰榛（2021）提出马克思对劳动的阐释具有技术关系和权力关系的双重视角。无论从哪种视角看，劳动与技术的关系不仅在概念或逻辑上而且在历史上都是相统一的，所谓无技术的劳动不过是一种幻想和虚构。

三是对"资本"相关问题的研究，代表性文献主要就资本生成、资本概念等问题展开。赵昌生（2020）从商品入手分析了资本生成问题。在其看来，商品作为资本逻辑生成与运演的前提、过程和结果，蕴含资本一切关系、生成过程和所有规定性的萌芽。商品形式及其规定包含着资本形式矛盾与危机的潜在因素。作为一般的普遍形式的货币只有历史性地上升为特殊、具体形式的资本，才能完成自身的本质规定。张朝阳（2022）通过依次辨析"资本""逻辑"和"资本逻辑"三个概念来厘清资本的三重维度：一是商品生产和商品交换普遍化的必然趋势，二是资本增殖规律和积累规律，三是资本关系普遍化的必然趋势。

四是关于《资本论》及其手稿的形成与发展研究。胡岳岷、梁洪学（2020）认为，《1861—1863年经济学手稿》是马克思主义政治经济学说史上"承上启下"的重要文献，要深入理解马克思政治经济学的基本思想，就必须要回到马克思经济学思想史之"界碑"的矗立之处——《1861—1863年经济学手稿》上来。刘鑫（2022）在马克思思想发展的长河中分析了马克思对《资本论》逻辑起点的多次推敲。咸怡帆（2021）以历史辩证法梳理了《资本论》及其手稿中"资本主义生产方式"概念的逻辑演进。

五是注重对《资本论》研究方法的研究。把握了《资本论》的方法，阐释《资本论》就有了金钥匙。《资本论》的方法一直是资学研究的热点，在2020—2022年仍然热度不减。王峰明（2021）基于《资本论》及其手稿的辨析，在对社会形态理论内在逻辑的阐释中，分析了马克思所运用的典型分析方法、从后思索方法、本质抽象方法和从抽象上升到具体等方法。张衔（2020）通过对《资本论》及其手稿的文本研究，提出马克思对资本主义生产方式的研究包含着对数学方法的运用。在其看来，数理方法是马克思经济学方法论的重要组成部分。

2. 恩格斯对《资本论》及其手稿形成的重要作用研究

2020 年是恩格斯 200 周年诞辰，故而探析恩格斯对《资本论》的贡献成为相关研究的热点。顾海良（2020）认为，恩格斯在筑就《资本论》丰碑上的卓越贡献，显著地表现在编辑出版《资本论》第二卷和第三卷上，同时也突出地体现在对《资本论》整体结构和《资本论》第四卷研究上。李建平、杨臻煌（2020）认为恩格斯对《资本论》的写作和出版作出了巨大贡献：十九世纪四十年代为《资本论》培土奠基，和马克思共同为《资本论》的写作和出版奠定实践、方法、政治三大基础；十九世纪五十年代至 1867 年，为支撑《资本论》的创作不遗余力；十九世纪七十年代前后，为《资本论》增光添彩；1883—1995 年，为使《资本论》臻于完美竭尽全力。赵学清（2020）总结了恩格斯对《资本论》贡献的 10 个方面：和马克思共同制定的唯物史观成为指导《资本论》创作的"总的结果"；为《资本论》的创作提供多种形式的物质支持；为《资本论》的创作提供材料；对《资本论》第一卷第一版的结构提出意见建议；评论、宣传《资本论》，推动其通俗化；修订出版《资本论》第一卷德文第三版、第四版；编辑出版《资本论》第二卷、第三卷；校订《资本论》第一卷英文版并在出版中"负全部责任"；在斗争中捍卫《资本论》；对《资本论》第三卷作出增补。米夏埃尔·克莱特科（2020）通过三个方面的论述说明了"恩格斯的编辑不是篡改"，并且，恩格斯对马克思手稿的编辑是必要和可能的。

3. 《资本论》在全球的翻译与传播研究

近年来，《资本论》在中国的翻译与传播逐渐成为《资本论》及其手稿研究的一个热点。聂锦芳（2022）认为，在中国《资本论》翻译史上，"郭大力、王亚南译本"不仅是建立在之前各种试译、节译和第 1 卷全译基础上的集大成之作，而且由于较为准确地把握了从古典经济学到《资本论》的逻辑发展、统一了政治经济学的核心范畴，并通过不断地修改提供了更为准确的中文表达，彰显出重要的学术价值。谭晓军（2022）通过分析新版《资本论》中的理论新发现和修订，提出日本新版《资本论》是 20 世纪 90 年代苏联解体、东欧剧变后，日本马克思主义学者参与新历史考证版《马克思恩格斯全集》中《资本论》手稿的编辑工作，并对全部手稿进行深入研究的基础上完成的重要成果。薛睿（2020）以较为宏观的视角，将《资本论》及其手稿从 19 世纪 70 年代至今在法国的出版传播分为三个阶段进行回顾，并得出了其在法国出版传播的三个特征。王瞻（2021）考察了《资本论》在马克思的祖国及其写作文本的母语国家——德国——传播与被接受的历史。商紫君（2021）考察了《资本论》在日本的传播历程。张秀琴和王志岸（2021）考察了《资本论》在英美的传播历程。

十一、 劳动价值论相关问题研究

马克思在对古典政治经济学批判的基础上，首次将劳动二重性引入其中，发展了劳动价值论。马克思主义劳动价值论内涵丰富，不仅包括商品价值形成等古典经济学内容，还发展起一般利润率下降、资本有机构成、转形问题、劳动力再生产等新的研究主题。近三年来我国学术界的争论主要围绕劳动价值论的理论阐释、数字经济时代对劳动价值论的争议与发展两个核心主题展开。

1. 关于一般利润率下降规律的研究

通过一般利润率下降规律，马克思展现了资本主义从产生到走向终结的复杂过程，勘破了资本主义社会的意识形态何以被颠倒或扭曲的"虚幻"。胡芳（2021）认为，由于剩余价值的唯一源泉是活劳动，资本主义生产过程中所投入的活劳动的减少势必削弱整个资本主义生产体系剥削剩余价值的能力，又由于剩余价值是利润的原型，资本主义所获得的利润日趋下降，因而在劳动生产力不断提升的规律下，资本主义生产方式下的利润下降是必然结果。周钊宇、胡钧（2021）提出，利润率长期下降的实质是剩余价值生产相对于总资本的趋向减少，利润率趋向下降规律是其理论表述。利润率趋向下降规律根植于资本依赖于对活劳动的剥削，但剥削方式又竭力将活劳动减少到最低限度。李艳芬、荣兆梓（2022）认为虚拟经济的发展稀释整个社会的利润，严重影响了社会再生产，加速社会利润率下降，最终引发经济危机。吴静（2020）分析了"无人工厂"中一般利润率之谜。按照马克思对资本主义大工业社会的考察，当体现活劳动的可变资本不断减少时，创造出来的剩余价值处于下降的趋势，与此相应的工厂或企业的利润也将不断降低，但现实的情况则相反。甚至于在当代所出现的"无人工厂""无人超市"等生产过程中在活劳动趋近于零的情况下，企业的利润仍然是不断上升的。

2. 关于资本有机构成的研究

马克思通过探究资本有机构成，揭示了剩余价值的来源和资本主义社会内部的矛盾。近几年，学界关于马克思主义的资本有机构成理论的研究重点集中在对现实问题解读层面。温旭（2022）提出数字平台对数字不变资本的投资量远远比数字可变资本多。数字资本有机构成＝数字不变资本＋数字可变资本，这表明数字资本有机构成不断提高。吴静（2020）认为共享性服务的获取加重了社会或平台因素对企业的参与，同时也意味着资本的有机构成和生产资料的私人占有被重写。吴友群、叶青杨、曹欣宇（2022）以政治经济学中资本有机构成的视角构建数字农业发展影响农村居民收入的分析框架。在其看来，数字农业主要通过降低农业资本有机构成，进而削弱农业资本有机构成的"创造效应"，使得农村居民收入下降。史孝林（2020）认为，资本主义社会采用机器生产的比率不断提高，导致在该生产部门内不变资本的增加量逐渐大于可变资本的增加量，导致了资本有机构成的不断提高。方达、郭研（2020）提出，农村土地流转间接提升了农业资本有机构成，可能带来级差地租Ⅱ的提升，农业资本有机构成对于城乡收入差距的作用可以进一步分解为"创造效应"和"替代效应"。劳动价值论对于分析我国当前的资本有机构成的特征具有理论指导意义。骆桢、徐昊翔（2021）发现，有机构成提高导致利润率下降是中国前一个阶段经济增长放缓的重要因素。而通过市场与政府有机结合，提高技术创新效率，可以实现劳动收入份额提高的同时，维持利润率水平和持续经济增长。这是社会主义市场经济发展的必然方向。刘冠军、李鑫（2020）分析了资本有机构成在中国的变化趋势。资本有机构成在第一产业内呈现明显的提高趋势，但是在第二产业和第三产业内变化较小，尤其是 2012 年之后呈现波动式下降趋势。蒋南平、徐明（2020）提出，当代中国资本有机构成已具有下列新特征：资本有机构成是缓慢上升的，其变化呈现阶段性特征，三大产业的资本有机构成有差异。实践中伴随中国资本有机构成的不断上升，其对经济发展产生的积极作用十分显著。

3. 关于"转形问题"的研究

"转形问题"是马克思劳动价值论的重要组成部分，指的是《资本论》第三卷提出的"商品价值转化为生产价格"。学者们就"转形问题"的发生背景、解决方案、转形过程、转形实质展开了研究。丁堡骏（2020）讲到了转形问题发生的历史背景。随着简单商品生产向资本主义商品生产的转变，劳动价值论的价值规律，也就从简单的价值规律转化为资本主义的生产价格规律。荣兆梓（2020）构建的 C 体系在转形轮次和转形阶段划分基础上提出了可变资本成本计算规则：在总剩余价值率不变的前提下，可变资本与净产品生产价格同方向同比例变动，从而建立"一个总量相等，一个总比率不变"的转形模型，形成了内在逻辑一致的马克思主义转形问题解决方案。方敏（2020）突出强调"转形问题"对转形的过程的分析。在其看来，关于转形的过程分析，马克思提出了个别资本的劳动在资本主义竞争的作用下由个别价值转化为市场价值，最后形成资本主义商品的生产价格。冯倩倩（2020）分析了转形问题的实质。所谓"转形"，虽然从表面上看是商品是从一种价值形式转化成另一种价值形式，但是实质上是从一种价值关系转化成另一种价值关系，也就是从简单商品生产转化为资本主义商品生产。

4. 关于劳动力再生产问题的研究

商品的价值由工人的活劳动所创造，如果没有工人的活劳动，价值就不复存在，因此，劳动价值论中一个重要的问题就是劳动力的再生产问题。赵峰、季雷（2022）认为我国劳动力再生产社会化进程可以分为三个阶段，在 20 世纪 90 年代末和 21 世纪前十年两段时期呈补偿性特征，2014 年后逐步展现发展性职能。李维意（2022）认为，劳动力再生产从属于资本再生产，资本家所购买的劳动力商品是资本再生产的手段，劳动力商品的消费属于生产消费，能够为资本家积累财富。曲佳宝（2020）分析了数字资本主义视阈下劳动力再生产出现的新变化：一方面，产消者的数字劳动和劳动者消费资料的再商品化成为剩余价值生产的重要组成部分和手段；另一方面，扩大劳动力再生产所消费的商品范围和人为增加劳动者的消费需求成为实现剩余价值的重要方式。

5. 数字经济时代对"劳动价值论"的争论与发展

部分学者基于数字经济的时代背景对"劳动价值论"作了新的阐释与发展。刘伟兵（2020）认为智能化的生产方式并没有动摇马克思劳动价值理论，创造价值的依旧是人的活劳动。富丽明（2022）认为西方主流经济学与自治主义马克思主义过于强调伴随技术进步的主体性力量，马克思主义政治经济学的劳动价值论对于数字劳动仍然是真正的科学。杨剑港（2021）认为，在数字经济时代，资本主义生产关系的本质虽然没有发生改变，但是数字经济中对剩余价值的资本主义私人占有形式这一基本论断依然发挥着决定性作用，劳动价值论在数字经济时代仍然具有旺盛的生命力，对我国经济社会中数字经济生产方式的发展具有指导作用。夏熹（2021）提出，从马克思劳动价值论来看，虽然人工智能改变了创造财富的组织形式，但作为劳动者的人依然是价值的唯一源泉。

数字技术的发展与劳动模式的变化使得部分西方学者质疑马克思主义劳动价值论在数字时代的合理性。其中，有的学者坚持"人工智能价值论"。吴丰华、于家伟（2020）构建了以生产力、生产关系和意识为三个维度的劳动三维分析框架，结合人工智能发展的三个阶段特征分析得出结论：弱人工智能和强人工智能均无法创造价值，而超人工智能则可以成为价值创造的主体。有的学者主张"平台价值论"。王水莲、于程灏、张佳悦（2022）认为，工业互联网平台是价值创造的重要因素，其价值创造过程包括协同共享、赋能利益相关者、推动场景共生、实现利益相关者与生态总体的共赢四个过程。

我国部分学者对西方学者质疑"劳动价值论"的观点进行了反击。周光港（2022）总结了以库兹韦尔、福克斯、奈格里为代表的西方学者对马克思主义劳动价值论在数字时代合理性的质疑。在其看来，审视劳动价值失效说的新形式可以发现西方学者并没有准确理解马克思的生产性劳动与非生产性劳动、使用价值与交换价值等基本概念，却指出了数字时代劳动形态的新特征与新议题，对于在数字时代发展劳动价值论具有启发意义。陆茸（2021）通过批判性地分析哈特和奈格里的观点，得出以下结论：（1）以"工作时间与生活时间的模糊"来质疑马克思的劳动价值论是对劳动价值论的误读；（2）基于"共同性"的价值理论服务于哈特和奈格里主体政治的理论建构思路；（3）哈特和奈格里的理论建构方法，早已脱离了辩证唯物主义和历史唯物主义，走向唯心主义。孙宗伟（2020）从庞巴维克对劳动价值论质疑的反击入手，运用马克思主义分析方法，分别从历史和逻辑的角度，论证了马克思"抽象劳动是价值的实体"的观点。在其看来，从历史的层面看，人类劳动作为价值实体这一点是包含在历史过程中的，因而是无须证明的。

十二、 构建政治经济学自主知识体系研究

习近平总书记在哲学社会科学工作座谈会上的讲话中指出，"着力构建中国特色哲学社会科学，在指导思想、学科体系、学术体系、话语体系等方面充分体现中国特色、中国风格、中国气派"。① "三大体系"建设的深入推进，是发展中国特色社会主义政治经济学的必然要求，有助于推动中国特色社会主义向更高阶段的发展。

构建中国特色社会主义政治经济学自主知识体系是当前政治经济学界承担的重要任务之一。关于构建中国特色哲学社会科学的知识体系与建构中国特色哲学社会科学学科体系、学术体系和话语体系"三大体系"的关系，张雷声（2022）认为哲学社会科学的知识体系包含着学科体系、学术体系和话语体系。建构中国特色哲学社会科学的知识体系，离不开建构中国特色哲学社会科学学科体系、学术体系和话语体系这"三大体系"，这"三大体系"的建设是建构中国特色哲学社会科学知识体系的核心内容。肖贵清（2022）也同样提出，知识体系是中国特色哲学社会科学学科体系、学术体系、话语体系的集中表达，学科体系、学术体系、话语体系是知识体系的基本构成要素。程恩富、王朝科（2020）对中国政治经济学方法体系、中国政治经济学范畴体系（话语体系）、中国政治经济学学科体系未来的创新发展提出了要求与展望。刘守英（2022）从四个方面讨论了中国经济学知识体系的自主性和一般性，强调了自主知识体系创新要坚持问题导向，避免陷入体系化困境。黄群慧（2022）从坚持和巩固马克思主义的指导地位，深化对中国经济发展和现代化进程中的经济规律的认识，融通古

---

① 《习近平谈治国理政》（第 2 卷），北京：外文出版社 2017 年版，第 338 页。

往今来的国内外优秀经济思想、观念、理论和方法三个方面总结构建中国特色经济学的自主知识体系的具体路径。

政治经济学以其研究对象的特殊性而同其他学科区分开来，成为具有独立性的学科，同时又因其对象在特殊性中包含着普遍性而相互连接起来，构成一个包括多个学科的更高层级的学科或学科群。关于政治经济学的研究对象、对政治经济学的学科认知，学界分别从不同的视角切入。孟捷（2021）通过探讨中国特色社会主义政治经济学的研究对象、叙述方法和体系结构，提出《资本论》与中国特色社会主义政治经济学在研究对象上存在显著差异，现有教科书采用板块型叙述结构有其合理性。进一步完善教科书的编纂，需要利用并改进这种板块型叙述结构，以更好地呈现中国特色社会主义政治经济学的学科内容。周绍东（2021）通过对"中国特色社会主义生产方式"这一研究对象进行逻辑分解，主张构建由理论型学科、理论—应用结合型学科和应用型学科组成的三层次经济学学科体系，其中，中国特色社会主义政治经济学应占据指导地位。刘灿（2021）对学科体系的探讨包括认识学科内涵、学科性质与任务、学科发展进路等核心问题。从深化学科认知的视角，中国特色社会主义政治经济学的学科发展与理论体系构建，要坚持几个重大原则，包括把中国特色社会主义政治经济学建立在历史唯物主义的基础之上；要以生产关系分析为核心来构建中国特色社会主义政治经济学的理论范式；坚持以人民为中心是中国特色社会主义政治经济学的本质属性等。周绍东、张毓颖（2022）认为可从四个方面着手设计中国经济学学科体系。第一，在经济学门类中设置政治经济学和应用经济学两个一级学科。第二，中国特色社会主义政治经济学二级学科以中国特色市场与政府关系为主要研究内容。第三，调整应用经济学一级学科内部结构。第四，根据理法融合、中西比较和史论结合等原则设置课程。

习近平总书记指出："每个学科都要构建成体系的学科理论和概念。"成体系的学科理论构成学术体系。学界关于学术体系的建构基于不同方法、从不同方面展开。顾海良（2021）从总体上论述了政治经济学的学术体系。在其看来，马克思主义政治经济学在当代中国的发展，呈现为马克思主义政治经济学中国化的过程：一方面是马克思主义政治经济学基本原理与中国特色社会主义的经济事实和经济关系相结合，分析和解决中国特色社会主义经济的实践和理论问题；另一方面是对这一结合过程中形成的经验和理论，经过理性思维和经济学说的系统化，上升为政治经济学的新概念新思想，丰富和拓新了马克思主义政治经济学理论体系。孟捷、朱宝清（2021）通过 Citespace 软件对不同阶段中国特色社会主义政治经济学的研究主题作了文献计量分析，通过不同阶段中国特色社会主义政治经济学研究主题的变化来分析政治经济学的学术体系。杜永峰（2021）主要针对学术体系的建构提出了自己的见解，主张遵循马克思主义政治经济学的基本理论和根本方法，直面中国特色社会主义政治经济学理论体系建构的诸多重大理论与现实问题，应以学理维度为本、以术语维度为用、以方法维度为基、以时代维度为实和以创新维度为魂，不断开拓中国特色社会主义政治经济学新境界。

成体系的概念构成话语体系。学术界注重从理论的总体架构出发，探讨其话语变迁、话语体系、话语创新等问题，基于多个维度完整呈现了政治经济学话语体系。陈弘（2021）认为，改革开放进程中马克思主义政治经济学与西方经济学话语权之争是理论经济学学界的重要事件。这样的话语权变迁需要以辩证的思维审视：社会主义政治经济学面对社会主义市场经济的理论准备不足、西方经济学对市场分析的适应是话语权变迁的起始原因。杜永峰、刘儒（2021）通过梳理中国特色社会主义政治经济学学术话语体系构建的逻辑理路、基本经验和基本原则，探索四维译介模式下构建中国特色社会主义政治经济学学术话语体系的基本路径，为加快构建中国特色社会主义政治经济学学术话语体系提供一种新的分析和解决问题的思路。周绍东（2021）从中国共产党的经济政策话语视角回顾了中国共产党百年来在革命、建设、改革时期形成的不同的经济政策话语，并在此基础上总结了新时代中国特色社会主义经济政策话语的创新之处。周文、何雨晴（2022）在厘清西方经济学话语特征基础上，提出中国经济学话语体系建设要突出国家主体性、阐释好中国道路、服务于国家战略。周文（2021）提出，破除"西方中心论"和阐释好中国道路是中国特色社会主义政治经济学理论体系的内在诉求。中国特色社会主义政治经济学理论体系在本质上是中国道路的理论表达和话语镜像，只有用中国理论和中国话语，才能向世界阐明中国道路何以能够成功及对世界的意义。

十三、 经济高质量发展的政治经济学研究

党的二十大报告在总结过去五年经济高质量发展成就和不足的基础上，明确指出"加快构建新发展格局，着力推动高质量发展"，强调"高质量发展是全面建设社会主义现代化国家的首要任务"。推动经济高质量发展，是习近平新时代中国特色社会主义经济思想的重要内容，也是党中央面对新形势、新情况、新目标作出的重大战略部署。目前学界对经济高质量发展的内涵、理论认识、现实困境、路径和动力机制等方面的关注较多。

概念界定是学术研究的重要基础，经济高质量发展的内涵研究是进行深入学术探讨的理论前提。第一是侧重于从经济领域本身的供需关系、产业结构等方面界定经济高质量发展的内涵。张占斌、王海燕（2022）以"转向"为重要视角，概括了经济高质量发展呈现出的五大特征，即发展方式由规模速度型转向质量效率型、产业结构由中低端水平转向中高端水平、增长动力由传统要素驱动转向新兴要素驱动、资源配置由市场起基础性作用转向起决定性作用、经济福祉由先好先富起来转向包容共享共富。苗勃然、周文（2021）从确定发展思路、制定经济政策、实施宏观调控的角度，提出了经济高质量发展应着力注意的四个方面问题，即经济高质量发展是

重视产业结构优化的发展、是速度与质量并重的发展、是重视实体经济的发展、是高层次开放型经济的发展。刘爽、华雄（2022）和胡雅静（2020）等学者也从高质量供给和需求、投入与产出、新旧动能转换、中低速稳步增长态势等角度认识经济高质量发展的内涵。第二是关注经济领域与自然、民生等领域的互动关系，从更宽泛的视角考察经济高质量发展的内涵，从更加系统全面的角度概括经济高质量发展的内涵。白暴力（2022）提出经济高质量发展是协调统一的系统发展的重要观点。张存刚、王传智（2021）认为经济高质量发展是依靠科技创新的发展、区域协调的发展、人与自然和谐的发展、深化改革开放的发展和以人民为中心的共享发展，充分体现了经济高质量发展对自然性和人民性的关注，也丰富了经济高质量发展的内涵。杜人淮、马会君（2020）从根本目的、引领支撑、核心内容、战略目标、深厚根基、攻坚任务、实现形式、保障举措等八个维度，系统全面地概括了新时代经济高质量发展具有特定理论内涵。

基于不同视角对经济高质量发展进行理论探讨，对深刻理解和把握高质量发展的理论基础、澄清正确认识具有重要意义。第一是回顾经典文本，寻找理论来源，厚植理论根基。吴帆（2022）和吴雨星、吴宏洛（2021）都认为马克思经济发展质量思想为经济高质量发展提供了理论源泉，总结出以服务人的全面发展为本质属性，以促进生产力发展为基本条件，以社会基本矛盾运动为根本动力的三个科学内涵。第二是与时俱进、不断创新，将我国经济高质量发展的实践经验转化为科学理论。张雷声（2020）认为习近平对新时代我国经济已由高速增长转向高质量发展的特征作出准确判断，对经济高质量发展的基点作出正确把握，客观分析了如何打好"三大攻坚战"的问题，并对经济高质量发展的取向即以人民为中心、强化民生服务作了科学定位。姜英华（2022）结合我国经济发展的新阶段，概括总结出习近平勾画经济高质量发展的逻辑框架和意蕴架构，即坚持以人民性为中心、以新经济为依托、以优结构为遵循、以安全性为前提、以强创新为支撑，从而汇聚成新时代经济发展的系统合力。周亚兰、王萍（2022）提出，习近平关于我国经济高质量发展的重要论述是我国经济发展的根本方针，鲜明揭示了我国新时代经济发展的内在规律，具有深厚的马克思主义理论思维。

当前，我国经济高质量发展也面临诸多困难和挑战，针对高质量发展所面临的困境，学界也进行了一定的探讨。第一，当前经济发展阶段中存在不平衡、不充分的问题。叶振宇、李峰波、王宁（2022）认为从地区发展水平和地区间关系来看，中国区域经济高质量发展仍然面临南北发展差距逐渐扩大、新兴产业低水平同质化严重、东北地区发展动力减弱等难题。王江涛（2022）也认为城乡之间及区域之间发展不平衡、新兴经济形态治理能力不高、内需动力不足、各种安全风险交织并存等，影响了我国经济高质量发展。第二，经济高质量发展面临着新旧发展模式转化困境。任保平、何苗（2020）在准确把握新经济发展的基本特征基础上，指出当前我国新经济高质量发展面临的五大困境，即传统经济与新经济的融合困境、新经济发展的融资困境、新经济发展的创新困境、新经济发展的就业困境、新经济发展的基础环境困境。封世蓝（2020）从"发展短板"的角度梳理总结了经济高质量发展存在的短板问题，指出金融脆弱性、科技脆弱性、产业脆弱性是当前经济高质量发展面临的困境和挑战。林祈倡（2020）在分析新经济与传统经济区别的基础上，剖析了我国新经济高质量发展所存在的与传统经济难以融合、人才缺乏、融资困难、安全有待加强等四方面的问题。

理论分析最终要落脚实践，如何推动和实现经济高质量发展是进行分析研究的关键问题，也是学界讨论的重点。不同学者基于不同视角对如何实现经济高质量发展进行了广泛的探讨，相对系统地回答了"怎么做"的问题。

第一是标定经济高质量发展的发展方向、目标任务。刘伟（2022）认为高质量发展的核心要义就是要坚持"创新、协调、绿色、开放、共享"新发展理念的价值引领,并分析了其运行的内在机理。郭敬生(2020)强调一方面要坚持正确的方向定位,即坚持质量第一和效益优先、坚持解放和发展生产力、增强经济创新能力、推动产业结构升级和处理好改革发展稳定的关系;另一方面,也要落实好经济高质量发展的重点任务,建设制造强国、创新型国家、开放型经济,推动区域协调发展等。

第二是以制度化建设作为推动经济高质量发展的重要内容。李子联(2021)强调体制机制对经济发展的重要作用,认为以国内大循环为主体的双循环新发展格局应以推进经济高质量发展为主线,以继续深化中国特色社会主义经济制度改革并发挥其优势为关键,尤其应推进高等教育制度、收入分配制度、自贸试验区开放型制度和新型城镇化配套制度这四类重要且全面的制度改革。张超、唐杰(2021)同样认为制度在高质量发展中具有重要作用,指出中国经济高质量发展要实现技术、产品、产业及宏观经济的质态转变,其根本是完善市场经济基础性制度和提升制度质量。

第三是以寻找经济发展动力作为推动经济高质量发展的重要环节。针对这一问题,任保平(2020)认为动力是中国经济高质量发展不可或缺的因素,但是转向高质量发展的关键却不仅仅是动力转换问题,更是如何再造动力系统问题。动力体系系统再造的需求包括创新驱动动力需求、人力资本动力需求、制度动力需求和改革动力需求,并进一步指出要形成需求侧消费引领、供给侧创新驱动、环境层面体制机制改革推动的三维动力体系的系统再造,从而为推动经济高质量发展构建了强有力的动力支撑系统。廖军华(2021)认为要形成推进新时代我国经济高质量发展的强大合力,提出需要推进创新驱动发展、创新体制机制、深化供给侧结构性改革、提升产品和服务质量、深化要素市场改革、促进区域协调发展、完善发展成果分享机制以及加强生态环境保护等。任晓刚、刘菲(2022)抓住科技创新这一重要动力,提出着力强化基础研究和理论研究、畅通企业科学研发渠道、营造更加宽松创新生态环境、切实加强国际科技创新合作、促进技术与现实需求相结合等举措。

十四、 所有制理论研究

所有制是指经济主体对客观生产条件的占有关系，体现在生产、分配、交换和消费过程中。所有制理论是马克思主义政治经济学分析的基础性理论之一。公有制为主体、多种所有制经济共同发展的所有制制度，是社会主义基本经济制度的重要组成部分，对经济制度属性和经济发展方式具有决定性影响。围绕"所有制"相关话题，学界进行了理论探讨和实践探索，并进一步厘清了我国公有制经济和非公有制经济的关系。

回溯经典，探寻所有制的理论发展。包炜杰（2022）认为马克思主义所有制理论是马克思主义政治经济学分析的基础，包含着"生产资料归谁所有"和"劳动者与生产资料如何结合"两大核心概念指向。同时，"消灭私有制""重建个人所有制"等马克思主义所有制形态变迁话语蕴含着深刻的唯物史观方法论，充分彰显着"为绝大多数人谋利益"的价值立场。这对于理解新时代坚持和完善社会主义基本经济制度、坚定不移做强做优做大国有企业和国有资本、正确认识和把握资本的特性和行为规律等具有启示意义。包炜杰（2022）还分析了列宁关于所有制问题的探索，指出列宁对苏俄（联）的所有制实践探索先后经历了"剥夺剥夺者""不断扩大国有化""允许发展国家资本主义"三个阶段，这对于我国坚持社会主义基本经济制度具有深刻的启示意义。黄学胜（2020）则认为资本主义私有制是社会不平等和经济危机的根源，社会主义公有制是人类社会发展的必然选择，马克思"重新建立个人所有制"是未来社会公有制的有效实现形式，并强调要遵循人类社会发展的客观规律、深化国有企业改革、坚持以人民为中心。

立足实际，与时俱进，探讨具有中国特色的所有制结构。仲德涛（2022）梳理了包括新民主主义生产资料所有制探索实践、社会主义生产资料所有制形成发展和社会主义生产资料所有制改革创新三个阶段在内的中国共产党对生产资料所有制的百年探索，总结出中国共产党对生产资料所有制探索的重点任务，即毫不动摇巩固和发展公有制经济，毫不动摇鼓励、支持、引导非公有制经济发展，坚持和完善生产资料农村集体所有制。何干强（2021）基于全国经济普查数据的分析，厘清了当今我国第一、二、三产业生产资料所有制的基本结构，强调私有制比重加大势必导致全社会收入差距明显拉大，要坚持基本经济制度，确保社会主义公有制的主体地位，振兴公有制经济，尤其是发挥国有经济在国民经济中的主导作用。谢富胜、王松（2020）提出，在供给侧结构性改革过程中，要增强国有企业综合实力，增进各类所有制企业的产业链协同，推进企业生产方式变革，实现供给体系升级，推动公有制经济与非公有制经济共同发展。

学界考察了公有制经济和非公有制经济所有制形式及其相互关系。

第一，学界将公有制作为社会主义政治经济学的核心概念范畴进行阐发，从而指出公有制的内涵和目的。李济广（2020）提出由于政治经济学研究的是生产关系，而社会主义生产关系的总和就是社会主义公有制，公有权和公有制能够决定、制约、辐射其他范畴和原理的性质，派生本学科其他内容，因此以公有权为核心的公有制是社会主义政治经济学的核心范畴。李济广（2021）进一步提出，中国特色社会主义政治经济学研究的实践目的是指导主体性公有制生产关系的确立、维护、管理、发展和提升，以及以公有制为主体多种所有制并存的混合市场经济制度的确立、运行与管理。周新城（2020）提出生产资料公有制是指生产资料由联合劳动者共同所有、占有、支配和使用的所有制形式。消灭生产资料私有制和建立生产资料公有制是社会主义最主要的特征，也是社会主义制度与资本主义制度具有决定意义的差别。

第二，学界围绕习近平总书记关于非公有制经济发展问题的重要论述展开研究，形成了关于非公有制经济理论要义的共识性认识和多样化分析。周戎、雷江梅（2022）认为习近平关于非公有制经济的重要论述高屋建瓴、意义深远，具有科学的历史逻辑、严谨的理论逻辑、鲜明的实践逻辑，是推进新时代我国非公有制经济高质量发展的根本指南。袁海瑛（2020）提出习近平关于非公有制经济发展的重要论述可概括为"一个地位""两个健康""三个关系"的逻辑结构体系。其中，"一个地位"构成习近平关于非公有制经济发展思想体系的逻辑起点，"两个健康"构成该体系的总体目标，"三个关系"构成该体系的关键环节，三者环环相扣、逻辑自洽，共同构成了一个闭环的思想理论体系。祝远娟（2021）认为习近平关于非公有制经济重要论述的核心要义在于以促进"两个健康"为目标要求，以弘扬企业家精神为价值引领，以优化营商环境为重要抓手，以构建亲清政商关系为长效保障。周戎、雷江梅、阳小华（2022）提出习近平关于非公有制经济的重要论述经历了萌芽孕育、成长深化、完善成熟的过程，已经形成了比较完整的体系架构，主要包括阐明基本原则、界定经济地位、明确政治属性、营造发展环境、把握关键环节、提出重要举措等内容。

第三，公有制经济和非公有制经济辩证统一，都是我国经济发展不可缺少的部分。邱海平（2022）认为在新时代中国特色社会主义建设实践和全面深化经济体制改革中，必须坚持所有制在社会主义基本经济制度中的基础地位，正确处理好巩固和发展公有制经济与鼓励、支持和引导非公有制经济发展之间的辩证统一关系，克服将我国公有制经济及其发展与非公有制经济及其发展对立起来的错误观点与主张。谢富胜、王松（2020）强调要在协同竞争中推动公有制经济与非公有制经济共同发展。他提出，随着社会主义市场经济体制改革的深化，公有制经济与非公有制经济在产业上形成了垂直分布的所有制结构。两者在社会分工上具有较强的互补性，在资源整合、技术创新等方面相互协同，又围绕中间品价格、质量性能和技术标准进行有效竞争。因此，要在供给侧结构性改革过程中，进一步增强国有企业综合实力，增进各类所有制企业的产业链协同，推进企业生产方式变革，实现供给体系升级，推动公有制经济与非公有制经济共同发展。王祖强（2020）提出坚持"两个毫不动摇"符合社会主义的首要任务和最终目的。公有制经济与非公有制经济之间不是相互排斥、相互抵消而是相辅相成、相得益彰的关系，既竞争又合作共同构成社会主义市场经济的微观基础。多种所有制经济经过长期并存和共同发展已经形成了"你中有我、我中有你"的"所有制"生态，一方面，出现了多种所有制经济既竞争又合作的大好局面；另一方面，逐步打破原有的所有制界限，形成了多元化的产权结构和新的混合所有制企业。两者之间竞争合作和融合转化，巩固、发展了社会主义基本经济制度的综合基础，将共同贯穿于整个社会主义历史发展阶段。朱小静、严楚弘、常荆莎（2020）认为应该从理论上明确公有制经济与非公有制经济之间的关系，通过深化国企改革等措施提升公有制活力，并充分发挥公有制在混合所有制企业中的积极引导和带动作用。

十五、 国有企业改革的政治经济学研究

国有企业是中国特色社会主义的重要物质基础和政治基础，是党执政兴国的重要支柱和依靠力量。深化国有企业改革，是坚持和完善社会主义基本经济制度的必然要求。党的十八大以来，习近平总书记站在党和国家事业发展全局的战略高度，对国有企业改革发展发表一系列重要论述，深刻阐明了新时代为什么要做强做优做大国有企业、怎样做强做优做大国有企业等重大问题，为深入推进新时代国有企业改革发展提供了行动指南和根本遵循。目前，学界围绕国有企业改革的理论探讨、历程梳理以及困境举措等方面形成了丰硕的研究成果。

对国有企业改革的政治经济学研究首先离不开理论探讨。李娟伟、任

保平（2022）用"五位一体"逻辑体系总结出不同阶段国有企业改革的理论基础，即动力机制、平衡机制、开放机制、调控机制、评价机制。此外，不少学者集中探讨了习近平总书记关于国有企业改革的重要论述。杨瑞龙（2022）从新时代深化国有企业改革的战略取向角度，强调了"国有企业要搞好就一定要改革""理直气壮做强做优做大国有企业""按照'三个有利于'的标准推进国有企业改革""加强党对国有企业的领导"等重要理论论述。江剑平、何召鹏、刘长庚（2020）认为习近平关于国有企业改革发展的思想紧紧围绕新时代为何坚持和发展国有企业、发展什么样的国有企业、怎样发展国有企业等重大问题，形成了一套以新时代国有企业的地位和作用，改革发展方向、目标、重点、主体、方法论、方针等为核心的科学理论体系，具有重要的理论贡献和实践价值。吴波、马瑞敏（2022）梳理了党的十八大以来习近平总书记关于国有企业改革发展的重要观点，总结出坚持公有制经济的主体地位、做强做优做大国有企业和加强国有企业党建这三个方面的理论成果，为深化新时代国有企业改革进而为坚持和发展中国特色社会主义提供了科学的指引。

国有企业改革经历了漫长的发展过程，梳理国有企业改革历程，便于更好地把握国有企业改革的阶段性、时代性和进步性。学界普遍认为国有企业改革经历了四个不断深化发展的阶段。李娟伟、任保平（2022）梳理了新中国成立以来我国国有企业改革经历的四个阶段，即以"放权"改革为主线的曲折探索阶段（1956—1977）、以经营权改革为主线的加速调整阶段（1978—1991）、以现代企业制度改革为主线的全面深化阶段（1992—2011）、以混合所有制分类改革为主线的质量提升阶段（2012至今）。陈福中（2021）也对国有企业四个阶段的改革进行梳理，并按照时间进程划分为"放权让利""产权改革""国资监管"以及"分类改革"阶段，以此为基础阐述了国有企业改革的具体实践与相应的制度创新。也有学者将国有企业改革历程概括为三个阶段并进一步分析了不同阶段的具体情况。李政

（2020）概括了国有经济在"新中国成立之初""改革开放以来"以及"进入新时代"三个不同阶段发挥的重要作用。张嘉昕、孙舒悦（2020）将国有企业改革与发展划分为三个阶段：构建国有企业自主经营模式的探索、社会主义市场经济下的国有企业改革与发展、新时代国有企业高质量发展。

国有企业改革也面临着诸多现实挑战和问题。第一，相关制度机制尚未建立健全带来的阻碍和挑战。李齐云、李征宇（2022）提出现阶段存在国有企业的独立市场主体地位和竞争性配置资源的市场运行机制、现代企业制度和法人治理结构、优化的国有资本和国有企业布局结构、企业经营者激励和约束机制尚未确立的问题。梁尚尉、郝宇彪（2020）提出国有企业改革需要解决现代企业制度不健全、风险控制体系不完善、竞争力和盈利能力不够强、结构性矛盾突出等问题。第二，内部发展和外部环境两方面存在问题。金晓燕、任广乾、罗新新（2021）认为国有企业高质量发展受制于市场环境和制度环境的完善程度，而市场环境和制度环境又根植于宏观经济发展模式，并进一步提出，双循环新发展格局塑造着新的市场环境和制度环境，并影响着国有企业的高质量发展，应从外部市场环境和内部治理结构两个方面消除国有企业高质量发展面临的障碍，最终使国有企业高质量发展在多方面得到优化。张明昊（2021）在分析国有企业发展现状的基础上，从外部环境压力和国有企业自身问题两个维度总结了信息不对称、"国际合作"两极分化、管制干预过强、改革发展观念滞后、市场程度低、成本负担过重、内生动力不足等问题。

要明确方向、厘清思路，以混合所有制改革为重要抓手，推动国有企业改革发展。第一，总体上提出国有企业改革的方向、思路和对策。李娟伟、任保平（2022）在分析国有企业改革理论逻辑的基础上，提出了五点政策方面的启示，即基于发展生产力与共同富裕明确国企改革分类标准与绩效评价内容，从新要素培育与要素优化配置等方面增强国企改革核心动力，统筹国有企业布局与分配体系实现国企改革平衡发展，深化国内外市场竞争与合作关系，健全国企改革开放机制，完善国企改革调控机制。肖红军（2021）从方法论角度对国有经济产业布局优化和结构调整提供了思想指导，提出现有对国有经济产业布局优化和结构调整的基本导向可以归纳为功能导向、效率导向、目标导向、需求导向和政策导向，同时强调针对国有经济产业布局优化和结构调整的六大核心问题。张富禄、罗丽丽（2020）从多目标统筹兼顾的角度出发，提出深化国有企业改革需要注重完善国有企业现代企业制度与坚持国家基本经济制度相结合，协同解决国有企业产权结构问题以及国有资本产业布局问题，加强国有企业党建工作与管理工作有机结合，关注扭亏增盈的同时加强国有企业自主创新，协同推进国有企业改革与发展。

第二，积极发展混合所有制改革是增强国有经济活力、控制力、影响力的重要发展方向和有效途径。一是充分认识混合所有制改革对于国有企业改革的重要性。赵建辉（2021）提出混合所有制改革正成为国企改革的"重要突破口"，其核心就是要建立现代企业制度，并根据既有理论提出实现企业所有权与经营权的两权分离，强调两权分离表现为对立统一关系。盛毅（2020）提出了新一轮国有企业混合所有制改革的内涵变化，即将宏观层面的多种经济成分并存与企业层面的多种经济成分融合分开，明确后者是基本经济制度的重要实现形式，混合所有制改革要根据国有企业的不同功能定位进行，明确分类改革才能深化国有企业改革，确保国有经济的控制力和影响力。二是分析国有企业混合所有制改革的具体推进举措。周志强、成鹏飞（2022）分析了国有企业混合所有制改革的困境与破解对策，强调需要国资国企以"共享共赢"目标为导向，提升抢抓混改机遇意识、加快推动国企股权改革、探索权力配置共享机制、加快推动职业化管理、构建关键产业链共生发展平台等。翟绪权、刘仲仪（2020）基于我国国有企业混合所有制改革出现的混合顾虑、混合壁垒、逆向选择、目标冲突等问题，提出要破除行政干预、扩大开放范畴、公开经营信息、进行分类改革。此外，不少学者强调分类推进对于国有企业混合所有制改革的重要意义。黄群慧（2022）认为新时代全面深化改革更加强调改革的系统性、整体性和协同性，而这对国有企业改革而言，需要以分类改革为切入点系统、协同、全面地推进各项企业改革。罗进辉、李佳霖（2022）基于双元能力的理论视角进行国有企业混改的多案例研究，根据国有企业类别、混改动因以及控制权的分配情况，把国有企业混改模式划分为国有股东占优模式、民营股东占优模式和无实际控制人模式三种模式，强调不同类型的国有企业最大限度地选择适合自己的混改模式，才能最大限度地实现混合所有制改革的初衷与积极作用。

十六、 新发展理念的政治经济学研究

以"创新、协调、绿色、开放、共享"为主要内容的新发展理念，是以习近平同志为核心的党中央推动我国经济发展实践的理论结晶，是中国特色社会主义政治经济学对马克思主义政治经济学富有创造性的理论发展。新发展理念深刻总结了国内外发展的经验教训、分析了国内外发展大势，集中反映了我们党对经济社会发展规律认识的深化，为我国经济社会发展提供了根本遵循。随着经济社会发展，新发展理念在国家发展战略中的重要地位进一步凸显，这也要求理论研究必须及时跟进。

首先，学界对如何认识新发展理念展开研究。第一，从理论创新角度把握新发展理念的创新发展。学界普遍认同新发展理念既坚持了马克思主义的理论内核又赋予其新的理论内涵。方茜（2020）认为新发展理念是对马克思主义发展观的集成化和系统化。其中，协调发展是多层次、多领域的大协调，绿色发展强调人与自然的一致性，开放发展突破了从市场看世界的局限。白羽（2020）则提出五大发展理念继承和发展了马克思社会发展理论，具体而言五大发展理念丰富了社会有机体理论、社会发展动力理

论、社会发展最终目的理论。此外，不少学者结合时代特征总结概括了新发展理念"新在何处"。张彦（2021）认为新发展理念的新的发展体现在生成性、建构性、系统性和开放性四个方面。田鹏颖（2021）以"思维之新""方法之新""价值取向之新""实践路径之新"四个方面概括了新发展理念的理论创新。第二，用系统观念认识新发展理念的总体性、整体性。学界普遍认同新发展理念是一个关于发展的系统化理念体系。朱仁显、罗家旺（2020）从价值、实践、结构三重维度概括了对新发展理念的总体性认识，提出新时代中国特色社会主义新发展理念确立了"以人民为中心"的价值总体性，凸显了社会主要矛盾转变的实践总体性，明确了创新、协调、绿色、开放、共享五大发展理念间关系的结构总体性，全面体现和发展了马克思主义总体性方法，达到了新的理论高度。第三，基于新发展阶段、新发展理念和新发展格局三者及其关系视角的研究阐释。一是阐明三者各有侧重。蒋鑫（2022）认为需要用系统思维把握和理解三者的内涵和特征，提出新发展阶段是事物发展内外因的反映，新发展理念是对新发展阶段的统筹思考，新发展格局则是主观能动性的具体表达。二是论述三者相互联系、辩证统一。陈健、张旭（2022）提出新发展理念是贯串新发展阶段和新发展格局的主线，把握三者的整体性要从新发展理念出发。孙业礼（2021）强调准确把握新发展理念的丰富内涵，要突出新发展理念在经济社会发展中的引领作用，新时代新阶段的发展必须贯彻新发展理念。

其次，学界就如何运用新发展理念展开研究。第一，新发展理念与现代化相关问题的研究。顾海良（2021）认为新发展理念作为解决我国一切发展问题的"基础和关键"，集中体现了现代化建设的指导原则，集中体现了中国特色社会主义政治经济学的思想精粹和基本特征。一是新发展理念为理解和拓展中国式现代化新道路提供了新视角。洪银兴（2022）分析了新发展理念对中国式现代化新道路的引领作用，而由此形成的中国式现代化新道路表现为现代化的创新发展之路、现代化的协调发展之路、现代化的绿色发展之路、现代化的开放发展之路。王炳林（2022）认为新发展理念是推进中国式现代化的指导原则和理论遵循，为推进中国式现代化提供了强大动力、价值目标和科学指引。二是新发展理念引领建设现代化经济体系。比如，陈景彪（2022）分析了贯彻新发展理念与建设现代化经济体系之间存在着相互联系，表现为一个螺旋式上升的发展过程，提出应从我国在建设现代化经济体系进程中面临的新机遇、新挑战，内部条件和外部环境的深刻变化，科学理解、把握和贯彻新发展理念引领现代化经济体系建设的逻辑内涵，以此获得两者融合发展的整体视角。三是新发展理念引领国家治理现代化和社会主义现代化国家建设。沈建波（2020）和陈元（2022）都强调新发展理念与现代化国家治理的耦合性，认为新发展理念在国家治理现代化中具有重要的方向引领作用，是对新时代我国经济高质量发展问题进行的系统性思考、科学性指向。此外，逄锦聚（2021）提出必须把新发展理念贯彻到全面建设社会主义现代化国家的全过程和各领域，分别分析了贯彻五大发展理念对于实现共同富裕、构建新发展格局、推动乡村振兴等的重要作用。

第二，新发展理念与共同富裕相关问题的研究。学界普遍认为新发展理念对共同富裕具有引领和促进作用。黄金辉、郑雯霜（2022）认为共同富裕与新发展理念具有强烈的内在关联性和互动耦合性，新时代新征程必须牢固树立与贯彻落实新发展理念，构建与新发展理念相适应的体制机制及其配套政策措施，在高质量发展中扎实促进共同富裕。高元博（2022）提出新发展理念与实现"共同"和"富裕"目标高度契合，解决了实现"富裕"目标过程中的"动力源""增长极""联动力"问题和实现"共同"目标过程中的缩小"剪刀差"与落实"公正性"问题。

第三，新发展理念与经济高质量发展相关问题的研究。王大树（2022）强调要把新发展理念贯彻到高质量发展的全过程，并从五大发展理念的角度概括了高质量发展的"五大本质特征"，即科技创新成为第一动力、协调成为内生特点、绿色成为普遍形态、开放成为必由之路、共享成为根本目的。张辉、吴尚（2021）将新发展理念视为实现高质量发展的根本原则，强调要应用系统思维，依照新发展理念的整体性和关联性进行设计，做到统筹兼顾，协同发力。任保平、宋雪纯（2020）提出推动我国经济高质量发展，建设现代化经济体系的实现路径在于进一步激发创新发展活力、加强协调发展的整体性、推进绿色发展制度体系建设、形成高水平对外开放的新格局、增强公共服务供给能力。

再次，学界重点研究了新发展理念的重大意义。第一，新发展理念做出了突出原创性理论贡献。顾海良（2022）强调新发展理念是新发展阶段特别是"十四五"时期我国发展壮大的根本遵循，也在整体上发挥着"战略性、纲领性、引领性"作用。韩喜平、丛立峰（2021）认为新发展理念开拓了马克思主义政治经济学的新境界，在经济发展内涵、经济发展分析框架、整体性分析破解发展难题、坚持人民立场等方面对经济发展理论作出了原创性贡献。蒋显荣、侯彭振（2021）则认为新发展理念为马克思主义关于人类社会发展动力的认识贡献了原创性的智慧，并用五个"首次"总结了新发展理念的原创性贡献。第二，新发展理念具有重要的实践指导意义。刘淑文（2021）认为新发展理念将党对发展的认识提升到了新的高度，扩展了发展观新境界，为全面建设社会主义现代化国家、实现高质量发展提供了根本遵循。此外，也有不少学者聚焦新发展理念在具体领域的实践指导意义。常庆欣、邬欣欣（2021）强调新发展理念对抢抓碳达峰窗口期的引领效应，提出新发展理念能够破除认识误区，引导市场预期，有效推进对各种矛盾、风险、挑战的准确识别，为制定行动方案提供了根本指南。方凤玲（2020）结合我国扶贫工作，提出五大发展理念是打赢脱贫攻坚战的思想引领，并进一步提出创新发展激活扶贫内生动力、协调发展提高脱贫攻坚成效等具体引领作用。第三，新发展理念同样也具有重大的世界意义。支继超（2020）认为新发展理念回答了发展的方式、目标及其关系问题，能够在思维层面引领全球走出发展迷思，在道路层面带领全球解决发展难题，在实践层面为全球提供发展新方案，在伦理层面向全球贡献发展新文明。丁威（2022）也认为当代中国新发展理念的实践与经验可以为全球发展贡献中国智慧和中国力量。

十七、 现代化经济体系的政治经济学研究

现代化经济体系是由社会经济活动各个环节、各个层面、各个领域的相互关系和内在联系构成的有机整体。建设现代化经济体系是我国经济发展的战略目标，也是转变经济发展方式、优化经济结构、转换经济增长动力的迫切要求。党的二十大报告对加快建设现代化经济体系作出新的战略部署，并将"建成现代化经济体系"作为二〇三五年我国发展的总体目标之一和未来五年的主要目标。建设现代化经济体系是一篇大文章，既是一个重大理论命题，更是一个重大实践课题，需要从理论和实践的结合上进行深入探讨。近年来学界也高度关注现代化经济体系相关问题，围绕现代化经济体系的内涵、理论基础、现实困境以及重要举措等方面，形成了较为丰硕的研究成果。

现代化经济体系是对马克思主义政治经济学的继承与发展，研究现代化经济体系首先需要把握现代化经济体系的丰富内涵。蔡万焕（2020）从生产力和生产关系的辩证运动角度把握经济体系的科学内涵，提出现代化经济体系是生产力和生产关系的统一，当前建设现代化经济体系，需要高度重视生产力的高质量发展和生产关系对经济发展的能动作用，尤其是生产资料所有制这个关键环节。屈凯（2022）则聚焦具体内容，认为构建现代化经济体系是新发展理念的具体实践，包括产业均衡、城乡区域、绿色生态、开放经济、收入分配、市场体系和经济体制等七个方面的内容。韩晶、朱兆一（2020）从理论创新的角度阐明了新时代现代化经济体系的理

论内涵，提出现代化经济体系是对马克思主义政治经济学、马克思主义全球化理论、马克思主义发展观、马克思主义社会发展动力理论等的创新性继承和发展，是新时代中国特色社会主义理论体系的丰富和拓展，是对现代经济增长理论的发展与超越。

把握理论基础和逻辑框架是对现代经济体系进行系统化、全面化认识的重要前提。马克思主义基本原理和马克思主义经典作家的重要观点是建设现代化经济体系的重要理论基础。蔡万焕（2021）从唯物史观出发考察经济体系，提出应当将生产力和生产关系相结合，强调需要高度重视生产关系对经济发展的能动作用。刘思远（2021）以《资本论》的解读为重要研究视角，提出中国特色社会主义现代化经济体系是对《资本论》财富供给观点、财富需求观点、财富供求关系观点的实践。此外，不同学者从不同视角分析了建设现代化经济体系的逻辑框架，形成了关于现代化经济体系建设的系统化认知。李怡乐（2020）参照《资本论》分析资本运动及扩大再生产的文本结构，提出建设现代化经济体系要从生产、流通、分配、再生产等层次推动社会主义市场经济条件下技术创新、空间平衡和制度优化三方面的有机互动。张弛（2022）聚焦建设现代化经济体系与构建新发展格局的逻辑内涵，从时间维度、理论维度、实践维度三个方面分析了两者之间的逻辑关系。

现代化经济体系建设也面临着诸多问题和挑战，学界普遍认为结构问题是建设现代化经济体系中面临的重要问题，并进行了多视角的分析和阐释。张辉、房誉、唐琦（2021）认为当前我国经济主要问题已经从总量向结构转变，现代化经济体系建设中的结构性矛盾主要体现在资源压力凸显发展瓶颈、分配体系影响内需扩大、区域发展不均衡分割国内市场等方面。崔晓东（2020）提出新时代中国建设现代化经济体系主要面临需求结构优化升级和供给结构严重失衡两方面的挑战。夏长会（2020）认为目前我国现代化经济体系存在产业结构不平衡、区域发展不平衡、实体经济供给不充分、绿色经济发展短板突出等问题。此外，还有学者进一步分析了现代化经济体系建设过程中结构问题的具体表现。杜秦川（2021）提出当前经济体系的短板主要体现为结构问题，即产业体系、市场体系、收入分配体系、城乡区域发展体系、绿色发展体系、全面开放体系等方面存在问题，并集中反映在需求、供给、城乡和区域等结构不平衡、不充分方面。庄贵阳、徐成龙、薄凡（2021）认为新发展格局下我国现代化经济体系面临产业体系韧性不足、要素市场改革滞后、收入分配体系不合理、区域发展不均衡不协调、绿色经济发展面临转型阵痛、对外开放面临挑战、市场经济体制仍不完善等问题。

如何建设现代化经济体系是学界研究的重点。关于建设现代化经济体系的实现路径和方法，学界既有宏观角度的总体性分析，也有结合具体领域的深入分析，从而形成了宏观与微观相结合的多维度认识。

第一，从总体上看建设现代化经济体系要遵循社会主义发展方向、坚持公有制经济的主体地位，统筹处理好政府与市场、供给与需求、实体与金融等多种关系。一是建设现代化经济体系首先需要明确正确的发展方向，始终坚持党的领导、坚持公有制主体地位和社会主义发展方向。王跃生、马相东、刘丁一（2022）阐明了现代化经济体系建设的本质要求在于坚持和加强党的全面领导，坚持以公有制为主体、多种所有制经济共同发展，实现全体人民共同富裕，走独立自主的发展道路。蔡万焕（2021）强调现代化经济体系的建设需要遵循社会主义方向，坚持公有制经济的主体地位，需要建立科学的宏观调控体系，以及处理好政府与市场、实体经济与金融、国内国际双循环的关系，坚持走共同富裕道路。此外，坚持以人民为中心同样是建设现代化经济体系的重要价值取向。李玉峰、张学龙（2020）提出坚持以人民为中心，是建设中国特色社会主义现代化经济体系的本质体现和要求，要始终坚持建设为了人民、建设依靠人民和建设成果由人民共享。二是建设现代化经济体系必然要求形成整体性认知和体系化把握。宁阳（2020）认为建设现代化经济体系是一个复杂的系统工程，涉及方方面面的工作，需要运用整体性思维进行整体性认识，在实践中应该从价值目标、发展理念、经济制度、产业基础、驱动力量五个维度加快推进。段光鹏、王向明（2022）则提出只有从产业体系、市场体系、分配体系、区域发展体系、绿色发展体系、开放体系、经济体制等方面准确地把握建设现代化经济体系的基本构成，明确主攻方向、强化战略支撑、优化空间布局、完善制度保障、构建自我强化机制，才能更加有效地建设各个环节、各个层面、各个领域协同发展的现代化经济体系。

第二，从具体实践领域来看，建设现代化经济体系与国家治理、高质量发展、供给侧结构性改革等密切相关。一是国家治理体系和治理能力现代化对于现代化经济体系建设至关重要。张申（2020）分析了从逻辑、历史、实践三个维度建设现代化经济体系与"两个治理"之间的互动关系。姜涛（2021）探讨了国家治理视域下的现代化经济体系建设创新路径，提出要加强党对现代化经济体系建设的领导、厘清政府和市场的作用边界、为现代化经济体系营造良好的社会环境。二是现代化经济体系与高质量发展的核心内容和本质要求一致，构建现代化经济体系是实现高质量发展的重要路径。李玲娥（2022）在界定高质量发展内涵、探讨现代化经济体系与资源型高质量发展关系的基础上，强调要培育经济发展新动能、构建现代产业体系、改革创新体制机制和加大对外开放力度。辛建生、岳宏志（2020）基于经济高质量发展的视角，提出我国建设现代化经济体系要处理好产业发展、完善市场经济体系、统筹城乡发展、缩小收入差距等方面的关系，促进各个要素的协同发展。三是以供给侧结构性改革为主线，加快现代化经济体系建设。比如，曾宪奎（2020）认为建设现代化经济体系对我国供给侧结构性改革提出了新的要求，即更加重视技术创新问题、大力发展实体经济、提升供给质量、逐步解决阻碍充分发挥市场决定性作用和更好发挥政府作用的深层次体制机制问题。

十八、"以人民为中心" 发展思想的研究

坚持"以人民为中心"的发展思想，是马克思主义理论尤其是中国特色社会主义政治经济学的重要创新成果，也是当前我国经济社会建设的基本指南。"以人民为中心"的发展思想与中国特色社会主义经济改革实践相结合，对发展为了谁、发展依靠谁、发展成果由谁享有这个根本问题做出了回答。新时代坚持和发展中国特色社会主义，需要践行以人民为中心的新发展理念，首要的是全面把握其生成逻辑、科学内涵、重大意义。

深入理解"以人民为中心"发展思想，必须全面把握其形成逻辑。曹胜亮、陈沚欣（2022）认为"以人民为中心"发展思想源于马克思主义人民主体理论和中华优秀传统文化中的民本思想，源于中国共产党人的接续探索，源于新时代坚持和发展中国特色社会主义的现实需要，是理论逻辑、历史逻辑和实践逻辑的辩证统一。"以人民为中心"发展思想坚守了人民立场的价值旨归和一切依靠人民的价值理念，"以人民为中心"发展思想的生成脉络和创造性推进增加了人民的幸福感和获得感。王紫潇、陈继红（2021）提出"以人民为中心"改革价值取向是对"改革为了谁、改革依靠谁、改革造福谁"时代课题的科学解答，其形成与发展有着清晰的逻辑进路。在历史逻辑上，它是对中国共产党人"为人民谋幸福"这一初心的确然践行；在现实逻辑上，它是对经济建设过程中市场逐利性倾向的实然超越；在理论逻辑上，它是对传承和创新马克思主义群众史观的应然选择；在实践逻辑上，它是对满足人民日益增长美好生活需要的本然印证；在生成逻辑上，"以人民为中心"改革价值取向是改革开放40多年来中国人民艰苦奋斗历史逻辑、现实逻辑、理论逻辑和实践逻辑的必然结果。刘康（2021）认为习近平以人民为中心的发展思想展现了"本体论、认识论、价值论"清晰的逻辑结构。冯颜利、李怀征（2020）总结到深入探究习近平

以人民为中心发展思想的理论逻辑、历史逻辑以及实践逻辑，是贯彻落实这一思想的前提和必须。历史唯物主义为习近平以人民为中心的发展思想奠定了深厚的理论逻辑，中国革命、建设和改革的宏大历史进程为这一思想提供了坚实的历史逻辑。在坚持党对一切工作领导的基础上，全力贯彻群众路线，不断满足人民日益增长的美好生活需要，则是新时代落实习近平以人民为中心发展思想的实践逻辑。

围绕"以人民为中心"发展思想的科学内涵，学界展开了讨论并取得一系列成果。诸凤娟和赵华兴（2022）提出"以人民为中心"发展思想的内涵要义是一切为了人民、一切依靠人民、一切从问题出发、一切由人民检验。段治文和苏悦（2021）阐述了中国共产党人民立场的百年坚守，深刻蕴含了马克思主义发展的理论价值、国际共产主义运动中的实践价值和人类社会发展上的现代化价值。徐志远和陈朝娟（2020）认为从"发展的根本是为了人民、发展的根本动力是依靠人民、发展的根本价值是发展成果由人民共享"来归纳以人民为中心的科学内涵。认为以人民为中心作为习近平新时代中国特色社会主义思想的核心范畴，其理论价值在于坚持和发展了马克思主义唯物史观，开辟了马克思主义新境界；其现实意义在于坚持和传承了我们党服务人民的根本宗旨，继承和弘扬了我们党密切联系群众的优良作风，集中体现了我们党坚持人民共享的价值追求。赵笑蕾（2020）认为"以人民为中心"发展思想从理论和实践两个方面赋予马克思主义发展思想以崭新的内涵。从理论维度看，这一新发展思想在坚守马克思主义基本原理的同时，有力地驳斥了西方社会以资本为中心的发展思想，充分显现了社会主义基本制度的优越性；揭示了中国特色社会主义发展的实质，深化了对发展规律的认识；推进了马克思主义中国化，从理论和实践上坚持并丰富了科学社会主义，从而开拓了马克思主义发展思想的新境界。从实践维度看，新发展思想引领中国走向建设社会主义现代化强国的新征程，为广大发展中国家实现发展提供可资借鉴的中国方案、中国智慧。

坚持"以人民为中心"的发展思想，必须准确把握其鲜明的实践品格。李敬煊、黄平森（2022）认为"以人民为中心"的发展思想彰显了党坚持人民至上的价值逻辑、理论逻辑和文化逻辑，其基本经验启示新时代必须坚持人民至上，以民为师，坚信人民创造历史；以民为镜，坚定站稳人民立场；以民为秤，坚持人民利益至上；始终坚持以百姓心为心，才能在新的赶考征程中，依靠人民继续创造新的历史伟业。岑朝阳（2021）认为在实践层面上，人民至上的"人民中心论"渗透于经济、政治、文化、社会、生态等各个方面的社会主义建设过程，其现实价值在各个历史时期无论对国家的发展还是党的领导都起到不可比拟的作用；现实层面上，人民至上的"人民中心论"不仅是对既往革命理论的忠实继承与创新发展，而且体现了马克思主义历史唯物论与中国社会主义建设具体实践在理论与现实层面的完美契合。闫咏梅（2020）提出在实践中，坚持以人民为中心要以人的需要为根据。一方面，立足需要的关系场域，处理好"人—物""党—群"和"群—己"关系。另一方面，关注需要的终极目的性，以人民的幸福为党的使命担当，重视人民利益，尊重人民意愿，即是把"以人民为中心"的思想真正落到了实处。刘彩丽（2020）认为"以人民为中心"的发展思想是习近平总书记牢牢植根人民的早年生活和从政经历的思想升华，凸显在抗击新冠肺炎疫情的中国行动之中，贯穿于决胜全面小康、决战脱贫攻坚的实践。

十九、 收入分配和共同富裕的政治经济学研究

中国式现代化是全体人民共同富裕的现代化。收入分配改革是走好以人民为中心、实现共同富裕的中国式现代化道路的重要保证。近年来，政治经济学界围绕党中央关于共同富裕的相关理论和实践问题展开了多角度的研究，取得了丰富的成果。

1. 关于收入分配问题的研究

作为中国特色社会主义政治经济学理论的重要组成部分，收入分配理论的丰富与发展对于诠释中国道路、创新中国经济理论更有着不可或缺的作用。学者们立足中国现实，对中国收入分配的现存问题及其成因、如何优化收入分配结构进行了系统研究。这对于优化、补充政策及调整政策着力点以发挥政策的总体功能有着重要的参考价值。

一是着重研究了中国收入分配的现存问题及其成因。孔伟艳（2022）提出在收入分配方面面临若干制约因素，集中体现为财富存量影响大、再分配功能弱、三次分配发展滞后优化收入分配结构三个方面。刘志彪（2022）认为中国收入分配格局的问题，在很大程度上跟中国过去长期实施的赶超战略以及通过产业政策实施来实现赶超的方法，有直接甚至是最重要的关系。刘翠平（2021）认为二元经济结构的束缚、行业垄断严重是导致国民收入分配失衡的原因。韩禹微（2020）提出我国的收入分配问题近年来虽然有所改善，但仍然十分突出。高收入和低收入人群的收入差距依然十分巨大，行业间的收入分配问题日益突出，城乡间的收入分配问题有所改善，但仍然有很大的改进空间。

二是重点关注了中国收入分配的制度完善。杨文杰、韦玮（2022）提出通过提升低收入群体收入水平并使其向上流动、扩大中等收入群体规模以构筑橄榄型社会结构、规范和调节高收入并鼓励高收入人群参与第三次分配等措施，使初次分配、二次分配和第三次分配相互协同，才能促进共同富裕目标的实现。张永丽（2022）提出以深层次制度改革为突破口，构建初次分配、再分配、三次分配协调配套的基础性制度安排，在初次分配领域突出深化要素市场的改革，实现公平竞争与效率，在二次分配领域突出完善政府调节职能，保障社会和谐与公平，在三次分配领域突出动员全社会力量，提高全体公民的社会责任，全面推动共同富裕。贯彻落实共享发展理念。张天姣（2021）提出深化我国收入分配制度改革，要坚持公有制和按劳分配的主体地位，建立缩小收入差距的共享发展长效机制；补齐民生"短板"，促进基本公共服务均衡发展；创新政府对收入再分配和三次分配的调节机制，形成实现共享发展的有效保障。

2. 关于共同富裕问题的研究

共同富裕是社会主义的本质要求，是中国式现代化的重要特征。近年来，学界就共同富裕的内涵、基本逻辑及实践检验、重点难点及其路径展开了研究。

一是系统研究了共同富裕的科学内涵。顾海良（2021）认为，共同富裕作为社会主义的本质要求，是社会主义本质理论在新时代的赓续和拓新，是对新发展阶段社会主要矛盾发展趋势的深刻把握，是对"中国式现代化"特征的深邃探索，是对"人类文明新形态"内涵的深湛论证，是对中华民族伟大复兴主题的深入探究。周文、何雨晴（2022）认为从马克思主义政治经济学的视角看，"富裕"体现生产力发展的要求，"共同"界定社会主义的生产关系性质，"共同"与"富裕"之间的关系体现的是生产力与生产关系的相互关系。要在认识和把握好生产力和生产关系发展规律的基础上，更好地理解和把握共同富裕，在更好地处理生产力和生产关系的运动规律中扎实推动共同富裕。张耀军、张玮（2022）认为共同富裕包括两方面的有机统一：富裕指经济总量的提升，实现经济高质量发展；共同指富裕实现的范围，是全体人民的普遍富裕。陈丽君、郁建兴、徐铱娜（2021）具有"发展性、共享性和可持续性"特征；共同富裕本身内含着主体的全民性正义、内容的实质性正义、方式的程序性正义等"正义"意蕴，既是政治经济学意义上的发展性正义，也是政治哲学意义上的共享性正义，与马克思主义正义思想具有内在的契合性。方世南（2021）提出，共同富裕是社会主义的本质要求说明，社会主义与共同富裕存在着密不可分的内在联系，考察社会主义与其他各种主义的本质区别，就是看是否坚持和实现全体人民的共同富裕。

　　二是集中探讨了共同富裕的基本逻辑及实践检验。刘艺芳（2022）认为从理论逻辑来看，共同富裕彰显了马克思主义的价值追求；从历史逻辑来看，不同历史时期中国共产党对于共同富裕的探索体现着全体共产党人的理想追求和使命担当；从实践逻辑来看，坚持党的领导、完善收入分配制度、推进中国式现代化高质量发展、促进物质文明和精神文明统一是实现全体人民对共同富裕殷切期盼的实践必需。姜英华（2022）提出新时代中国特色社会主义共同富裕是对共产主义历史逻辑的赓续，是在发展现实和现状基础上的逻辑贯通，并以中国场域和中国实践为依据，进行实践逻辑的创新和理论逻辑的发展，因而在已有发展成绩和经验的基础上向共同富裕迈出了最坚实、最可靠的一步。张占斌（2021）强调，中国式现代化新道路的历史逻辑、实践逻辑、理论逻辑和文化逻辑，共同决定了共同富裕必然是其重要特征；是否坚持共同富裕，成为区分中国式现代化新道路与西方现代化道路的一个重要标志。李松龄（2021）研究发现，初次分配推进共同富裕和美好生活的制度创新安排，全体人民能够共享财富占有上的共同富裕，方能称为满足美好生活需要。在社会主义市场经济条件下，全体人民要能享受财富占有上的共同富裕和美好生活，必须具备两个方面的条件：一是全体人民能够实现收入占有上的共同富裕；二是必须发展财富生产，扩大财富供给，厚实财富基础。

　　三是针对推进共同富裕的重点难点及其路径进行系统研究。唐任伍、李楚翘（2022）提出共同富裕主要面临基本公共服务水平不高、精神文明与物质文明不协调等难题，以及"经济转型、社会利益分配格局失衡"等中长期挑战，需要基于市场、政府与社会"三轮驱动"实现逻辑。刘方平（2022）认为引领经济高质量发展，建设有效市场，实现国家治理体系和治理能力现代化，构建有为政府，丰富人民群众的精神文化生活，塑造有志精神，处理好改革、发展、稳定之间的关系，营造有爱社会，推动形成绿色发展新格局，打造美丽中国是推进共同富裕的政治经济学路径。王磊

（2022）认为实现新时代共同富裕需要从经济高质量发展、城乡区域协调发展、乡村振兴、基本公共服务均等化、生态环境保护和文化建设等方面采取有效举措。杨静、宋笑敏（2021）强调，制约共同富裕"取得实质性进展"的短板和瓶颈，根本在于生产力发展不够充分，高质量发展掣肘颇多：自立自强的科技创新体系尚未形成，市场活力和发展韧性需要进一步提高，传统产业结构亟须转型升级以促进建立现代产业体系等。黄祖辉、叶海键、胡伟斌（2021）认为中国推进共同富裕的重点在农民农村，要以农民农村为共同富裕的主要抓手，突出农业农村的优先发展、脱贫攻坚成果的巩固与拓展、新型城镇化对农民农村的带动与融合，着力破解发展不平衡不充分、公共服务效率低下和居民收入差距悬殊的难题。

二十、 供给侧结构性改革和扩大内需战略的政治经济学研究

面对国内外经济发展新形势，党中央提出要加快构建以国内大循环为主体、国内国际双循环相互促进的新发展格局。构建新发展格局需要把扩大内需战略同深化供给侧结构性改革有机结合起来，使供给和需求两侧协同发力。近几年学界关于供给侧结构性改革和扩大内需战略的研究主要集中于两个方面：一方面着重研究供给侧和需求侧在构建"双循环"发展格局中的作用；另一方面主要研究供给侧结构性改革和扩大内需的协同发展，以及以国内大循环为主体的需求侧管理政策。

1. 关于供给侧结构性改革的研究

以供给侧结构性改革为主线，加快现代化经济体系建设，是党的十九届四中全会对我国未来供给侧结构性改革提出的重要内容。学界就如何推进供给侧结构性改革展开了讨论。任保平、苗新宇（2022）提出，在新发展阶段，我国应进一步深化供给侧结构性改革，通过大力培育高质量发展的创新新动能、加速构建和优化数字经济发展环境、完善供给侧结构性改

革与需求侧管理的动态协同，提升我国供给体系的整体韧性。钟瑛（2022）认为，供给侧结构性改革的主战场是要素市场改革，改革的重点方向是实现这些供给要素的最优配置，从而提高经济增长效率和激发经济增长动力。郭克莎（2020）认为，深化供给侧结构性改革需要重点解决以下问题：一是处理好结构调整与深化改革的关系；二是处理好行政手段的合理运用问题；三是处理好短期政策与长期政策的关系。刘江宁（2020）提出，深化供给侧结构性改革，需要从"结构性"上下功夫，在调整经济结构、转变经济发展方式等方面，不断培育增长新动力、形成先发新优势、实现创新引领发展。曾宪奎（2020）认为，未来我国供给侧结构性改革主要任务包括三个：巩固已经取得的成果；以技术创新为主要抓手，逐步推进制造业高质量发展；积极提升企业竞争力，发展更多优质企业，培养新的企业集群。

2. 关于扩大内需战略的研究

在当前和今后一个时期，国内需求仍然是拉动经济增长的最主要力量，这也是我国经济发展的战略基础。因此，学界就扩大内需的重要意义展开了研究。刘鹤（2022）提出，把实施扩大内需战略同深化供给侧结构性改革有机结合起来是党中央基于国内外发展环境变化和新时代新征程中国共产党的使命任务提出的重大战略举措，对于今后一个时期有效发挥大国经济优势、加快构建新发展格局、推动高质量发展、全面建设社会主义现代化国家，具有重要意义。黄群慧（2020）认为，构建新发展格局，必须把握扩大内需这个战略基点，加快培育完整的内需体系，把实施扩大内需战略同深化供给侧结构性改革有机结合起来，利用好大国经济超大市场规模，释放巨大而持久的动力，稳住经济中高速增长"基本盘"，不断增强人民群众获得感幸福感安全感。张杰、金岳（2020）认为，当前我国经济正处于全面进入内需驱动型发展阶段的关键时期。我国跨越"中等收入陷阱"的唯一路径，在于牢牢依靠自身内需市场规模持续扩张和消费持续升级换代形成的内生型经济增长动力机制。

在当前经济背景下，学界分别从原则要求和战略任务两个方面探讨了如何扩大内需的问题。关于扩大内需应该坚持的重大战略原则，洪银兴（2021）提出，扩大内需需要加快培育完整内需体系。胡鞍钢（2020）介绍和分析了中国第三次积极扩大内需战略，包括更加积极的财政政策、更加灵活适度稳健的货币政策、全面强化就业优先政策、打造中国经济发展新格局、坚持以供给侧结构性改革为主线，以及主动开展国际合作、打造人类卫生健康命运共同体理念和行动。李标（2022）认为，新时代需求侧管理强调短期与中长期目标相互融合，总体目标的核心在于促进新发展格局加快构建、高质量发展模式顺利塑造；具体目标的内核是促进经济稳定增长、扩大社会需求规模、引导就业改善和牵引结构升级。管理好需求侧应以实现经济提质扩容为目的，坚持供需有机融合思路，立足扩张需求基点，消除经济循环堵点，抓住社会再生产着力重点。刘江宁（2020）提出，扩大内需，必须深化供给侧结构性改革，突出民生导向，使提振消费与扩大投资有效结合、相互促进。王杨（2021）认为服务业发展与扩大内需之间存在双向互动机制，服务业发展会通过收入水平提升、投资渠道扩大、就业吸纳、资源优化配置起到扩大内需的作用，扩大内需又会通过需求内化机制、拉动提升机制、规模倒逼机制反哺服务业的发展。关于扩大内需的战略与任务，樊纲（2021）提出了五点建议和两个注意：一是增加就业和提高居民收入；二是进一步完善社会保障；三是继续发展消费信贷；四是进一步发展好互联网电商；五是重视"一老一小"的消费需求；扩大消费需求时不能忽视两个消费：公共服务消费和住房消费。贾康、刘薇（2021）在统筹协调大思路下从消费能力与收入再分配、有效投融资、城乡间要素流动、外贸政策、科技创新攻关等方面，提出对策建议。高建昆（2021）则是兼顾了理论层面与实践层面，分别提出了见解。在其看来，坚持扩大内需战略基点，在理论层面，要以新发展理念为指导，遵循按比例分配社会劳动的规律，统筹把握供给与需求、内需与外需的辩证关系，推动构建以内需为基础、内需和外需协调发展的需求体系。在实践层面，要从消费需求和投资需求两个基本层面系统推进，高质量地全面促进消费需求以实现经济循环的畅通，高水平地系统拓展投资空间，实现高水平的自立自强。

3. 关于需求侧管理与供给侧结构性改革相协同的研究

关于需求侧管理与供给侧结构性改革的关系分析，学界形成了较一致的观点，均认为供给侧的发展要与需求侧管理协同发展。洪银兴（2021）认为，供给和需求相辅相成。转向以内循环为主体的国民经济循环需要供给和需求两侧共同发力。刘鹤（2022）提出，把实施扩大内需战略同深化供给侧结构性改革有机结合起来，既是积极应对国内外环境变化、增强发展主动性的长久之策，又是全面建设社会主义现代化国家的实践要求。方福前（2021）认为，如何正确认识供给侧结构性改革与需求侧管理的关系，实质上是正确认识供给与需求的关系问题。供给与需求是相互依存相互作用的。倪香芹（2021）认为供给侧改革与需求侧管理是共生关系，体现在需求可以牵引新的供给；供给创造新的需求。

如何推进供给侧结构性改革和扩大内需战略的有机结合引起了学界的热议。黄群慧、陈创练（2021）认为需求侧管理与供给侧结构性改革理应动态协同发展，二者都需要围绕促进经济高质量发展、构建新发展格局而展开。从机制上看，经济高质量发展要求供需两侧达到更高水平的均衡，即形成"需求牵引供给、供给创造需求"的发展机制。刘鹤（2022）认为推动两者有机结合必须坚持以下原则要求：以推动高质量发展为主题、以深化供给侧结构性改革为主线、充分发挥超大规模市场优势、坚持稳中求进工作总基调、坚持系统观念和底线思维。吴庆阳（2021）认为供给侧改革通过新技术扩散、创新投资、升级要素收入和改善供给质量、提高适配性等路径，实现需求创造；需求侧改革通过消费能力提升、需求偏好引导、需求结构改善和压力传导、动力激发等路径，实现供给牵引。制度系统是供需双侧改革的嵌入体，既保障供需双侧动态协同，又降低协同成本，畅通经济循环。方福前（2021）认为，要完善需求侧管理必须深化供给侧结构性改革，因为需求规模及其增长、需求结构变化归根到底是由制度体制因素决定的。

4. 供需合力促进新发展格局建构的研究

对于新时代构建新发展格局，学界形成了较为一致的观点，大部分学者认为既需要我们在经济建设实践中坚持扩大内需这个战略基点，同时又要深化供给侧结构性改革。洪银兴、杨玉珍（2021）基于马克思社会再生产和分工理论，提出转向新发展格局，一是需求侧的推动，培育完整的内需体系，在突出消费环节基础性作用的同时指出分配和流通环节对消费需求具有支撑和市场实现作用，从而构成内需体系。二是供给侧的推动，产业链和创新链要深度融合，建立自主可控的现代产业体系，围绕产业链部署创新链，推动科技创新和产业创新的融合。逄锦聚（2020）认为，从新时代新阶段的高度深化对新发展格局的把握，第一，坚持供给侧结构性改革；第二，扭住扩大内需战略基点。两者协同共同促进新发展格局的建构。任保平、豆渊博（2021）认为，"十四五"时期构建基于双循环新发展格局实现经济高质量发展的新要求在于要形成国内国际双循环相互促进，以需求牵引供给，以供给侧结构性改革为主线。蒋永穆、祝林林（2021）认为，构建新发展格局，需要我们坚持以扩大内需为战略基点，进一步畅通生产、分配、流通以及消费各环节，进一步释放国内需求在经济增长中的主要拉动作用。同时，构建新发展格局需要继续推进供给侧结构性改革，从而通过畅通产业循环，进而带动市场循环和经济社会循环，最终增强"双循环"的"动脉"。蒲清平、杨聪林（2020）提出，构建"双循环"新发展格局需要打通供需两个端口。一要扩大内需，加快构建完整的内需体系；二要深化供给侧结构性改革，以高质量供给满足需求；三要构建要素协同的新型商业模式，确保供需无缝有效对接。李震、昌忠泽、戴伟（2021）探析了双循环相互促进的内在深层演进逻辑，并据此提出须以扩大内需作为战略基点，牢牢抓住"内循环"的出发点和落脚点，即人民群众对美好生活的向往是有层次的、多元化的。陆江源、相伟、谷宇辰（2022）提出要打造需求牵引主体，畅通市场循环。积极培育强大的国内市场，建立完整的内需体系，发挥好内需在建立大国循环中的基础优势作用。

二十一、　乡村振兴的政治经济学研究

乡村振兴是中国特色社会主义现代化的重要议题，其发展关系到中华民族伟大复兴中国梦的实现。党的二十大报告提出全面推进乡村振兴，坚持农业农村优先发展，坚持城乡融合发展，畅通城乡要素流动。近年来，学术界围绕党中央关于乡村振兴战略的顶层设计及其实施过程中的相关理论和实践问题展开了多角度的探索研究。

一是乡村振兴战略的时代背景与重要意义。在乡村振兴战略的时代背景方面，谌玲、孔祥利（2022）从马克思主义政治经济学的基本原理出发，认为城乡关系从对立到融合不是一蹴而就的，它必须建立在生产力水平高度发达的物质基础之上。当前，我国农村发展不充分的问题十分突出，传统的农业生产关系已难以适应生产力发展的要求，乡村振兴战略正是对农村社会经济进行的一场深刻变革。洪平平、梁玮（2022）表示全面推进乡村振兴是在脱贫攻坚全面胜利和小康社会全面建成之际，以及两个百年历史交汇的时代背景下，党中央在新时代新发展阶段做出的重大战略部署。唐任伍（2022）提出乡村振兴是一项伟大工程，作为理念源远流长，但作为实践探索开始于近代。中华人民共和国成立后，解决"三农"问题成为中国共产党面临的首要问题，乡村振兴成为消除"贫穷陷阱"、巩固脱贫攻坚成果的必由之路。乡村建设承载着中华文明的记忆和历史，维系着中华民族伟大复兴的期许和愿景，具有生命、生活、生产、生态、文化和治理

等深厚的价值内涵。在乡村振兴战略的意义方面，学术界已形成较为广泛的共识，认为实施乡村振兴对于化解新时代中国主要矛盾、巩固全面建成小康社会成果、实现两个一百年奋斗目标有重要意义。

二是乡村振兴的理论基础。黄承伟（2022）认为马克思主义政治经济学是乡村振兴理论研究的主要视角，从生产力和生产关系的矛盾的本质出发揭示城乡分化的根源，涉及马克思恩格斯城乡关系理论、马克思主义共享理论、马克思社会交往理论、马克思产业理论、马克思经济循环理论等。马克思主义共享理论、马克思社会交往理论、马克思经济循环理论主要从人的全面发展的角度出发揭示了人与人、人与社会、人与自然之间的辩证关系。于涛（2021）提出马克思主义特别是习近平新时代中国特色社会主义思想，从哲学、历史的高度揭示了城乡分化的本质，分析了资本主义城市和农村的异化现象，提出了社会主义国家应如何处理工农、城乡等重大关系，回答了社会主义乡村振兴的基本特征和路径问题。这些重要理论成果，是坚持乡村振兴正确方向的根本遵循，是谋划乡村振兴必须掌握的"桥"和"船"。张纯、赵丹（2020）认为乡村振兴战略是以马克思恩格斯农业发展理论和中国共产党历届中央领导集体的农业发展思想为理论渊源，以国内外形势、战略实施条件和我国乡村发展现状为现实基础形成和发展起来的。探索乡村振兴战略的形成与发展，对于更好地把握习近平新时代中国特色社会主义思想，更好地投身于乡村振兴的伟大实践具有重大意义。

三是乡村振兴战略的内涵创新。燕连福、李晓利（2022）提出习近平乡村振兴重要论述，是我们党推进"三农"工作理论创新的最新成果。就丰富内涵而言，深刻回答了乡村振兴的目标定位问题、城乡融合发展问题，以及乡村振兴的总要求、乡村振兴的方法、乡村振兴的价值和乡村治理的方向等问题；从理论贡献来看，既是对马克思恩格斯城乡关系思想、共同富裕思想的发展，也是对中国共产党人民至上思想、中国式现代化思想的发展。金华宝、伍科（2022）认为乡村振兴促进了共同富裕，同时共同富裕丰富了乡村振兴的内涵。从脱贫攻坚取得全面胜利到深入推进乡村振兴，实践不断证明乡村振兴是促进共同富裕的必然选择。胡俊生、王彦岩（2022）认为新时代乡村振兴战略旗帜鲜明地坚持了马克思主义乡村发展思想的根本立场，将马克思主义基本原理创造性地与新时代中国乡村振兴实践相结合，是中国特色社会主义乡村振兴理论和实践结合的最新成果。

四是乡村振兴存在的挑战与推进路径。贾则琴、龚晓莺（2022）提出现阶段乡村振兴助力新发展格局构建过程中存在的挑战，需要从加快提升乡村人力资本水平、加强关键基础设施建设、开发新型生产要素；丰富农民营收手段、促进城乡融合发展；突破传统循环范畴，注重以县域循环带动乡村振兴；提升农民消费欲望、创新农民消费观念、促进乡村产业提质升级等有效措施来破除现有瓶颈。杨亮、谢强（2021）提出要以加快乡村富民产业建设为突破点，以加强乡村基层组织建设为保障，以加强乡村精神文明建设为动力，以加快乡村公共服务建设为基础，以加强乡村生态文明建设为支撑，多管齐下推进乡村全面振兴。李军刚、李飞跃（2020）提出乡村振兴战略是中国共产党坚持人民立场，旨在化解三农难题实现城乡融合发展的战略性选择，以城乡同一、对立、融合和人的依赖性、独立性、自由性为主线的马克思主义城乡关系理论，蕴含着城市与乡村平等发展的现代性意义，指明了新时代构建乡村振兴的实践路径：创造乡村振兴的科技支撑；发挥城市中心作用，提供乡村振兴的外援支持；坚持以农民为中心，提振乡村振兴的主体力量。这些研究为我国乡村振兴战略的实施提供了有益的思路和参考。

二十二、 区域协调发展的政治经济学研究

随着我国经济由高速增长阶段转向高质量发展阶段，区域协调发展也随之面临新的机遇和挑战。基于此，对我国当前区域发展所面临的问题、

成因及解决路径进行分析，具有重要的理论和实践价值。

首先，学术界明确了区域协调发展的目标指向。陈建、郭冠清（2020）从三方面进行界定，认为区域协调发展是补足各种短板的内在需要，是可持续发展的内在要求，也是满足人民美好生活需要的内需动力。同时，区域协调发展不是机械地要求各地区无差别地拉平发展差距，而是一个在发展中推动相对平衡的动态的历史过程。

其次，学术界进一步分析了当前我国区域发展所面临的问题。周文（2020）认为我国当前的区域发展不平衡主要体现在：第一，地区间生产率相对于人均 GDP 水平出现了更大幅度的分化，不同地区经济增长活力差异显著；第二，地区间居民收入和福利水平存在显著差距，地方财政支出的结构性不平衡加大了发展能力的差距；第三，生产要素在空间上非均衡流动加剧，欠发达地区"未富先老"与先发地区"累积集聚"的双向极化现象加剧。刘耀彬、郑维伟（2022）表明从中国现实情况来看，东中西部区域发展不平衡、不协调的问题依然突出，由东向西整体发展水平递减的阶梯状特征依然明显，传统区域治理方式日益失效。此外，伴随着中国改革开放逐步进入"深水区"和"攻坚期"，还需要破解当前面临的世界经济复苏乏力、国外贸易保护升温等外部环境难题。安虎森、汤小银（2021）认为虽然大城市的经济实力不断增强，地域辐射扩散能力日益扩张，在人口流动、产业联系等方面逐渐打破行政分割，形成了长三角城市群、珠三角城市群等区域经济增长极，但是仍然存在着城市间协同发展体制机制不健全、分工协作不足、低质同构现象严重、交通设施通达度有待提高等问题，都市有圈而难融，疏密有致、分工协作、功能完善的城镇化空间格局尚未形成。

再次，针对区域发展不平衡这一突出问题，学术界从多个维度分析了其成因。周文（2020）将导致区域发展不协调的原因归为三种，一是以信息网络技术为核心的新一代技术进步，降低了要素跨区域流动成本和空间聚集成本，使要素空间集聚规模效应增强，先发地区的优势更加显著，相对落后地区追赶难度加大，地区差距随之扩大；二是先发地区通过早期发展积累起显著的财政优势，落后地区有限的财政能力制约和影响着其参与优质要素竞争的能力；三是一些地区性政策缺乏基于全国的一体化设计，在执行过程中相互抵消和冲突，一些全国性政策则过于一刀切，缺乏对地区特殊性的考虑。侯丹丹、宋昕怡（2022）表明区域发展不平衡的原因主要有：东部生产能力禀赋积累丰富且在产品空间"核心区"及附加值中高端环节表现强劲，产业发展向高水平跨越的动力强劲；中部与西部生产能力禀赋在中、低复杂度产品表现突出，产业发展倾向于固守中低端环节，较难向高水平实现突破；东北部生产能力在"边缘区"和低复杂度产品领域积累明显，产业发展面临陷入"低端"锁定和升级"断档"的双重压力。安虎森、汤小银（2021）认为导致当前我国地区发展不平衡的内在原因是多方面的。一是各区域在当前更高经济发展阶段中具有差异化的要素资源禀赋、经济发展水平和阶段性发展特征；二是各区域尚未形成全方位、全过程、常态化的开放互动和协作共享的分工格局；三是大中小城市协调发展格局有待加强建设，城镇规模结构和城镇功能分工出现失调。

最后，学术界深入探讨了促进区域协调发展的路径和经验启示。刘耀彬、郑维伟（2022）认为适应新阶段经济社会发展形势变化，构建区域协调发展新格局，要继续推动"一带一路"陆海内外联动全面开放新格局；积极推行环、带状区域发展新模式，打造东西双向互济区域协调发展新格局；健全城乡融合发展机制，推进建设更高水平的新型城镇化；实施乡村振兴战略，兜住兜牢民生底线；聚焦生态文明，实现碳达峰碳中和；实施创新驱动发展战略，塑造区域发展新优势。安虎森、汤小银（2021）认为新发展理念下实现区域协调发展要从精准制定发展目标和战略、优化国土空间布局、切实增进民生福祉等多种途径出发。杨婷、陈伟雄（2021）认为要想推动区域协调发展就要坚持以马克思区域发展为指导，处理好效率与公平问题,进而追求区域高质量发展。任艳(2020)阐明区域协调发展的本质含义就是要在区域间合理配置劳动力和生产资料,通过更为优化的生产方式推动生产力发展。因此,采用"劳动力与生产资料有机结合"的政治经济学话语,着力刻画区域协调发展与构建现代产业体系的协同实施路径,推进落实京津冀协同发展、长江经济带发展、长三角一体化发展、粤港澳大湾区建设、黄河流域生态保护和高质量发展等国家重大区域战略,能为政治经济学指导现实经济实践提供理论参考。

二十三、 实体经济与虚拟经济的政治经济学研究

现代经济的本质是信用经济,由实体经济和虚拟经济构成。在全球经济一体化发展背景下,无论是实体经济还是虚拟经济都是推动国民经济增长的不可或缺的经济成分,需要两者共同发力来确保我国经济的持续健康发展。只有实体经济不断壮大,才能为虚拟经济建设发展提供坚实的后盾支持,而虚拟经济的发展也是助力我国当前实体经济实现跨越性发展的关键因素之一。

推进虚拟经济与实体经济发展难点与路径方面。谢地(2022)认为应该从进一步推动制造业结构优化、转型升级,抓住创新引领制造业高质量发展这个"牛鼻子",推进数字产业化和产业数字化,构建制造业和实体经济高质量发展政策支撑体系,加快建设现代化基础设施体系为制造业和实体经济发展提供坚实基础等几个方面进一步采取措施,推动制造业和实体经济发展行稳致远。李艳芬、荣兆梓(2022)提出,当前全球虚拟经济发展迅速,在马克思劳动价值论视角下,虚拟经济不创造价值,且生存与发展完全依赖生产部门创造的剩余价值,自我增值机制极强,并存在巨大的吸收剩余价值黑洞效用。这种特质导致虚拟经济挤占实体经济的利润,稀释整个社会的利润,严重影响社会再生产,加速社会利润率下降,最终引

发经济危机，经济危机发生与虚拟经济适度规模边界存在紧密关系。景玉琴（2022）认为，虚拟经济风险在爆发之前高度隐蔽，往往被掩盖在经济繁荣的表象之下，看起来欣欣向荣的 GDP 增长却有可能是虚拟经济风险的累积。鉴于此，应建立虚拟经济风险预警机制，用大数据监测价格和交易的非正常波动，及时发出风险提示信息；建立风险处置和隔断机制，控制风险外溢；减轻虚拟资本给实体经济带来的危害；高度警惕新自由主义对金融化的鼓吹和对普通民众思想的侵袭。

学界特别关注经济金融化转型及其产生的经济影响。李世美、狄振鹏、郭福良（2022）提出资本管制放松、货币扩张与低利率条件下的金融化导致虚拟经济繁荣。我国金融化特征包括：经济货币化程度过高和杠杆率快速攀升、银行业主导的泛金融部门膨胀、房地产金融化和非金融企业金融化。金融化并不能改变实体经济增长放缓的长期趋势，过度金融化反而对长期经济增长和社会发展造成多重不利影响。经济虚拟化和资本金融化的正向反馈机制和基于风险与收益的跨期选择决策机制可以分别从宏观和微观角度为金融化提供解释。刘晓欣、熊丽（2021）提出基于虚拟经济的视角，建议在吸收大数据、人工智能等技术的基础上，建立一个重视交易量和名义变量，重视资金流量和存量在瞬间转换中的风险释放，重视风险分布、积聚和爆发的过程而非结果，重视实体企业风险生成的基础行为和底层资产，重视"灰犀牛"和"黑天鹅"等关键性事件，重视各角度、层次、产品、市场等的资金往返流程，在此基础上对国民经济各部门及国外的各种资金来源（负债）与使用（资产债权），包括各部门之间金融交易和非金融交易中的资金变化状况进行全面统计与分析的"动态全相资金流量存量及金融风险实时监测系统"。

基于我国出现的"脱实向虚"问题，一些学者研究了金融化与虚拟经济、实体经济发展的关系。姜英华（2022）认为资本的"绝对命令"或曰最显著的特质是价值增值以及由此形塑的价值增值体系，信用和虚拟化内植于资本逻辑扩张增值的价值体系和生产关系之中。伴随资本范式转换生长起来的虚拟经济既蕴生于实体经济，又具有与实体经济脱钩与超离的悖反性属性，从而造成实体经济与虚拟经济失衡、错配的协调困境。矫正资本脱实就虚的天然倾向和走出虚荣实衰的实践困局，需要剖绘资本的范式转换轨迹和析出资本的本构逻辑谱系，暴露"资本的限度"和虚拟化的本质面目，进而在重构虚实关系的基础上提出虚实相济的可行性方案。孙军、高彦彦表明（2021），以金融业和房地产业为代表的虚拟经济是一个"快变量"，而实体经济的创新能力提升相对来讲是一个"慢变量"，两者之间的时间背离可能会导致经济"脱实向虚"下的创新能力抑制。由此，只有优先解决经济"脱实向虚"带来的资源错配和要素成本过快上升等问题，才能够深入实施创新驱动战略，这其中的关键在于构建虚拟经济"快变量"与创新驱动"慢变量"之间的协同发展新机制，重塑经济发展动力。陈享光、黄泽清（2020）认为建立在货币化、货币资本化和资本虚拟化基础上的金融化催生了脱离实体经济的虚拟经济的发展，从而使"脱实向虚"问题突显。只有抑制经济金融化，构建服务于实体经济的产业资本主导的金融机制，才能从根本上解决"脱实向虚"问题，强化金融对实体经济的支持，促进金融和经济的健康发展。刘晓欣、田恒（2020）基于马克思主义政治经济学视角，探讨经济从"脱实向虚"到"脱虚向实"转化的理论与实践问题。阐释"脱实向虚"和"脱虚向实"的含义后提出，近年来中国经济在一定程度上"脱实向虚"的特征事实是存在产业资本虚拟化和虚拟资本垄断化，从马克思主义政治经济学视角看，由"脱实向虚"到"脱虚向实"的转变机制在于缩小实体经济与虚拟经济利润率的差异。

二十四、 新发展格局和全国统一大市场的政治经济学研究

《中共中央国务院关于加快建设全国统一大市场的意见》指出建设全国

统一大市场是构建新发展格局的基础支撑和内在要求，要求加快建设高效规范、公平竞争、充分开放的全国统一大市场，全面推动我国市场由大到强转变。建设全国统一大市场，是我国构建新发展格局、畅通国内国际双循环的重要环节，是构建新发展格局的基础支撑和内在要求。二者相辅相成，密不可分，共同服务于我国经济高质量发展的需要。学术界围绕构建全国统一大市场的内涵、历程、背景、原因和意义，从不同角度展开了讨论。

1. 全国统一大市场的内涵

学术界分别从不同角度，界定了全国统一大市场的内涵。有学者定义了"全国统一大市场"的内涵，如刘志成（2022）提出，全国统一大市场是规则统一、机制完善、产业耦合、区域协同、流通顺畅的市场。陈甫军（2022）提出，全国统一大市场，是指具有巨大体量、合理结构以及完善的基础设施和管理制度，能够有效发挥市场流通和经济调节功能的一个国家治理范围内的统一市场，也是世界市场的一个有机组成部分。另有学者强调这一概念的"统一"特征，如马文武（2022）提出，"全国统一大市场"有五方面的内容：一是统一的市场基础制度规则，二是统一的高标准市场联通设施，三是统一的要素和资源市场，四是统一的商品和服务市场，五是公平统一的市场监管体系。刘向东（2022）也提出，其主要内涵至少体现在五个方面的"统一"：制度规则的统一性、基础设施的联通性、要素资源的市场化、商品服务的高水平。

2. 全国统一大市场的构建历程

学术界梳理了新中国成立以来我国探索构建全国统一大市场的历程，总结了其中的经验。凌永辉（2022）认为要素配置市场化是建设全国统一大市场的关键步骤，为此他梳理了我国改革开放以来要素配置市场化改革的过程，将其划分为艰难探索阶段（1978—1991）、稳步推进阶段（1992—2000）、进一步调整阶段（2001—2012）和全面深化阶段（2013 年至今）。

夏杰长、刘诚（2022）回顾了1982年至今中国先后进行的七轮较大规模的行政体制改革，并分析了每一次改革对于促进要素市场化配置所起到的作用。卢江、许凌云（2022）则整体性地梳理了新中国成立以来全国统一大市场的形成和发展历程。他们将这一过程分为了全国统一大市场萌发时期（1956—1978）、全国统一大市场改革时期（1979—1992年）、全国统一大市场构建时期（1993—2001年）、全国统一大市场倒逼时期（2002—2012年）、全国统一大市场的推进时期（2013年至今）这五个时期，并提炼出每一时期我国经济生活的主要特征。

3. 全国统一大市场构建的合理性

学术界解析了建设新发展格局和全国统一大市场的学理基础。有学者运用马克思主义政治经济学原理对其合理性进行了论证。周文、李亚男（2022）提出建设全国统一大市场是适应我国社会主要矛盾转变的必然选择，也是应对外部经济环境变化的需要。马文武（2022）分别运用社会主义市场经济运行理论、生产与市场矛盾理论和大国优势理论，对建设全国统一大市场的合理性进行解析，并得出商品经济发展离不开市场、社会主义市场经济运行需要全国统一大市场、建设国内统一大市场是解决我国生产与市场矛盾的重要途径、统一大市场形成大国规模经济的竞争力等结论。黄燕芬、刘志成（2022）提出了五点理由：畅通国内大循环、促进国内国际双循环的内在要求；提升发展质量效益，推动经济高质量发展的坚实支撑；发挥我国市场资源优势，推动市场由大到强转变的必然选择；促进科技创新和产业升级，实现高水平自立自强的客观需要。另有学者阐述了建设全国统一大市场的逻辑理路。乔榛、刘星（2022）认为，建设全国统一大市场包含着深刻的理论逻辑、历史逻辑和实践逻辑，它以畅通市场循环扩大市场规模，促进分工和生产力的发展；它是随着改革开放不断演进而进入新发展阶段需要做出的一种选择；它表现为中央政府和地方政府不同及合作的行动逻辑。吴德进、廖正飞（2022）认为，从理论逻辑上看，加快建设全国统一大市场是应对当前国际国内新形势的战略部署，既是构建新发展格局的基础支撑，也是促进产业链现代化发展的必由之路。从实践逻辑上看，加快建设全国统一大市场，遵循了"现实基础—实践困境—建设机理—实践进路"的逻辑理路。

4. 全国统一大市场的构建要求

构建全国统一大市场，需要多方在不同领域协同发力。一些学者从整体层面论述了加快构建新发展格局和建设全国统一大市场的要求。韩文龙、张瑞生（2022）提出，实现这一战略目标，需要理解和把握内循环与外循环的关系、建立与破除的关系、政府与市场的关系、区域与整体的关系、效率与公平的关系、供给与需求的关系这六对辩证关系。张磊、黄世玉（2022）提出，要实现四个方向的转变：市场需求战略从以出口市场导向为主转向国内市场需求为主，市场竞争优势从要素低成本优势转向超大规模市场优势，市场价值增值从以技术引进为主转向科技创新自立为主，市场开放策略从以对外开放为主转向对内和对外开放协同。

另一部分论述侧重于政府角度，其核心要旨是处理好政府与市场的关系，使政府更好地服务于经济发展。余淼杰、季煜（2022）提出，应当促进要素与资源市场的统一、商品与服务市场的高水平统一、市场设施联通统一、市场基础制度规则的统一、市场监管的公平与统一这五个方面的统一。王青（2022）提出，加快建设全国统一大市场，要针对深层次体制障碍，从根本上深入持续推进市场取向改革：充分借鉴市场经济发达国家构建统一市场（或称"单一市场""内部市场"）的实践经验；坚持破立并举，特别是在一些重要领域和关键环节还要突出先立后破；充分发挥现代技术和区域市场一体化的积极作用。

建设全国统一大市场是一个多领域协同的系统性工程，还有一部分论述从不同的领域切入，阐述了构建全国统一大市场的要求。高帆（2022）提出，通过城乡改革促进全国统一大市场建设，必须坚持市场导向的改革基准，注重政策之间的组合搭配，实现不同主体的激励相容，发挥信息技术的赋能作用。李迎生（2022）提出，从社会政策角度来看，推进全国统一大市场建设的社会政策改革创新要做好顶层设计，加快户籍、身份等制度的改革，要注重实现区域、城乡等社会政策的统筹整合等。杨孟禹（2022）从空间经济学的角度提出了建议：持续完善更有效引导产业向西转移的政策体系；在欠发达地区培育特色产业和未来产业之间的相关多样化集聚体；欠发达地区增加劳动力逆向流动概率；其他的国家重要战略政策也要协同跟进。谭培文、赖立（2022）提出，平台经济可以为全国统一大市场建设提供数字技术支持、数字资本支持和流通效率支持，通过集聚各类要素市场、构建现代流通网络、打造数字有为政府和完善信息交互渠道。应充分发挥平台经济优势，与此同时，加强对平台经济发展的引导和规制。

5. 全国统一大市场的构建意义

构建全国统一大市场，对于畅通国内国外经济双循环，促进国民经济高质量发展，具有重要意义。张旭、隋筱童（2022）提出，建立"统一大市场"，是发展社会主义生产力的根本要求、完善社会主义市场经济体制的核心问题、构建新发展格局的战略支撑。余淼杰、季煜（2022）提出，建设全国统一大市场是构建新发展格局的基础支撑和内在要求，将为保障内循环畅通和充分发挥我国（超大规模）市场优势提供条件。韩文龙、张瑞生（2022）提出，加快建设全国统一大市场是破解我国社会主要矛盾的重要途径、构建新发展格局的创新举措、建设高标准市场体系的必然要求以及实现创新驱动发展的重要推动力。凌永辉（2022）提出，双循环新发展格局标志着我国的经济全球化特征将从客场全球化转向主场全球化，而统一、开放、竞争、有序的全国大市场是我国深度参与主场经济全球化和实施创新驱动发展战略可以凭借的重要工具、资源和手段。

二十五、　全面建成小康社会的政治经济学研究

习近平总书记在庆祝中国共产党成立 100 周年大会上庄严宣告，"我们实现了第一个百年奋斗目标，在中华大地上全面建成了小康社会，历史性地解决了绝对贫困问题"。全面建成小康社会目标的胜利实现，是中国历史上亘古未有的壮举，它实现了历代中国人民的夙愿。放眼世界，作为一个拥有十四亿人口的发展中国家，全面小康的顺利建成，对于世界上广大发展中国家，也具有重要的借鉴意义。2020 年以来，学术界主要就全面建成小康社会的实现意义、成果评估、实践经验进行了讨论，并对下一步的经济发展作出了展望。

1. 全面建成小康社会的评估

全面建成小康社会是一个综合性的系统工程，对于"建成"评估指标的界定，不仅关系到这一目标是否如期实现，进而影响到我国下一步国民经济发展规划的制定，关乎广大人民生活的幸福感获得感。学术界围绕全面小康的衡量指标问题，从不同的角度构建了评估体系。胡鞍钢（2021）对中国 2020 年经济社会发展进行了评估，内容包括：抗击新冠肺炎疫情取得重大战略成果、率先在世界上实现经济复苏、决战脱贫攻坚取得决定性胜利、科技创新取得重大进展、生态文明建设取得重大成就等一系列方面，并得出了 2020 年中国如期实现全面建成小康社会目标的结论。武星星、卢黎歌（2021）认为，评估和总结全面建成小康社会应遵循兼顾全面和要素协同相结合的原则、定性评估和定量评估相结合的原则、系统评估与重点突出相结合的原则以及动态评估与静态评估相结合的原则。周绍东（2020）基于五大发展理念，从"创新、协调、绿色、开放、共享"五个方面选取统计指标，提出"全面小康社会建成度指数"，定量测度 2012 年以来我国全面小康社会建设状况，并得出系列结论：2012 年以来，全面小康社会建

设实践中的共享发展水平、创新发展水平、开放发展水平都得到了大幅提升，绿色发展水平有一定提高，而协调发展水平则出现了较大幅度的下降；总体来看，我国将顺利完成全面建成小康社会的历史任务，但在协调发展、绿色发展等方面仍然具有很大的改善空间。吴庆军和王振中（2021）对世界银行国家类型划分标准、一国在世界的排名和位次、世界平均水平等指标在评价测度中国全面建成小康社会的世界坐标时的局限性进行了分析，并在此基础上构造了小康社会达标率，用以评价中国全面建成小康社会在世界范围内的水平，结果表明中国的小康社会已经基本达到世界平均水平。朱哲、刘佳怡（2021）基于《资本论》中的生产力和生产关系理论，分别通过对生产力理论对社会发展进步的判断标准、生产关系理论对社会发展进步的判断标准、生产力和生产关系相互作用理论对社会发展进步的判断标准的阐释，论证了中国已全面建成小康社会。

2. 全面建成小康社会的经验总结

对于全面建成小康社会的经验总结，学术界基于党领导人民进行经济建设的历史经验，提炼出一系列的原则和方法。武星星、卢黎歌（2021）回顾了中国40年小康社会的建设历程，将其中的基本经验提炼为：以一切从实际出发，循序渐进地推进为基本遵循；以党的大布局优势与集中力量办大事的制度优势为重要抓手；以关照"中国体验"，提升人民群众获得感、幸福感和安全感为价值旨归。刘思帆（2020）从历史维度梳理了中国共产党带领中国人民艰苦奋斗，逐步实现全面建成小康社会目标的历史征程，提出全面建成小康社会的理论基础是马克思关于人的需要理论、中国传统文化中"大同""均贫富""民本"思想、中国化马克思主义理论，实践原则包括抓好经济建设这个中心、重视区域平衡发展、落实好新发展理念、做好三个"全面"、打好三大决胜攻坚战等一系列的方针举措。孙立冰、王朝科（2021）提出，从"四个现代化"到全面建成小康社会的历史进程始终贯串着"人民主体性""发展是解决一切问题的基础""独立自主，自力更生"和"人与自然和谐共生"的价值准则，这一历史进程始终以辩证唯物主义和历史唯物主义中国化的成果——矛盾分析方法、调查研究方法、系统观和整体观等科学的方法论为指导。

3. 全面建成小康社会的意义

全面建成小康社会，无论是站在中国还是世界、理论还是实践的角度来看，无论是对于中国还是对于世界，都具有非常重大的意义。对于中国而言，谢伏瞻（2020）站在中华民族发展史的角度上，认为今天的小康社会是一个经济发展、民主健全、文化繁荣、社会和谐、环境优美、人民生活殷实的全面发展的社会，使中国人民实现了数千年来丰衣足食的愿望，超越了中国历史上的种种"治世"和"盛世"。张曙等（2021）认为，全面建成小康社会是中华民族伟大复兴征程上的重要里程碑。包心鉴（2020）认为，决胜全面建成小康社会，为实现中华民族伟大复兴中国梦奠定了坚实的社会基础、构建起科学的发展架构、积聚成强大的制度优势。杨德山、虎旭昕（2021）认为，其重大意义体现于三个重要维度：传达了现代化理念的新时代意蕴；铸就了民族复兴历程的里程碑；提供了改善民生的中国方案。对于世界而言，秦宣、林啸（2020）认为，中国全面建成小康社会，为推进人类社会发展作出了重大贡献，为发展中国家甚至整个世界提供了可资借鉴的经验，也用事实证明了社会主义制度的优越性。张立国、臧红岩（2021）认为，中国的全面小康具有减贫、经济、政治、国际制度等多方面的意义，具体来说，包括以下四个方面：加快人类减贫进程；以中国经济持续稳定增长提振世界经济；拓宽发展中国家现代化道路选择；推动国际制度格局变革和 21 世纪世界社会主义复兴。

在理论意义方面，谢伏瞻（2020）提出，中国作为世界上最大的社会主义国家，小康社会的全面建成，昭示了科学社会主义在 21 世纪的中国焕发出强大的生机活力，重振了人们对社会主义的信心，对社会主义制度在世界范围内的创新发展作出重大贡献。刘征汇（2022）从以人民为中心这个根本立场，提出全面建成小康社会能够满足人民日益增长的物质文化需求和美好生活需求，促进人的自由全面发展，印证了马克思主义政治经济学是为绝大多数人服务的理论。田鹏颖（2021）提出，"以人民为中心"的发展思想展现了中国的天下情怀，回答了"社会主义向何处去"的时代之问。在实践意义上，中国全面小康社会的胜利建成，有力地证明了社会主义道路的强大生命力，为世界各国指明了方向。张曙等（2021）、田鹏颖（2021）、秦宣和林啸（2020）也表达了类似的观点。

4. 全面建成小康社会后的经济展望

全面小康的建成是重大的历史节点，但绝非党带领人民追求美好生活的终点。在全面小康目标达成之后，国民经济中还有一系列有待解决的问题。基于此，学术界对"后小康时代"的经济发展进行了展望，提出了有待改进的问题，并针对问题给出了建议。张占斌（2020）认为，全面建成小康社会之后的"十四五"时期在我国经济社会的发展方位非常重要。因此，要在巩固全面建成小康社会成果的基础上，统筹推进经济建设、政治建设、社会建设、文化建设、生态文明建设和安全建设，加快转变经济发展方式，培育经济社会发展新动力，努力提高人民生活水平。燕连福、杨进福（2021）提出，站在新的历史起点上，要紧紧抓住创新发展的"牛鼻子"、坚持五位一体总体布局、深化改革防范化解重大风险、贯彻发展新理念建设美丽中国，不断取得中国特色社会主义事业更大的成就。唐忠、钟晓萍（2020）提出，全面建成小康社会以后，我国经济发展面临的主要挑战是居民收入分配差距比较大，发展不平衡不充分的矛盾突出。因此，在今后的发展中，应更加注重解决收入分配问题，加大对高收入群体的收入调节力度，持续推动公共服务均等化，进一步缩小城乡差距和区域差距，为实现全体人民共同富裕的目标努力奋斗。

二十六、 中国特色宏观经济治理的政治经济学研究

党的十九届五中全会提出："健全以国家发展规划为战略导向，以财政政策和货币政策为主要手段，就业、产业、投资、消费、环保、区域等政策紧密配合，目标优化、分工合理、高效协同的宏观经济治理体系。"健全中国特色宏观经济治理体系，是我国国民经济持续健康发展，进一步处理好政府与市场关系，提升国家治理水平的必然要求。学术界对我国宏观经济调控制度发展完善的历程进行了梳理，对中国特色宏观经济治理体系的内涵、要求、意义等方面展开了研究。

学术界解读了"宏观经济治理"这一概念的含义。陈伟光、聂世坤（2022）提出，宏观经济治理主要是通过宏观经济政策调节经济活动，促进经济总量平衡、结构优化、内外均衡，是对开放经济条件下经济总量、经济结构以及内外失衡的事前防范与事后矫正。林木西（2020）从国家治理体系的角度出发，将国民经济治理体系视为国家治理体系的重要组成部分。他认为国民经济治理是指在既定的发展战略和发展规划下，对国民经济系统运动所进行的治理或管理。

中国特色宏观调控体系不是一朝一夕的建设成果，而是建立在中国特色社会主义市场经济的建设探索实践的基础上，从经验上升为理论，再由理论指导下一步的实践，如是循环往复，逐步累积而建立起来的。学术界分别采用不同的线索，梳理了我国宏观调控思想的演变历程。一些学者以时间作为线索，如陆怡（2020）总结了新时代以来我国宏观调控思想的发展演变，将其概括为"以政府与市场'双强'为取向的模式"，并以2014年、2019年作为两个标志性节点，提出了我国宏观调控思想的两次飞跃。杨飞虎、杨洋（2020）按照重要的时间节点，将我国新时期经济发展分为不同的阶段，并概括了不同阶段上的宏观调控政策。2013年，为应对我国

经济增速回落的状况，十八届三中全会将市场在资源配置中的作用从基础性作用改为决定性作用；2015 年提出供给侧结构性改革，将宏观调控体系从需求侧转向供给侧；2016 年经济下行压力开始加大，提出"三升""三降""三平衡"的调控思想；2018 年为应对中美贸易战的爆发，大力推进对企业的减费降税，扶持小微企业。王明胜（2020）从对立统一的视角出发，解读了改革开放以来我国的宏观经济政策。他认为，中国强政府主导下的宏观经济调控，优势在于可以充分发挥政策工具的力量，服务于国民经济的稳定，缺陷则在于过度的政策干预会不利于资源的高效配置，中国宏观经济政策的变化发展本质上就是对这一对矛盾的平衡过程。

在完善中国特色宏观经济治理的方式上，学术界基于当前的经济形势需要，对宏观经济治理的主体——政府，提出了一系列具体的要求。杜秦川（2021）认为，应当围绕加快构建新发展格局统筹完善宏观经济治理，为此，要全面畅通"双循环"各环节梗阻，统筹防范财政、金融等安全风险，系统完善宏观经济政策协调机制。张友鹏（2022）认为，以"市场化"方式推进供给侧结构性改革，要求政府完善市场体系的制度性基础，在市场对资源配置起"决定性"作用领域退出让利，在弥补因市场不起或不宜起"决定性"作用领域造成的缺位中有效发挥职能。安翔宇（2020）从如何充分发挥市场作用和如何更好发挥政府作用两个角度出发，解读了《中共中央、国务院关于新时代加快完善社会主义市场经济体制的意见》对新时代完善宏观经济治理体制的要求。具体而言，在宏观经济治理中，充分发挥市场作用需要从激发市场活力、完善市场体系、防范市场风险等方面发力；更好发挥政府作用需要从完善政府职能、统筹政府政策、约束政府行为、规范政府监管等方面发力；就其本质而言，解决的是如何实现诸要素兼容并最优化配置的问题。

宏观经济治理是一个综合性的系统工程，涉及财政税收、社会保障、行政管理等多个领域。另有研究分别从不同领域的视角出发，对于完善我国宏观经济治理提出了建议。马海涛、陈宇（2021）认为，推进税制改革，可以助力中央地方总体财力格局稳定和现代财政的可持续性，促进深化供给侧结构性改革，促进社会经济高质量发展，推动国家治理体系和治理能力现代化。何德旭、苗文龙（2021）认为，有必要构建基于财政分权和金融分权制度安排的宏观经济治理体系，通过提高财政政策和货币政策定位与协调的准确程度、明确地方政府的主要职责和行为边界、推进适度金融分权来有效防范重大金融风险、促进经济高质量发展。钞小静（2020）认为，需要分别从目标、政策、保障三个方面完善我国宏观经济治理体系。应当由追求数量扩张的目标体系转向追求质量提升的目标体系，构建涵盖消费、投资、产业以及区域等协同发力的宏观经济治理政策体系，促进消费提质升级和产业转型升级，构建强有力的保障体系。魏琪嘉（2022）提出，促进数字政府建立，是数字化转型条件下提升宏观经济治理效能的必然要求。要深化数字技术在宏观经济调节中的创新性应用，提升数字技术在经济形势监测、经济政策制定、政策效果评估和经济风险研判中的应用，充分发挥数字政府在辅助经济治理方面的功能。蔡万焕、张紫竹（2022）总结了平台经济运行的四点规律，认为平台对于大数据的精准把握、对于各个产业的全局联动以及平台上经济活动的高效组织和计划都可以为我国宏观经济治理提供借鉴和启示。

"宏观经济治理"概念的提出，标志着党和政府宏观调控思想的飞跃；而系统化的宏观经济治理体系的建立，也是保障我国国民经济持续健康发展的必然要求。学界分别从不同的角度，阐述了提出并完善中国特色宏观经济治理体系的意义。一些学者着重阐述了这一概念提出的理论意义。刘金全、伍梦（2021）认为，"建立宏观经济治理体系"的提法拓展了宏观调控的内涵和外延，在产出调控、价格调控的基础上，增加了金融稳定和防范金融风险的新约束和新目标，进而强调了国家经济安全和国家经济风险管理。安翔宇（2020）认为，从逻辑理路来看，中国宏观经济治理体制是历史逻辑、理论逻辑和实践逻辑的统一，是习近平新时代中国特色社会主义经济思想的新内容。在实践意义上，蒋震等（2021）提出，完善宏观经济治理是推动国家治理体系和治理能力现代化过程中的重要环节。安翔宇（2020）认为，宏观经济治理体制以创新政府管理和服务方式为着力点，将完善政府职能、优化宏观经济治理方式和提高宏观经济治理能力作为重要目标任务贯穿于宏观经济治理的全过程，是统合市场与政府这两个关键变量、推进中国宏观经济治理走向"善治"的体制基础。

二十七、 数字经济的政治经济学研究

数字技术与经济基础的结合日益紧密，对国民经济发展的影响日益显著，并衍生出一系列诸如平台经济、零工经济等一系列新业态，也造成了平台资本无序扩张、贫富分化加剧、数字劳动剥削加重等问题。数字经济的持续健康发展不仅关系到国民经济发展的好坏、人民生活水平的高低，也关乎我国的国际经济地位，关乎人类命运共同体的建设。对于这一重要的新兴事物，学术界不仅从整体上探讨了数字经济的特征、影响等方面，也围绕其所衍生出来的一系列新业态，展开了广泛的讨论。

1. 关于数字经济影响的研究

学术界分析了数字技术的应用对经济发展的影响。总体上看，就其采用的方法论言之，学界运用的理论工具主要是马克思主义政治经济学的分析框架；就其持有的立场言之，对于数字经济发展的态度可分为支持和批判反思两类；就其具体内容言之，不同学者着重探讨了数字技术的普及和数字经济的发展在不同经济领域中所产生的影响。

在对数字经济影响的整体性讨论中，牛建国（2021）提出，从马克思主义政治经济学的视角观之，数据要素转化为数据产品的过程是赋予"人的数据"以使用价值、赋予"物的数据"以劳动属性的过程，数字经济挖

掘和激发了商品的创造力，极大地拓展了商品的来源与范围，将人类精神生活领域的产出广泛地商品化。数字经济的"革命性"通过对传统经济运行模式的"扬弃"而得以体现，但数字经济无法改变资本主义生产方式的社会属性，不能从根本上解决经济周期问题。白永秀和宋丽婷（2021）分别从政治经济学的生产、分配、交换、消费领域入手，结合具体事例分析了数字经济对经济活动产生的影响。张新春、花旭（2021）分微观和宏观两个层面探讨了数字技术对经济形态的形塑作用，得出了数字技术引导社会运行数字化；构建了"脱机"生产力，使生产力这一抽象概念在数字技术下，拥有了具象的整体可操作性特征；数字平台是数字技术对经济组织进行改良的新架构；数字技术为探索经济规律提供了强大技术支撑等一系列结论。王梦菲、张昕蔚（2020）认为，通用性技术的快速发展和广泛赋能，正在重塑传统的生产模式，使整个生产过程朝网络化、协同化、生态化方向演变，其在加速物化劳动替代活劳动进程的同时亦进一步加剧了社会再生产过程的非均衡性。

数字经济在促进生产力飞跃的同时，也带来一系列弊端。一些学者基于马克思主义立场，对数字经济中所蕴含的一系列剥削关系予以批判。王爱华（2022）认为，基于数字平台的零工经济、非正式雇佣关系导致劳动者就业方式不稳定化、劳动者被剥夺性增强，弹性工作的实质是无人监管的虚拟血汗工厂，必然会导致全球劳动者的逐底竞争。互联网平台组织衍生出"众包""按需服务"等弹性化雇佣方式拓展了对剩余劳动力的剥削层面，数字经济发展的结果仍然有利于生产资料占有者，智能生产和数字技术的应用将带来资本主义社会阶层分化和对立的进一步加剧。赵泽林、张建宇（2020）从马克思分析资本主义生产的原材料、劳动关系和资本积累三个基本切入点出发，提出当代资本主义通过构建基于电子设备的数据采集和数据处理平台等基础设施，从对工人劳动的数据化监控管理，发展到对每个人日常生活行为数据的最大化采集，为资本主义生产获取更多的剩余价值提供了新的原材料和生产条件，塑造了新的社会秩序和意识形态。

另一部分学者侧重于强调数字经济对经济发展的正面促进作用。韩文龙（2021）从马克思主义政治经济学的视角出发，认为数字经济引发了社会再生产过程中的生产、流通、分配和消费四个环节的数字化变革，是赋能经济高质量发展的新动力。其中，数字生产力为经济高质量发展提供了新动力，数字流通力提升了资本周转与价值实现的效率，数字分配力的普惠效应可以优化收入分配结构，数字消费力将助推产业转型升级和进一步扩大内需。

另有学者探讨了数字经济对经济生活的特定领域产生的影响。杨庆（2020）认为，数字经济的发展对我国当前的税收体制带来了一系列挑战，这要求我国政府调整政府监管的体制，加快税收治理体系的数字化转型，着力构建更加一体化、法治化、信息化的数字经济税收体制，助力数字经济更好更快发展。戚聿东等（2021）认为，数字经济时代催生了大量新职业，这一事实改变了企业的用工模式，促使灵活就业盛行发展，其劳动关系也发生新变化，表现为劳动本身从属方式不断弱化，劳动资料提供方式多方并存，劳动过程监督方式技术强化，劳动产品归属方式权属不明，劳动报酬支付方式灵活多样，劳动权益保障方式仍需加强。

2. 关于数字经济与共同富裕的研究

数字技术在极大地提高生产效率，创造大量财富的同时，也带来了贫富差距扩大、资本无序扩张、对劳动者的剥削反而加重等一系列问题，这在一定程度上与社会主义的根本原则是相违背的。因此，在社会主义条件下，如何在发展数字经济的前提下节制资本行为，使数字技术服务于共同富裕的目标，就成为一个非常重要的问题。学界基于问题导向，探讨了数字经济促进共同富裕的可行性、当前的问题所在，并就党和政府需要实行的举措提出了建议。

对于在发展数字经济中促进共同富裕的具体要求，牛建国、张世贤

（2022）提出，新发展阶段数字经济发展应坚持更有效率与更加公平相统一的基本原则。为此应强调发挥更加"有为"的"无形之手"的调控作用；应引导和鼓励数字经济助力经济发展的质量、效率和动力变革，坚持"做大蛋糕"；应高度重视数字经济形态下初次分配的合法性、正义性与公平性；积极建立和完善数据要素市场，规范和引导互联网资本健康发展；发挥数字技术和数字经济在再分配中的积极作用，"分好蛋糕"。郑霖豪、徐政（2022）提出，在数字时代实现共同富裕的基本路径包括加强数字时代劳动者权益保护、补齐数字经济发展短板、缩小区域和群体间的数字鸿沟、营造良好的平台经济竞争环境和推进数字技术的产业化应用等。朱巧玲等（2022）认为，应当在平台经济发展过程中贯彻三个逻辑：数字平台财富分配正义的价值逻辑为满足人民日益增长的美好生活需要，制度逻辑为坚持公有制为主体和公有制实现形式多样化，实践逻辑为完善按劳分配为主体的共享共富分配政策。

3. 关于数据要素参与分配的研究

随着数据要素在经济增长中扮演的角色日益重要，数据要素参与分配的呼声也越来越高。学界基于政治经济学的视角，从理论和实践两个层面，对数据要素参与分配给出了学理上的论证。在理论层面，吴宏洛、王杰森（2022）认为，数据生产要素参与分配的理论基础不是生产要素分配论，而是马克思的劳动价值论、财富论和收入分配论，是数据要素所有权在分配上的实现形式。数据要素参与分配源于对数据要素认识的螺旋式上升过程，根植于我国适应不同历史阶段生产力的发展要求，指向于促进全体人民共同富裕为目标的分配方式的科学变革。赵泽林、张建宇（2020）认为，资本对数据生产资料的无偿占有是其获得高额剩余价值的重要原因，因此，加快确立数据权属，建立健全数据作为新的生产要素的生产和分配机制，有助于保障数据生产者的合法权益，同时也是推进数字经济全球性健康发展的重要保障。在实践层面，李直、吴越（2021）认为，数据要素市场的培育是推动数字经济进一步发展的必然要求，数字经济的健康发展更是数据要素市场培育的基本前提。李政、周希祯（2020）认为，我国数字经济及大数据相关产业发展正在由并跑变为领跑，未来发展空间巨大，因而数据作为生产要素参与分配具有必然性和必要性。

4. 数字劳动专题研究

数字劳动由于信息技术的加持，较之传统的工业生产中的劳动，在形式、内容和特征等方面都呈现出不同的特征，也引发了对于其性质的讨论。

部分学者界定了数字劳动的内涵。"数字劳动"这一概念最早是由意大利学者泰拉诺瓦在所著《免费劳动：为数字经济生产文化》中提出的概念，用以指涉互联网中用户的免费劳动，这一概念随后得到学界的广泛关注和讨论，其内涵和外延也得以进一步扩展。目前，学界对于"数字劳动"的内涵，尚未形成明确的共识。总的来说，已有研究对"数字劳动"的界定可大致分为狭义和广义两类。

狭义的定义侧重于强调数字劳动以数据作为劳动对象和产品的特性。刘海霞（2020）结合马克思关于劳动过程的观点，给出如下定义：数字劳动指能够把数字化知识和信息作为劳动对象，把数字信息技术作为劳动资料的劳动者进行的劳动；数字劳动过程指劳动者借助数字信息技术对数字化的信息和知识进行加工，从而使自身劳动对象化的过程。方莉（2020）将数字劳动定义为"一种利用身体、思想、行为或者三者的结合体而展开的生产与劳动，通过组织自然、资源、文化和人类经验，以此产生数字商品，创造数字资源的活动"。而就劳动的主体而言，则进一步细分为数字雇员的劳动和数字用户的劳动。

广义的定义则将数字劳动放在"劳动"范畴中来理解，强调"数字"这一要素对劳动赋予的特殊性质。韩文龙（2020）将数字劳动定义为"在数字经济背景下，数字化的知识和信息作为关键生产资料的生产性劳动和非生产性劳动"。数字化的知识和信息作为关键生产资料是数字劳动区别于其他劳动的特殊性，而生产性劳动和非生产性劳动，则是数字劳动过程中的两种表现。付文军（2021）认为，数字劳动，就其本质而言，仍然是马克思在《资本论》中所阐述的"非物质性劳动"，其特殊性体现在：一是人们在数字交互平台上的劳动不必依赖具体而直接的劳动资料、劳动对象和劳动工具等；二是数字劳动的劳动过程不一定是系统而持续的劳动付出，可以是零碎化、片段式地劳作；三是数字劳动不再局限于固定的厂房之中，也不再被捆绑在机器流水线上，而是在数字平台上的开放式作业和虚拟化操作。

另有研究通过与传统的资本主义生产过程进行比较，归纳了数字劳动的特征。王守义等（2021）分析了数字劳动的生产和价值实现过程，认为数字化正以不同方式转变价值链，产生新的价值生产方式和结构变化，形成了一个全新的"数据价值链"；数字劳动模糊了生产和消费的边界，用户同时作为消费者和数据内容的生产者被纳入数字价值的生产过程；数字经济加快了资本的积累，但相伴而生的是一个全球性的剥削网络的建立，资本主义生产关系对数字劳工的剥削程度进一步加深和隐蔽化。韩文龙（2020）按照劳动过程的特点，将数字劳动分为四类，并概括出每一种数字劳动过程中的新特征。在传统雇佣经济领域下，利用大数据和智能监控系统，资本对工人的控制加强，工人的劳动强度随之增加。在互联网平台零工经济中，劳动者对工作的时间和地点有了更高的自主选择权，二者也因此更加碎片化和灵活。在数字资本公司技术工人的数字劳动过程中，虚拟团队取代了传统的科层制权力关系，成为新的生产组织形式，工作氛围也更加自由、平等。在非雇佣形式的产销型数字劳动过程中，数字劳工的劳动呈现"产消一体化"的特征，其劳动过程也具有了更多的不确定性。方莉（2020）认为，在数字劳动中，数字资本试图将必要的劳动（工资）成本降至最低，但同时增加无报酬的生产性劳动，创造剩余价值。这使得有偿劳动减少，无报酬劳动增加，价值产生从有偿劳动外包给无酬劳动；多余的劳动和必要的劳动之间的矛盾被颠覆，从而产生了一种新的品质：价值创造转移到无报酬劳动。

数字劳动是否仍然符合马克思主义劳动价值论的规定，或者说劳动价值论是否仍然适用于数字经济的问题，也引起了学术界的关注。富丽明（2022）认为，在数字经济中，数字劳动者的注意力成为商品，资本通过构筑"数字工厂"围猎注意力，在数字劳动过程中压榨注意力，并无偿劫掠劳动者的注意力成果，为自身增殖服务，这一过程仍然遵循了劳动价值论所指出的资本增殖逻辑。王守义等（2021）认为数字劳动仍然适用于劳动价值论的解释：其一，数字劳动实现了价值增值，因而是生产剩余价值的劳动；其二，数字劳工执行的仍是产生剩余价值的功能；其三，数字劳动的自愿性并不能消解工作对人的剥削本质，无偿劳动更是资本对劳动者剥削加深的证明。

5. 关于平台经济的研究

平台经济是伴随着数字经济和互联网技术发展而出现的一种经济新业态，因其规模庞大、扩张迅速、涵盖领域广泛，短短几年时间，已在当下的国民经济生活中扮演了不可或缺的角色，并衍生出"平台资本主义"这一数字资本主义的特有形态。相应地，平台资本无序扩张、平台泄露用户隐私、平台金融危及国民经济安全、平台对劳动者剥削严重等一系列问题也随之产生。因此，平台经济引发了学界的高度关注，并产生出大量的讨论。现有讨论主要集中在平台经济的特征、运作原理、利弊影响以及在平台经济发展中政府的应对方式几个方面。

平台经济具有高效、垄断的特征。快速而高效的规模扩张和资金积累，是平台经济的一个显著特征。这一表现背后，不仅有着数字经济自身发展的条件禀赋，也有着马克思主义政治经济学所指示出的普遍规律。学界基于马克思主义政治经济学理论，就平台经济实现财富快速积累的原理进行了一系列分析。胡啟斌、周端明（2022）认为，对于前者，平台资本一方面通过剩余价值生产对其雇佣员工进行直接剥削，另一方面利用数据资本占有入驻商户的部分剩余价值。齐昊、李钟瑾（2021）认为，新技术的发展、后危机时代资本与劳动力的双重过剩，以及风险资本制度的成熟与扩散构成了平台经济金融化的历史条件，在金融资本的推动下，平台企业为提升金融估值而过度扩张，在估值驱动型积累模式下迅速积累大量资金。卢江、刘慧慧（2020）专门分析了平台经济所衍生出来的一种经济新业态——零工经济的运作原理，指出基于平台的零工劳动本身所固有的数量弹性、劳动时间弹性和薪资弹性等诸多优势在数字经济时代得到极致发挥，平台企业则可以通过降低运营成本、提高信息匹配效率、零工劳动者"自愿"延长劳动时间、拓展消费新空间等途径提高资本的弹性积累效率、扩大资本弹性积累规模。

垄断是平台经济的另一突出特征，这种垄断具有行业跨度大、用户数量多、资本较雄厚的特点，在垄断的宽度、深度和集中度方面都远远超过传统的产业垄断资本，其对国民经济的影响也更加深远，因而引发了学界的高度关注和广泛讨论。一部分讨论集中于平台形成垄断的原理方面。一些学者从马克思主义政治经济学的视角出发，运用资本周转、剩余价值、垄断利润等一系列范畴进行了阐述。程恩富、王爱华（2022）认为，平台企业无偿占有用户的"数字劳动"并形成"数据垄断"，利用政府提供的数字基础设施获得了比其他企业更高的劳动生产率、超额利润和数据垄断收益，平台经济垄断产生的根本原因是大数据初始资源私人占有和平台企业私有制。谢富胜、吴越（2021）认为，面向消费者的大型平台，凭借其所掌握的庞大的用户规模和精细化的生活消费数据这两大优势，可以迅速切入移动支付市场，进而实现从大型平台复合体向平台—金融复合体的转化；大型平台复合体的平台业务与金融业务相互融合形成平台—金融复合体，进一步形成了基于数据、算法、用户规模以及金融利润支持跨行业扩张与并购的复合型垄断。

一些学者关注到平台垄断产生的消极影响，并站在马克思主义的立场上给予了批判。周文、刘少阳（2021）提出了平台企业垄断的三点消极影响：抑制中小企业创新、导致社会收入分配严重失衡、存在数据集中的风险。谢富胜、吴越（2021）提出，平台垄断与金融的复合体采用掠夺性定价和大量补贴方式进行跨行业的违规、无序扩张，危害竞争公平，损害其他行业部门中原有经营者的利益；平台—金融复合体不断试图以基于数据、算法和用户规模的数字平台运行逻辑，替代基于金融工具、金融市场、金融机构和货币政策的现代金融体系运行逻辑，严重威胁了现有金融体系的稳定性。齐昊、李钟瑾（2021）提出，平台企业在金融资本的支持下为了垄断市场而采取不正当竞争手段，为了进军新行业而侵害传统经济中劳动者的生计，为了增加盈利而压榨零工劳动者和小企业，为了扩张而肆意攫取用户数据。这些行为导致市场秩序混乱，传统经济遭受冲击，劳动者、小企业和消费者不满情绪高涨，因而也不利于实体经济的健康发展。

针对平台经济对社会经济生活所造成的消极影响，学界就政府可以采取的治理措施，提出了一系列建议。一些学者着重解答了如何遏制平台垄断的问题。程恩富、王爱华（2022）认为，平台企业反垄断的重点是坚持平台经济社会主义公有制属性，从明晰产权视角对平台企业所依赖的全民所有资源和经营权边界进行监管，从数字基础设施治理与开放、公共和私人责权边界划分等方面在数字基础设施的提供者、使用数字基础设施的互联网平台和消费者用户之间合理分配收益。谢富胜、吴越（2021）提出，应拓展更新适应数字平台经济的《反垄断法》和《反不正当竞争法》，加强对平台并购和经营者集中行为的审查和监管，特别注意平台金融和内容社交等领域的反垄断监管，以及对资本无序扩张行为的规制，提升监管能力和水平，优化监管框架，以平台企业内部合规控制和外部独立审计监督相结合的方式全面应对平台竞争与垄断新形式。贺立龙等（2022）认为应从制度建构和政策协同两个层面做好数字资本引导和规制，形成中国特色的平台垄断治理框架与体系。一方面，针对数字资本无序扩张及平台垄断行为，加强数字立法、专业监管和综合治理，规制平台非公平竞争行为；另一方面，构建高水平的数字技术与平台经济创新发展体制，激发各类数字资本和平台主体的市场活力和创新动力。

另有学者从总体经济发展的角度出发，探讨了政府如何兼顾扶持平台经济持续健康发展与维系社会公平。韩文龙、王凯军（2021）认为，实现平台经济高质量发展的关键是加快形成与之相适应、相配套的体制机制。应当加快数据确权，尝试构建数据所有权与数据用益物权的二元权利结构；重新确立在"平台—个人"模式下的雇佣关系，保障劳动者权益；从耦合产权和垄断权的角度确立规制平台垄断的政策。朱巧玲等（2022）认为政府要坚持和完善对财富和收入的再分配调节政策，一方面，要不断完善为经济发展托底的社会公平保障体系；另一方面，要完善税收等制度以调节国民经济过高的流量和存量，通过完善社会保障制度和转移支付制度来提高低收入群体的收入，并通过完善法律制度和政策来取缔非法收入，逐步建立以按劳分配为主体与按各种生产要素分配相结合的中国特色社会主义财富分配制度，最终实现数字平台财富共享和分配正义。郑冬芳、秦婷（2022）针对平台资本主义消费异化的问题，提出新时代推动我国平台消费健康发展的对策需要从以下几个方面着眼：建立科学合理的平台消费秩序，防止平台资本野蛮生长；推动平台技术创新，加强对平台消费者数据信息的保护；增强消费者对平台消费的理性认知，摆脱平台权力桎梏。

二十八、 开放型经济和 "一带一路" 建设的政治经济学研究

近年来，全球经济增长乏力，疫情冲击、俄乌冲突、大国博弈加剧等突发性事件导致全球经济停滞形势更加严重，我国对外经济发展面临需求收缩、供给冲击、预期转弱三重挑战。与此同时，国内经济发展遭逢经济

转型过程中的"三期叠加"态势，内部经济增长减速。对于我国而言，开放不仅是对外的经济关联，也是推动内部改革的重要动力。在这一背景下，构建更高水平的开放型经济新体制，就成为我国加快经济发展方式转型，实现更高水平增长的重要途径和必然选择。"一带一路"是我国开放型经济体系建设的重要组成部分，自 2013 年推行以来，在促进中国与沿线各国之间的经济交流、文化沟通和文明互鉴方面发挥了重要作用，有力地拉动了经济增长。当前，学术界围绕我国开放型经济和"一带一路"建设的研究，主要集中在梳理开放经验、分析现存问题、提议发展举措和阐发建设意义等方面。

学术界基于对当前国内外经济形势的分析，提出了我国建设开放型经济的背景。有部分学者分析了我国当前发展开放型经济的外部环境。王春丽、冯莉（2020）提出，国际经贸规则重构是全球经济发展的重要特征，具体来说，包括多元化趋势更明显、设定标准更严格、覆盖内容更广泛、公平意识更突出这四个方面。而经贸规则的重构为中国的对外开放同时带来了机遇和挑战。特木钦、刘宇楷（2020）提出，外部环境方面，新冠肺炎疫情的短期冲击、基于开放型经济的国际竞争方式发生改变、新贸易保护主义的抬头，都对我国开放型经济体系的建设带来了挑战。李世兰（2020）提出，国际发展环境和地缘政治态势正在发生深刻变化，外部环境不稳定、不确定因素增多，大国博弈加剧，全球贸易投资规则格局和秩序面临重构，尤其是疫情冲击下发达国家开始转向"内循环为主，外循环为辅"的经济循环模式，这些都要求我国转变原有的对外经济发展方式，建设更高水平的开放型经济体系。

另有研究着眼于中国内部，分析了我国开放型经济体系中存在的问题。中国社会科学院财经战略研究院课题组（2021）提出，我国的开放型经济建设虽已取得一系列成就，但也存在高技术产品出口对国外中间产品、技术和服务过度依赖、各类市场主体活力未得到有效发挥、改革开放步伐滞后于新业态发展、贸易安全制度有待进一步完善等问题。余雷（2020）通过定量分析与定性分析，得出中国在世界经济体中的影响力主要集中在较低水平商品层面上，参与全球经贸合作还和美、日等发达国家相比差距较为明显，在"后边境"制度建设方面与部分发达经济体相比尚有差异，区域间对外开放失衡严重等问题。李世兰（2020）提出，从国内环境看，我国经济已由高速增长阶段转向高质量发展阶段，正处在转变发展方式、优化经济结构、转换增长动力的攻关期，新经济发展模式倒逼调结构、转方式进一步深化，经济发展面临的体制性因素尤为突出。李光辉、黄华（2021）着重分析了边疆开放型经济发展的不利因素：经济基础薄弱，制约后续发展；高端要素聚集缺乏，难以形成新的竞争优势；缺少主导产业引领，支撑开放型经济发展能力不足；基础设施建设滞后，无法满足开放型经济发展的需要。孙早等（2021）则提出，西部地区开放型经济发展的过程中，在海运主导的开放型经济发展阶段，表现出规模与竞争力相对不足、对区域经济发展贡献较低、营商环境有待优化等特征事实。

国内外的经济形势都要求我国建设更高水平的开放型经济。围绕这一要求，学术界分别从整体和局部两个层面提出了建议。在整体层面，赵蓓文（2022）提出了新发展格局下中国进一步完善制度型开放的十条思路，如以"转"应"变"、以"内"促"外"、"内""外"协同、"上""下"联动、"东""西"联动等。李春顶、李董林（2022）提出，未来要继续坚持世界贸易组织在多边贸易体制建设中的核心作用，坚定不移地推动改革开放深度发展，坚持从要素型开放向制度型开放转变，朝着更大范围、更深层次、更宽领域和布局全面优化的方向持续发展。余振、秦宁（2022）提出，要利用我国经济内部基础，以服务业开放和服务贸易为重点，强调"边境内"制度建设，以深度参与全球经济治理体系改革为重点任务，以服务业开放为重点构建开放新格局，以自由贸易试验区打造制度型开放新高地，以国际组织、"一带一路"、双边和多边自由贸易引领经济全球化。在区域层面，李光辉、黄华（2021）为边疆地区开放型经济建设提出了一系列建议，如统筹推进内外畅通的交通网络体系建设、构建边疆地区开放型经济发展支撑体系、推进"一带一路"倡议的重点枢纽建设、打造边疆地区跨境金融服务新体系等。戴翔等（2022）分析了中西部地区发展开放型经济的策略，提出了实现从以往商品和要素流动型开放向制度型开放、从一般要素向创新要素、从以往简单承接产业国际和区域梯度转移迈向产业高端化发展、从以往各部门的"政策碎片化"向"政策集成"等开放战略转型的要求。

改革开放以来，我国的开放型经济建设取得了显著成就，共建"一带一路"取得了务实性进展，也积累了丰富的成功经验。学术界从不同角度切入，展开阐述了我国建设更高水平的开放型经济及"一带一路"建设的意义。学术界分析了建设更高水平的开放型经济的意义。余振、秦宁（2022）提出，更高水平开放型经济新体制能增添我国内循环新动能，提升我国外循环抗风险能力，并加快培育参与外循环的国内新优势。郭晗（2020）认为，建设高水平开放型经济新体制是完善社会主义市场经济的基本要求、推动中国全面深化改革的基本要求、促进中国经济高质量发展的基本要求。胡海峰（2020）提出，建设开放型经济体制不仅是我国突破经济结构性矛盾、深化供给侧结构性改革的需要、实现经济高质量发展的需要，也是促成全球经济包容性高质量发展的需要。戴翔（2022）认为，开放发展是推进作为全面建设社会主义现代化国家首要任务的高质量发展的必由之路和必然选择，也是中国实现自身发展的内在要求和融入世界发展大势的迫切需要。

"一带一路"倡议作为我国开放型经济体系建设的重要组成部分，不仅对于我国消化过剩产能、深化对外开放、畅通经济双循环具有重要意义，对于重塑国际贸易结构、缩小南北差距、优化资源配置也有重大作用。学术界就"一带一路"倡议对于我国国民经济和世界经济的意义展开了论述。

在国内层面，裴长洪（2021）提出，推动共建"一带一路"高质量发展是"十四五"期间及更长时期的重要内容，也是从全面建成小康社会转向全面建设现代化国家新发展阶段的新要求。杨丽花、王跃生（2020）提出，"一带一路"的深入推进，尤其是六大经济走廊的稳步推进和中欧班列的开通运行，极大助推了我国内陆地区的国际合作和对外开放。在国际层面，赵伟洪、张旭（2021）指出，"一带一路"倡议"源于亚洲，依托亚洲，造福亚洲"，能够带动亚洲区域经济整体振兴；能够拓展南南合作，推动全球经济再平衡；能够促进互联互通，拓展世界经济版图；能够推动高标准制度建设，打造自由贸易区网络。胡海峰（2020）认为，自"一带一路"倡议提出以来，得到了沿线国家和地区的广泛支持，取得了十分显著的成绩，为经济全球化和世界经济发展注入了新的动力。

二十九、 中国式现代化和人类文明新形态的政治经济学研究

党的二十大报告指出："中国式现代化的本质要求是：坚持中国共产党的领导，坚持中国特色社会主义，实现高质量发展，发展全过程人民民主，丰富人民精神世界，实现全体人民共同富裕，促进人与自然和谐共生，推动构建人类命运共同体，创造人类文明新形态。"由此可见，人类文明新形态是中国式现代化的题中之义，而实现高质量发展则是中国式现代化的必要组成部分之一。基于此，学术界从政治经济学的角度出发，审思了中国式现代化和人类文明新形态的内涵、特征、学理依据及其意义。

在中国式现代化的内涵方面，侯为民（2022）提出，科学处理社会主义条件下政治和经济相互制约、相互促进的辩证关系，是中国式现代化的独特内涵。张振华（2022）从中国特色政治经济的角度解读了中国式现代化道路，他将中国政治经济的特征总结为两个：其一是对市场机制的工具化理解，其二是中国共产党将中华民族的伟大复兴作为自己的核心使命。

王友建（2022）则将共同富裕理解为中国式现代化的核心内涵。

在对中国式现代化道路特征的总结上，一些学者强调坚持中国共产党的领导的核心重要性。周文、肖玉飞（2022）认为，坚持中国共产党的坚强领导，坚持社会主义方向，坚持独立自主，坚持对外开放，是中国式现代化道路的鲜明特征。白刚（2022）认为，中国共产党领导中国人民开创的中国式现代化，坚持了唯物史观，坚持以人民为中心，发挥资本的文明面，开创了人类文明新形态，因而占据着当今时代真理、道义、文明的制高点。苗文玉（2022）认为，人类文明新形态是一种以厚植马克思主义中国化时代化为前提、以坚持党的集中统一领导为根本、以实现全体人民共同富裕为核心、以不断推动中华文明繁荣发展为基础、以促进人与自然和谐共生为关键、以人的自由全面发展为目标、以建构合作共赢国际关系和人类命运共同体为方向的具有鲜明中国特色和丰富内涵的新形态文明。包道广、陈鹏（2022）也认为，中国式现代化是中国共产党领导的，推进中华民族伟大复兴、推动社会主义历史演进、引领世界文明潮流的社会主义现代化。

另有学者则围绕中国式现代化的社会主义性质，对其特征进行了概括。侯为民（2022）提出，始终坚持以马克思主义为指导，以坚持和完善社会主义经济制度促进生产力发展，是中国式现代化区别于西方现代化的重要特征。林伯海、兰奎（2022）认为，这一人类文明新形态蕴含着以人民为中心的价值取向，统筹"五大发展理念"的发展导向，坚定走和平发展、合作共赢的发展道路，实现人的自由全面发展的目标旨趣等特征。张艳涛、刘金华（2022）据二十大报告的有关论述，认为中国式现代化是人口规模巨大的现代化、全体人民共同富裕的现代化、物质文明和精神文明相协调的现代化、人与自然和谐共生的现代化、走和平发展道路的现代化。刘勇、章钊铭（2022）在比较的视域下提出，相较世界其他现代化模式，中国式现代化具有五大鲜明特征：经历了长期探索和实践，实现覆盖规模巨大的现代化发展，始终坚持社会主义道路，坚持独立自主的和平发展道路，扎实推进共同富裕。

对于中国式现代化和人类文明新形态这两个新提法，学术界为其进行了学理上的论证。一些论证立足于中国近代以来中国共产党领导人民实现现代化的历史。寇清杰、肖影慧（2022）提出了人类文明新形态创造背后的理论、文化、历史、实践和价值五重逻辑，即马克思主义经典作家关于人类文明发展的思想、光辉灿烂的中华优秀传统文化和国外先进文化成果、中国共产党领导人民为实现中华民族伟大复兴而不懈奋斗的波澜壮阔的百年历程、新时代中国特色社会主义的伟大实践、人类文明新形态的创造。侯为民（2022）提出，中国式现代化包含着一系列特殊的规定性，是中国共产党百年奋斗历史成果的具体呈现，是马克思主义科学理论与中国社会主义发展道路的统一。中国式现代化的历史前提是社会主义制度的建立和工业化积累，基本实现条件是经济增长和政治稳定。

另一部分研究立足于马克思主义基本原理，论证这两个概念提出的合理性。董朝霞（2022）依据马克思在《1844年经济学哲学手稿》中提出的劳动异化理论的四个规定，提出中国式现代化新道路是致力于实现人与其劳动产品的同在、在劳动中彰显人的价值和尊严、实现人与人的类本质的同一以及人与外界关系的和谐，进而实现人的全面自由发展和人类解放，而非人的劳动和人本身异化的新型现代化道路。苗文玉（2022）认为，人类文明新形态的出场源自马克思主义文明理论的浸润、中国共产党对新文明的自觉追求、人类优秀文明成果的滋养和社会主义文明建设成就的升华，是中国式现代化建设理论逻辑、实践逻辑、历史逻辑和现实逻辑的有机统一。吕瑶（2022）提出，从出场逻辑来讲，赓续马克思主义社会发展理论是中国式现代化的理论基石，撷取中华优秀传统文化精粹是其内在基因，对西方现代化模式的反思与超越是其现实参照。

中国式现代化和人类文明新形态，无论对于中国人民、整个中华民族，还是对于世界人民，乃至全体人类，无疑都具有重要的意义和价值。学术界从不同视域切入，在不同主体的视角下，讨论了中国式现代化和人类文明新形态的理论意义和实践意义。

一些研究从文明比较的视角出发展开阐述。侯为民（2022）认为摆脱狭隘的资本主义文明局限，开创社会主义的中华文明新形态是中国式现代化对人类进步的重大贡献。孙帅（2022）认为中国式现代化坚持中国共产党的领导，坚持社会主义方向，实行全过程人民民主，超越了西方政党的资本属性与利益集团化倾向，避免了西方民主治理不善的困境，实现了对资本的驾驭和管控，真正实现了人民当家作主。方世南、黄雪梅（2022）提出，中国式现代化在政治立场上，以人民至上超越资本至上，彰显出人类文明新形态的人文光辉；在致富方式上，以共同富裕超越贫富悬殊，体现了社会主义的本质要求；在文化理念上，以文明互鉴超越文明冲突，开创了文明多样性发展的实践路径；在社会建设上，以整体协调性超越畸形片面性，推动了社会整体文明的协调进步。

另一些研究着眼于其在社会主义发展史上的意义。颜晓峰（2022）创造人类文明新形态是马克思主义中国化在新时代新飞跃的重大成果，新时代的重大时代课题着力解决创造人类文明新形态的根本性问题。创造人类文明新形态为发展21世纪马克思主义、复兴科学社会主义作出重大贡献，破解了人类社会发展的诸多难题，创造出社会主义现代化的文明新形态。包道广、陈鹏（2022）提出，党领导的中国式现代化推动了社会主义历史演进，充分检验了马克思主义的科学性和真理性，充分贯彻了马克思主义的人民性和实践性，充分彰显了马克思主义的开放性和时代性。还有研究侧重于其对于全世界人民的意义。张振华（2022）认为，作为一种新的文明形态，中国道路有着重要的世界价值和意义，它一方面为发展中国家提供了有别于西式道路的现代化方案；另一方面，它还有力驳斥了那些认为中国崛起将危及既有国际秩序的论调。徐康宁（2022）认为，推进中国式现代化，必将对世界现代化进程做出重大贡献，为全球经济发展创造新的动力，为广大发展中国家探索现代化道路提供经验和样板，也必然再塑人类文明新形态。

三十、 当代资本主义的政治经济学研究

资本主义社会形态经历了从自由资本主义到私人垄断资本主义，再到国家垄断资本主义的若干发展阶段。在国际环境日趋复杂、国际政治经济秩序变化的背景下，如何理解当代资本主义的发展阶段，如何认识当代资本主义的新特征，如何看待当代资本主义的危机，以及当代资本主义研究对于推进中国特色社会主义事业建设的重要意义等问题，亟待我国政治经济学界作出回应。近年来，学界围绕当代资本主义的相关问题展开讨论，取得了一系列研究成果。

准确把握当代资本主义的发展阶段，科学预测当代资本主义的发展趋势，是学界深入研究当代资本主义的应有之义。当前学界普遍认为金融资本的发展仍然主导当前资本主义发展进程，并呈现出新帝国主义等新样态与一系列新特征。朱安东、孙洁民（2020）认为，新自由主义与资本主义的未来取决于金融资本与无产阶级和政治上层建筑之间的博弈，新冠疫情在一定程度上既是世界资本主义系统性制度性危机的结果，又促进了危机的进一步加深。宋朝龙（2020）认为，二战之后尤其是旧帝国主义殖民体系解体以来，金融资本在主权国家体系的基础上，借助金融遏制、世界警察的军事霸权和新自由主义意识形态，建立起了新帝国主义。在新帝国主义的庇护之下，金融资本获得了自由的发展。新帝国主义的危机为新社会主义提出了挑战，反思、批判和替代新帝国主义的新社会主义运动也由此在世界各地得到了新的推动，形成了全球新社会主义的新图景。鲁保林（2021）认为，新帝国主义时期，资本主义生产方式经由产业资本和金融资

本的全球扩张，以前所未有的力量渗透到世界每一个角落，收入和财富分配不平等问题愈演愈烈，成为世界性顽疾。2008 年爆发的国际金融危机，充分暴露了市场原教旨主义的本质缺陷，标志着新帝国主义的由盛转衰。随着美国霸权秩序的加速衰落和中国特色社会主义的进一步壮大，百年大变局的历史进程将会加快，社会主义运动也极有可能在 21 世纪中叶掀起新的高潮。

当代资本主义统治与剥削具有多样性和隐蔽性等特征，这既体现金融化逐渐成为资本主义进行剥削与统治的主要工具，又体现在科技进步与互联网技术发展下，资本主义剥削更具有隐蔽性。段雨晨、田佳禾（2021）认为，为了保持经济增长，以美国为代表的一些西方发达资本主义国家采取了放松金融管制、鼓励低收入家庭扩大债务来支撑消费的措施，最终引发了金融危机，并且通过外贸渠道和金融渠道将危机扩散至全球。赵敏、王金秋（2020）认为，智能化生产技术的本质仍然是资本无偿占有劳动者所生产的剩余价值，智能化生产方式在为资本提供更有效的剥削手段的同时，也不断侵蚀作为资本主义生产方式基础的价值生产体系。徐志向（2021）提出，资本主义生产方式的内在矛盾决定了经济危机产生的必然，而技术的资本主义应用则形成了经济危机演变的逻辑起点。

研究资本主义经济危机发生的机理对新时代坚持和发展中国特色社会主义具有重要启示意义。周建锋、岑子悦（2021）认为，为避免中国出现大规模的经济危机而对经济社会造成巨大损失和伤害，我国必须大力发展和解放生产力，必须积极推进共同富裕的实现，必须坚持公有制主体地位不动摇的底线。马慎萧、田佳禾、黄德威、区铭彦（2021）提出，一方面，中国要持续深化金融供给侧结构性改革，提升对外开放水平；另一方面，要持续推进防范化解重大金融风险攻坚战，在支撑经济稳增长的基础上，严守风险底线。立足这样的实践要求和共识，政治经济学界就货币金融问题的理论难点、西方资本主义国家的实践以及中国特色社会主义的实践展开了重点研究，以期为中国未来的货币金融实践提供启示和借鉴。

数字资本主义的研究和批判对推进中国特色社会主义建设有重要的启示意义。贾振博（2021）认为，信息技术的革命性变革使得资本主义发展到了数字资本主义阶段。要着眼于对数字资本主义时代数字拜物教性的批判，从而揭示数字资本主义时代被掩盖的不平等关系，进一步阐释数字资本主义劳动异化的形式和特点，既要促进数字经济的快速发展，又要为当代社会发展提供可资借鉴的经验。孟飞、冯明宇（2022）认为，当今的"数字异化"是"机器异化"在数字时代的进一步延续，这种逻辑关联性表明马克思主义技术批判的持续性在场。马克思主义技术批判以"社会—政治"批判为底色，始终强调以现实的物质力量解蔽资本主义，为我们规范技术应用的合理界域指明了真正可为的道路。高海波（2021）认为，当代资本主义典型表征为数字帝国主义，数字资本与数字技术、知识逻辑、文化逻辑合谋衍生出数字资本霸权，完成对生产、分配、交换、消费、知识产权等的新垄断，为应对数字帝国主义对中国数字企业的限制打压，坚持以人民为中心的价值导向，集中力量攻破资本主义国家掌控数字核心技术的垄断局面。王华华（2021）提出，数字资本主义本质上仍是资本主义，只不过它依托数字技术、人工智能、互联网和数字信息，实现了资本主义存在方式的数字化生存模式以及资本的持续积累和不断增殖，我国应有效地引导数字技术、大数据技术、区块链技术来支撑国家实体经济和"线下经济"发展，形成供给侧结构性改革、乡村振兴和新型城镇化的政策联动效应。